昭和声優列伝

テレビ草創期を声でささえた名優たち

勝田久

目次

昭和声優列伝　テレビ草創期を声でささえた名優たち

第二部

第一部　そして声優が始まった

※本文中の敬称は省略しております。

プロローグ

「わぁ～ッ！　テレビの漫画が日本語しゃべってる～！」
「うおぅッ！　テレビドラマの外人さんが上手に日本語使ってる。すげぇ～！」

　僕たちはこんな驚きの声をあげて、白黒テレビを見たものだった。そう、あれは六十年も昔のこと。

　テレビ放送の誕生によって、声優の新たな活躍の場が増えて若者を喜ばせた。それまでは、外国映画と言えば、フィルムに焼きつけられた光学録音[注1]の声であったし、アニメは台詞がなくて語り手によって進行していく作品が圧倒的に多かった。

　テレビ放送が始まり、光学録音から磁気録音[注2]に変わったことで、声優の仕事はぐんと増え、今や声優はテレビや映画の世界では欠かせないものになっている。

　最近では、アニメの声＝声優ではなく、ゲームの声＝声優と考えている小学生が増えてきたとか。声優の長老は、電子産業の発展のスピードに、ただただ驚くのみ。声優の仕事はこの先まだまだその活動の範囲を拡げ、変化していくのかもしれない。

　声優とはいったい何者ぞ！　少しでも興味を持ってくださる方が増えることを期待しています。

注1　光学録音
映画のフィルムなどに使われる録音方法のひとつで、音声信号を光に変えてフィルム上に録音していくというもの。フィルムの面積の大小や濃淡など、光が通過していく量の変化を読み取り記録する録音方式。

注2　磁気録音
記録したい音をマイクで採取して、電流の強弱に変え、磁気テープなどに残留磁気の強さの違いとして記録する録音方式。

1　突撃　単身潜入

昭和二十三年（一九四八年）夏の夕刻、僕は東京・内幸町のＮＨＫ[注3]会館前に立っていた。ときおり米兵が忙しげに出入りしている。

表玄関には、白いヘルメットを被り、腕にＭＰ[注4]の腕章を付けた大男の米兵が、小銃を肩にかけてこちらのほうを睨みつけるように立っている。

「フーム」僕はしばし黙考。やがて「よし、行くぞ」と決心すると、小さな体に精一杯の力をこめて第一歩を踏み出した。道路を横断すると真っすぐ脇目もふらず前進。と、そのときだ。玄関から紺色の制服を着た警備員らしき男が大声をあげて飛び出してきた。

「ど、どちらへ行くんですか、ダメですダメです。日本人はダメなんですっ。内玄関に回ってください」

外に突き出された僕は、やむを得ずビルをぐるりと回って内玄関なるものを探す。あった。しかしなんと暗いことか。表玄関は大理石張りで堂々たる風格。それにくらべて、こちらはかなり貧弱。日本人らしい人物が何人も出入りしている。それに続いて入ろうとしたそのときだ。

「ちょっと待ってください。どちらへお出でで？」

注3　ＮＨＫ会館
ＮＨＫ（日本放送協会）東京放送会館の略。ＮＨＫが一九三八年～一九七三年まで本部として使用していた千代田区内幸町の建物。一九四五年～一九五二年まではアメリカ軍が一部を接収。現在、当時の建物は取り壊され「日比谷シティ」になっている。

注4　ＭＰ
Military Police の略。軍隊内の秩序や規律を維持、戦地、占領地の交通整理、捕虜の取り扱いなどの任務を行う組織で、憲兵ともいう。

「フーム」またしても警備員。僕は日本人なのだぞ。どうして僕だけをストップさせるのだ。

「ど、どこへって、僕は新人募集の案内をもらいにきたんです」

「あ、それでしたら入口の案内係におっしゃってください。ハイ、どうぞ。ご苦労さま」

こうした問答が繰り返されている間にも、スーツを着てネクタイを締めたおじさんたちは止められもせず、どんどん出入りしている。

僕は内玄関の隅に立ってしばし観察することにした。すぐにその仕組みがわかった。胸にＮＨＫのバッジを付けた人は出入り自由なのだ。付けていない人は一時停止をくらうのだ。


当時、日本はまだ独立国家として認められてはいなかった。

「Occupied Japan（オキュパイド・ジャパン）＝占領下の日本」であり、惨めな敗戦国であり、主権を持たない国であったのだ。主権は連合国軍最高司令官のマッカーサー[注5]元帥に委ねられていた。

表玄関から入る人たち、内玄関からしか入れない人たち。三年ほど前までは敵同士であった人たちがうまくやっていけるのか？　と釈然としないものがあったが、今はそんなことより、自分のことで精一杯だ。やるっきゃないのだ。僕は受付嬢から今もらったばかりの新人募集の案内を鞄に入れると、飛び跳ねるようにして新橋駅に戻った。

注5　マッカーサー
ダグラス・マッカーサー（一八八〇年〜一九六四年）。アメリカの陸軍元帥。一九四五年〜一九五一年まで占領下の日本で連合国軍最高司令官を務めた。

2　人生は一回きり

人生は一度だ。どう過ごしても一生は一生。笑ってみたり怒ってみたり泣いてみたり、いろいろあってこその人生だ。どう進むべきか道に迷ったら、まず子供のころの自分に戻ってみることだ。自ずと答えが出てくるだろう。

子供のころ、毎月欠かさず読んだ雑誌の連載小説。佐藤紅緑[注6]『あゝ玉杯に花うけて』[注7]、大佛次郎[注8]『鞍馬天狗』[注9]、江戸川乱歩[注10]『少年探偵団』[注11]。読んでは感動し、感動してはその名台詞を暗唱し、頭に叩き込む。友達だろうと親だろうと、人が前にいたら得意になって演じてみせる。毎日が幸せであった。

漫画は田河水泡[注12]の『のらくろ』[注13]の大ファン。僕のよく知っている戦時中の唯一の漫画。戦後、軍国主義の宣伝作品だったと嫌味を言う人もいたが、そんな安手の作品ではない。邪魔者と馬鹿にされていた野良犬が軍隊に入り、あの閉鎖された社会で人智（犬智？）の限りを尽くして出世していく物語だが、そのひたむきさと健気さに心打たれて、雑誌発売日を待ちかねて読んだものである。舞台が軍隊であったということだけで、現代社会でもありそうな話。当時、僕は大いに生きる上での参考にさせてもらった。

僕には四人の実兄がいたが、いずれも赤紙（召集令状）で軍隊に召集され、二等兵

注6　佐藤紅緑
さとうこうろく（一八七四年～一九四九年）。作家、俳人。小説『少年連盟』等。

注7　あゝ玉杯に花うけて
佐藤紅緑が一九二七年～一九二八年に雑誌「少年倶楽部」に発表した小説。旧制浦和中学（現・浦和高校）を舞台に、貧しい家の少年と金持ちの少年との交流を描く。

注8　大佛次郎
おさらぎじろう（一八九七年～一九七三年）。作家、小説家。小説『鞍馬天狗』、随筆『猫のいる日々』等。一九六四年文化勲章受章。

注9　鞍馬天狗
大佛次郎の時代小説シリーズ、および同シリーズの主人公が名乗る剣士名。人気に伴い数多く映画やテレビドラマ化がされた。

から苛酷な訓練を強いられて、死ぬような思いをしたという。毎日殴られる。蹴られる。耐えきれず、小銃の銃口を口にくわえて、自らの命を絶った若者もいたとか。面会に行くと兄たちは言う。

「軍隊は二等兵から入るところではない。勉強して士官[注14]候補生として、大手を振って堂々と営門をくぐって入るところだ」

『のらくろ』で、ある程度軍隊の内務班などの知識もあったので、兄たちの言葉は納得できた。兵役の義務は大日本帝国憲法の定めるところ。逃れることはできない。それは覚悟していたが、軍人としての死に方、死に場所までは考えていなかった。どうせ死ぬのだ、考えておかねば……。

まず軍医になること、これは無理だ。血がドバーッと流れるのを見ただけでも気を失いそうでまったく向いていない。次に通信科士官。これはいけそう。でもどうやってなるのだろう。義兄が通信科の士官なので聞いてみる。

「ウーム、私は軍の命令どおり配置されただけ。『通信科士官になりたいからやらせてください』といきなり上司に申告したら、『お前、何を考えておるんじゃ！』と一喝されるだろうね。軍隊は命令で動いている。君の希望は受け入れられないと考えるべきでしょうね」

困った、どうしよう。軍関係の資料を取り寄せ、片っ端から問い合わせてみる。友人たちも協力して探してくれた。頭がよくて頑健な体格の友人は海軍兵学校や陸軍士官学校を志し、戦闘員を目指しているという。そういう奴らには、

「お前、戦争は遊びじゃないんだぞ。スポーツでもない。真剣勝負なのだ。戦争に参

注10　江戸川乱歩
えどがわらんぽ（一八九四年〜一九六五年）。作家。『人間椅子』『怪人二十面相』等。日本推理作家協会初代理事長。

注11　少年探偵団
一九三六年〜一九六二年にかけて発表された、江戸川乱歩の少年向けの小説。雑誌「少年倶楽部」に連載された「探偵・明智小五郎シリーズ」に登場する、子供のみの探偵団の名前。

注12　田河水泡
たがわすいほう（一八九九年〜一九八九年）。漫画家、落語作家。代表作『のらくろ』は、映画化やテレビアニメ化、またキャラクターがグッズ化されるなど、息の長いヒット作となった。

注13　のらくろ
田河水泡作の漫画。一九三一年から雑誌「少年倶楽部」で連載。野良犬の野良犬黒吉（のらいぬくろきち）が、犬の軍隊・猛犬連隊で活躍する姿を描く。

注14　士官
軍隊などの組織の教育機関である士官学校において、初級士官教育を受けた軍人で、階級が少尉以上の者の総称。

加してから好きなことを言え！」

と、非難もされた。だが、意地でも探す。

「あった！　見つけたぁ〜！」

ついに、注文したようなピッタリの学校を見つけた。逓信省《ていしんしょう》の官立中央無線電信講習所（現在の電気通信大学）。政府の無線通信士を養成する学校である。卒業時には、全世界で通用する国際級の無線通信士のライセンスが取れる。そして、陸海軍の通信科予備士官、下士官となることもできると資料には書かれている。

これだ、これに決めた。願書を提出し、受験。あとは結果を待つばかりとひと安心。

だが、終戦がすぐ目前までやってきた昭和二十年（一九四五年）四月二日、僕と父と母と三人で葉山に疎開していたころ、恐れていたそれはやってきた。「徴兵検査出頭通知」だ。会場は神奈川県葉山町役場。制度が改正され、検査対象年齢が十七歳からと修正されたからだ。覚悟はしていたけれど嫌な気分だ。

検査は、体重、身長、レントゲン写真、問診と型通り進行。そして最後はM検。[注15]これが嫌なんですよねぇ。検査はそれまではパンツ一丁で行われていたが、これは別だ。番号を呼ばれたら「ハイッ」と返事して軍医殿の正面に立つ。軍医殿は「ハイッ」と言って受検者をクルリと回れ右させる。次に「ハイッ」と言われたら、パンツやフンドシをかなぐり捨て、スッポンポンとなる。次に「ハイッ」と軍医殿が言ったら、受検者は軍医殿の正面に再び立ち、直立不動の姿勢を取る。すると軍医殿が近

注15　M検
戦前・戦中の徴兵検査や当時の軍隊への入隊時、また旧制高校や師範学校、大学予備科などで行われていた身体検査のひとつで、男性器露出検査の俗称。サンスクリット語で男性器を意味する「マーラ」や英語の体肢を意味するMembrumのMなどから、「M検」と呼ばれていた。

寄ってきて、ムンズと男のモノを掴んで検査を始める。これが嫌でねぇ……。直前に逃げたくなってしまう。次に軍医殿が「ハイッ」と言ったら両手を床につける。両手を前に出し、軍医殿に向けて尻を突き出すような恰好をする。

「よーし、甲種合格[注16]！　ハイ次！」

これをM検という。M検で、すべての徴兵検査が終了である。


検査は意外に早く終わった。外はもう完全に春日和。嫌なことは忘れようと、鼻歌を交えて口笛を吹きながら自転車を走らせる。平和だ。本当に静かだ。御用邸前から海岸通りを逗子に向かって走る。久しぶりの太平洋が目に沁みる。まさに絶好の春。沿道に咲く桜は満開だ。眼前に広がる太平洋は鏡のように静かだ。

「のたりのたりの春の海」下の句はこれだ。これに決めよう。では、上の句はどうしよう、と考えていたら、我が家の前に着いていた。

「春の海　夷狄《いてき》はいずこと眺むれば　のたりのたりと　波静か」

だめだ。これはあとでやりなおし！

「ただいま、帰りました」

なぜか力が入らない。親父が出てきて、

「おう。帰ったか……で、どうだった。結果は……」

「ハイ、えー、めでたしめでたしでした」

「そうか」

親父はこの返事でわかった様子。

注16　甲種合格
旧日本軍が行っていた徴兵検査で、体格がすぐれ健康であり、現役兵に採用できる第一級の判定基準。

「甲種合格だということか」

「ハイ。そうであります」

僕はしょんぼりしている。せっかく電信講習所を受験したのに。大学の合格通知が軍の入隊通知より先に来てくれないと困るのだ。入隊通知が合格通知より一日でも早く来てしまったら、僕は講習所へは通えず二等兵からの入隊になってしまう。どうしても通信士官を目指したい。どうか早く合格通知が来てくれと心の中で祈ると、僕はもう泣きそうになった。

「そうか。まぁ、早く入れ！　酒の用意もしてあるぞ」

「ええ？　酒ですか？」

うちの親父は酒が飲めなかった。ビールコップ一杯も飲めなくて、飲んでもすぐ寝てしまう人だったので、驚いた。

僕はそのとき旧制中学四年生で、学徒動員法により、陸軍の工場で働いていた。そこで、月に二回配給される栗饅頭二個を差し出した。

「ハイ、お土産です」

親父は涙ぐむ。甘いものにはまったく目がなくて、食べたあとは嬉しそうな顔をする。

さぁ、それから飲めない同士のカンパイ。それでもお酒の二合瓶一本は空になった。そこへ母親も帰ってきて、奇妙な酒盛りが始まった。

「わざわざ通信兵なんかならなくたっていいじゃないか。最近は戦車隊だってあるぞ。一番上の兄貴を見ろ。兄さんは検査会場で叫んだんだぞ。『騎兵にしてください！　そのための乗馬訓練も受けてきたんです！　検査結果に馬術の心得若干あり、と書いておいてください！』ってな。そのときの軍医殿がいい人だったのだろうね。ちゃんと騎兵に決まった。それも陛下間近の警備をする近衛騎兵の騎士だ。どうせ徴兵されるなら、偉くなったほうがいい。そのほうが利口だ。学生の徴兵猶予もなくなっちまって……徴兵させられたら十把一絡げだ。薪と同じ扱いだ。そんなご先祖様に申し訳ないこと、旗本三千石の勝田将監元村様になんと申し上げたらよいものか……。

最後まで陛下をお守りして武士の意地を見せろ。敵前では馬上豊かに立ち上がり、『やぁやぁ遠からん者は音に聞け。近くば寄って目にも見よ』ってな。大音声で叫ぶんだ。

……いやぁ、思い出すなぁ。戦前の陛下の御行列はそりゃあお見事なものであった。お召しものは、あの大礼服というのかな。ピカピカの、そう、胸に肋骨模様の入ったお召しものに、帽子のおでこの上あたりには大きな鳥の羽。先頭を走るのは天皇旗を立てた将校さん。この人は乗馬の名人なんだろうね。端正な顔立ちで行進のテンポの取り方が誠によろしい！　華麗にしてお上品。そして陛下のあとには騎馬隊が続く。その騎兵隊の中に、なんとうちの倅もいるじゃあないか。嬉しかったねぇ……。まっすぐ前を向いて走っていた。何か声をかけてやりたかったが、『万歳』しか言えなかったなぁ。そうだ、その兄貴がお前にはいるじゃないか。それがいい。兄さんに頼め。兄弟で騎士なんて、新聞社が喜ぶぞ。そうだ。そうだ。兄さんだけじゃなくて、ご先祖様にもお頼みしよう」

注17　近衛騎兵
旧陸軍の師団のひとつ。一般的な部隊とは異なり、天皇と宮城（皇居）の警衛が任務。馬などに騎乗して戦闘行動をとる。

「そうよ、そうよ。そうしましょう。ご先祖様にお願いしましょう」

と言うと、母は仏壇まで経文を取りにいく。

「そうだ、そのとおりだ」

と言った親父は、急にドタッと大きな音を立てて倒れたかと思うと、次の瞬間には眠りについていた。

そこでお開きになった。皆それぞれに家族のことを想って意見する、侘《わび》しくも討論会のような酒盛りであった。


「人間はね、一人では生きていけないんだよ。大勢の人がいて、その人たちが助け合って生きていく。人という字をよく見てごらん。倒れそうな人を後ろから支えてくれているだろう。自分を支えてくれている人を日ごろから大切にしておかなければいけない。また、その人たちから受けたご恩を忘れてはいけません。常に謙虚な気持ちで、お仕事に手を抜かず、日々努力を重ねていくんですよ」

七十年も昔、母から聞かされた言葉である。

「ふーん。そうだね。でも、僕知ってるよそんなこと」

と、小生意気な返事をした記憶があるが、今になって胸に刺さる言葉である。今までの人生は、自分のやりたいことをただガムシャラにやってきただけ。どれほどたくさんの人のお力添えによって、チャンスを与えられてきたことか。感謝あるのみだ。

3　どんどん焼きで努力

徴兵検査から数日後、待ちに待った電信講習所の合格通知が僕の手元に届いた。軍からの入隊命令は来なかった。やった。これで、やっと通信士官を目指せる。

入学式を終えるとすぐレッスン開始。あのトンツーのモールス信号を覚えるところから始まる。無線工学、数学、不得意な学科の連続だったが、意地でもこの夢を実現させたいとがんばった。不得意と思っていたのは、実は甘えていただけだったのだ。努力にしたがって成績はぐんぐん上がり、通信士官になる夢が現実に近づいていく。兄たちの前に大手を振って行けるぞ、という喜び。途端に世の中がパーッと明るくなったような気がした。

だが、運命は苛酷だ。猛訓練が始まって半年もたち、少し余裕をもって送受信もできるようになり、滑り出し好調と感じはじめたころだ。米軍のＢ29による空襲が激しくなってきたのだ。深夜大編隊でやってきては、目一杯積んできた爆弾や焼夷弾を空中からバラ撒いていく。東京大空襲のあった翌朝、小高い山の上にある葉山の家の窓から東京の方角を見渡すと、煙が上がっている。東京の実家はどうなったのか。父と僕はまだ葉山にいるし、母や弟妹たちは再び疎開して姉の嫁ぎ先である新潟にいるので、空き家になっている。三時間かけて、歩いて見にいってみる。これも灰塵となって何もない。道路のあちこちに死骸、見るも無残な光景。こんな東京の空襲が月に数回もあって、その度に校舎を失っていく。訓練がストップされる。訓練期間はまだあと三カ月は必要だ。だが、急に軍人の姿を見かけなくなった。変だ……。

そして、それから数カ月後の八月十五日、終戦となった。

僕の運命は大きく変わった。日本は戦争に負けたのだ。さて、僕は一体何をしたらいいのだろうか。船もない、飛行機もない、地方も空襲でやられ壊滅状態。もうどこの通信施設も壊滅状態。これじゃあ無線通信の方便も役立たずだ。第一、僕はまだ無線従事者としてのライセンスも手にしていない。電信講習所のライセンスはどうなるのだろう(これは後日交付された)。

一人で悩んでいても、どうしようもない。しばらくは、世の中を静観するしかない。

「食いたいものはたくさんあるけど、やっぱり一番胃が欲しがっているのは『どんどん焼き』だなぁ。独特な香りとソースの味。ぐわ〜っ、たまらないなぁ」

昭和十年代の根岸の里の道を僕は歩いている。どうやらタイムスリップしたようだ。『どんどん焼き』は、下町のお好み焼きの一種。当時は東京の下町にしかなかった。専門の店もあれば、駄菓子屋が兼ねて営業していたりもする。店の奥の板張りのフロアが食堂である。常に子供が五、六人はたむろしていて、社交場となっている。

さて、今日も今日とて学校から帰ると鞄を投げ出し、どんどん焼き屋へ向かう。たいていい途中で学校の友達と出会う。いた。今日もいた。

「正《しょう》ちゃーん！　なにしてんのぉ？」

「ああ、これ？」

正ちゃんは、蝋石《ろうせき》で地面に書いている手を休め、

「侍描いてる。強い侍」

なるほど、強そうだ。

「へぇー、刀一本だね」

「うん。この人、浪人なんだ。悲しき浪々の身だよ」

「正ちゃん殿、拙者これより腹が減ったにより、どんどん焼きを食しに参ろうと存じる。正ちゃん殿も一緒に参らぬか？」

「いやぁ、それはありがたきお言葉。ぜひ、お供つかまつる」

と、出かけようとすると、我々の立っている前の家の二階から、

「へーい！　赤の三番――！」

と、甲高い女の声。

「なにあれ？」

「ああ、あれね。うちのおふくろの声」

「そうか。正ちゃんち玉突き屋さんだったのかぁ」

「うん。それが……」

と、曖昧な返事。正ちゃんはなぜか淋しそう。

「ささ、どんどん焼き、行こう行こう」

正ちゃんは途端に元気になった。

「ウム。参ろう参ろう。久しぶりだなぁ、どんどん焼き。ワクワクする。ところで、貴殿、あそこの焼きそばは食したことはあるか?」

「もちろん、あるある」

「あの桜エビは格別な味じゃのう。なんでも沼津から取り寄せておるとか」

「ほう、左様か」

「それに、あのソースの味がまた格別じゃのう。拙者、次はあれを食してみようかな……」

「貴殿、食べるものには目がないのう。ハハハ」

「なんのなんの、武士の嗜み程度じゃよ。ハハハ」

「ささ、どんどん召し上がれ。これは根岸の名物じゃからのう。正ちゃん殿。ハハハ」

「どんどん焼きで、努力どんどんじゃよ。ハハハ」

この、よくしゃべり、よく食べる少年。その名を池波正太郎[注18]といった。

東京下谷の根岸尋常小学校四年生のころの話である。正ちゃんはその後、高等小学校も中学校も行かず、株屋さんに小僧として奉公。出世して時代小説の大作家になった。

注18　池波正太郎
いけなみしょうたろう（一九二三年〜一九九〇年）。時代小説、歴史小説作家。『鬼平犯科帳』『剣客商売』等。美食家、映画評論家、エッセイストとしても知られる。

4　国破れて山河あり

敗戦は惨めなものだ。来る日も来る日も腹を空かし、目だけギョロギョロさせて食えるものはないかと探す。飲みものは、水道の壊れた蛇口から細い糸のようにチョロチョロ流れる水滴を集めたもの。冬がどんなに寒くても暖をとる術はただひとつ。焼け残った木屑を拾い集めて焚き火をするだけ。僕の実家も焼けてしまった。敗戦直後は、軍の命令で一時的に東京に戻ってきたのだが、どこで寝泊まりしていたのか記憶が定かではない。おそらく、上野の寛永寺の近くで寝起きしていたと思うのだが……とにかく生きるのに必死で忘れてしまった。思い出せない。馬鹿な戦争をしたもんだよなぁ。戦争しようなんて言い出した奴はどこのどいつだ。三一〇万もの日本人が死んでるんだぜ。皆それぞれに大切なものを失ってしまった。軍のお偉方を恨むしかないのか。

僕の失ったもの。家、洋服類、辞書、ノート、机、椅子……。あとに残されたもの、学生帽、作業衣、靴、あとは雑嚢[注19]の中のコマゴマとしたもの。

あっ、そうそう、忘れていた。今も僕が一番大切にしているもの。終戦になって、母校（電気通信大学）から送られてきた第二級無線通信士[注20]のライセンス。国際級だから外国でも通用する。当時はこれで就職口が見つかるかもしれないと思えた。しかし

注19　雑嚢
ざつのう。戦時中や戦後間もないころに多用されていた、カーキ、ベージュ色など、国防色の布製肩掛け鞄。

注20　第二級無線通信士
無線局の通信士が取得する無線従事者免許証の等級のひとつ。等級や専門性により、扱える内容が異なる。戦中、人員・物資の窮迫に伴い戦時特例として受験年齢制限が撤廃され、実務経験の範囲も拡大されたが、一九四六年に撤廃された。

戦いに勝つために猛訓練の結果として与えられたものだ。言うなれば、あれは戦争の遺産だ。あれは使いたくない。

通信士の先輩が言っていた。

「キィ（電鍵）の音はね、夜中になるともの悲しげに泣くが如く聞こえたり、恨めしげに聞こえたりすることがあるんだよ」

あの先輩は今どこでどうしているかなぁ。


新橋駅構内は、相変わらず戦災孤児のねぐらになっていた。あちらに五～六人、こちらに三～四人といくつかのグループになって固まっている。米兵とコールガールが何やら楽しげに笑いながら腕を組んで歩いている。戦災孤児たちの目線がそれを追う。狙っているのはコールガールのバッグの中身だ。

僕は駅構内の外食券食堂[注21]で雑炊を食べると、ホームを駆け上がり、横須賀線に飛び乗る。今日は葉山に帰ろう。葉山では親父殿が待ってくれている。戦時中の疎開先にそのまま居ついているのだ。東京の実家の焼跡もそのままであることを報告しておこう。母親たちもすぐには戻ってこられないだろう。

電車の中で、いろいろこの先のことを考えてみる。


これまでの人生を全部消しゴムで消すようにゼロにする。そしてそこから出なおす。

今スタートさせようと焦っている演劇の勉強に、全力で集中してやり抜くこと。

目標は映画、放送等のプロの俳優。それで生活でき、家族を養うことのできる俳優

注21　外食券食堂
戦中～戦後、アメリカの統制、配給制度下において交付された食券を使って、食事をすることができた食堂。外食券は一九四一年に実施され、一九六九年に廃止されたが、一九五〇年ごろから食料事情が好転し、その数は減っていった。

である。

幼稚な考え方ではあったが、僕はこれが自分の生きざま、方針であると心に決めた。

5　鎌倉アカデミア

終戦の翌年、民主主義を基盤とした新しい学校「鎌倉アカデミア」[注22]が開校した。自分は何を学び、どう生きたらよいか悩みに悩んでいた僕は、その報道を耳にするや、「これだ！　これが新しい生き方だ！」と感じた。僕は演劇科を受験し、合格した。教授陣には、戦争中に軍部から圧迫を受けていた著名な人たちが名を連ねている。僕は当時、葉山に住んでいたので、鎌倉は近い。初めて経験する男女共学の学校、毎日が幸せいっぱい、ルンルンルンのルン。

演劇科は、男女合わせて二十数名。クラスメイトには、いずみたく[注23]（後に作曲家）、前田武彦[注24]（後に司会者）、増見利清[注25]（後に俳優座演出家）、廣澤榮[注26]（後に脚本家）らがいた。レッスンというより講座が多く、新しい知識がどんどん身についていくのがわかった。

「新しい日本を建設しようとする国民意欲の盛んなるを機会として生まれた、我が国唯一の大学程度の学園である。新日本の産業を興し、生活を豊かにし、高い文化を築

注22　鎌倉アカデミア
一九四六年、第二次世界大戦終結後の鎌倉で誕生した専門学校。学科は、文学科、産業科、演劇科、映画科の四学科編成。既成概念にとらわれない教育方針により多くの才能を輩出したが、財政難により一九五〇年九月に廃校。

注23　いずみたく
いずみたく（一九三〇年～一九九二年）。作曲家。元参議院議員。『いいじゃないの幸せならば』『見上げてごらん夜の星を』等。

注24　前田武彦
まえだたけひこ（一九二九年～二〇一一年）。放送作家、司会者、男性タレント。愛称はマエタケ。テレビ『夜のヒットスタジオ』『笑点』の司会等。

注25　増見利清
ますみとしきよ（一九二八年～二〇〇一年）。演出家。主にシェークスピア劇を中心に演出。

注26　廣澤榮
ひろさわさかえ（一九二四年～一九九六年）。映画脚本家。『日本の青春』『漂流』等。

き上げる有為の人材を創り出すことは、我がアカデミアに課せられた大きな責務であり、特権である。我らは諸君に次のように呼びかける。自分の性格を信じる者はアカデミアに来い。その性格を教授と学生とが相拠りて相互に鍛え、各自の個性を創造するところが、我が学園である」（入学案内より）

教室は光明寺[注27]の本堂と庫裡をベニヤ板で仕切って作られている。椅子はなくて畳敷き。そこに縁台のような机が並んでいるだけ。まさに寺子屋という観であった。

この学校の特色をもう少し紹介させていただくと、文学科、演劇科、産業科といった科があるのだが、学生にとってはないも同じ。どの科も聴講自由なのである。

僕がよくお邪魔したのが、文学科のフランス語の時間。講師は有名な仏文学者・中村光夫教授である。学生の評判がよいこの講義はいつも満員であった。その学生たちの中に、山口瞳（後に小説家）もいたという。

遅く入ると、最後部で立見となる。いつものように中村教授のフランス語のトークから始まる。ところが教授はお声が小さい。僕らのところまで届かない。思わず僕は大声で、

「先生！　すみません。お声が届かないんですが、もうちょっと大きい声で……」

教授は面を上げて、

「ハイ。テキスト持ってここへおいで！」

と、ご自分の隣の席を指さされた。いやぁ、参った。今さら引き返すわけにもいかず、テキスト持ってノコノコと教壇の横へ座る。教授は、

注27　光明寺
神奈川県鎌倉市材木座にある浄土宗の寺院。

注28　山口瞳
やまぐちひとみ（一九二六年〜一九九五年）。作家、エッセイスト。小説『江分利満氏の優雅な生活』、エッセイ『礼儀作法入門』等。

「私のあとについて、ハイ。ルオーシルブプレ……」

と、始められる。そのあとを僕が追いかける。文学科の学生がニヤニヤして、皆、僕を見ている。おかげで文学科で僕は有名人になった。

思い出をもうひとつ。僕が親近感を持っていたのが現代文学の高見順教授。

ある日、講義を終えて鎌倉駅に着いたばかりのこと。東京行きの電車が来るというので、慌てて階段を駆け上がり電車に飛び乗った。隣を見ると、さっきまで教壇に立っておられた高見教授だ。

「あ、先生。お疲れさまでした。大変有意義なお話でありがとうございました。来週が楽しみです」

そこまでは一気に言えたのだが、あとが続かない。何をおしゃべりしたらよいのか一瞬迷ってしまった。

「あ、あの、僕、小説を書こうと思うんですが、いつも十枚くらいのところでダウンしてしまうんです。やっぱり、才能がないんでしょうかねぇ……」

先生はしばし黙して語らず。

「書けますよ。人間四十歳になれば世の中がわかってきます。誰でも書けます……では、お疲れさま」

北鎌倉の駅で教授は下車されてしまったので、これでおしまい。でも、教授のおっしゃったとおり、五十歳過ぎてから、ペンが走るようになってきた。

ちなみに、この本は三冊目の著書です。先生、ありがとうございました。

日に日に新しい知識が得られ、不満というほどの不満はなかったが、演技のレッスンが少ししかないのがどうも釈然としない。そういう連中が三人、四人と集まると、自然とグループ作りが始まった。そして、いずみたく、前田武彦、僕の三人は、子供向けの劇団を作って、学校回りの演劇活動をしようということになった。小熊座[注29]の結成だ。

小熊座は、前田武彦といずみたくのエネルギーによって誕生したものである。教室のある光明寺の境内は、お天気のいい日には学生たちの車座の群れができた。そして始まるのが演劇論である。皆一家言あってうるさいことうるさいこと。その学生たちの中で行動力のある人間が集まると、研究会とか劇団を作ろうとなるのである。

僕がよく首を突っ込んだ車座で一番発言し主導権を握っていたのが前田武彦であった。後に放送作家として、またテレビ番組の司会者ともなった前田は弁が立った。

「今こそ子供向けのドラマを編成し、全国を巡演すべきとき!」

と、力説して止まない。入場料は九十九円にしようと言う。当時百円以上は入場税がかかる。上乗せして入場料設定しなければならなくなるからだと言う。なるほど。子供対象のドラマなのだから、当然安いほうがいい。

さて、何を上演目録とするかだ。いずみたくが俄然張りきって言う。

「音楽劇がいい。子供向けの『白雪姫と七人の小人』なんか最適だ。いかが?」

「賛成!」

「……で、制作費はどのくらい?」

もうこの辺になるとみんなサッパリわからない!

注29 小熊座
児童劇、人形劇等を巡回公演したアマチュア劇団。

「みんな金策に努力しよう。台本は来週までに俺が作ってくる」

と、前田は頼もしい。配役も、

「王子さまは勝田久。不服はないよな」

構成・前田武彦。音楽舞踊・いずみたくと決定。今、火急にやらなくてはならないのは女優の獲得だ。さて、どうするか。

「僕と勝田君が、下校時に鎌倉女学院の前に立って探すことにしよう」

と前田の提案。

「おい、本当かそれ。それはやばいのと違う？」

と、いずみたくの不安の声。

「ま、とりあえず今日から下校時に立ってみますわ」

と、僕。

さぁ、えらいことになった。

「ひょっとしたらコレになるんじゃない!?」

僕は、両腕に手錠をはめられた格好をしてみせた。

6　東宝こそ我が命

昭和二十二年（一九四七年）の暮れのこと。その夜、友人と週三日程度のアルバイ

トの口はないものかと銀座へ出た。クリスマスも終わり、街も落ち着きを取り戻していた。と、友人が足を止めると、

「小野田先生、お久しぶりです」

と、すっとんで行った。その先を見ると、まだお若いが粋な紳士。小野田勇[注30]とおっしゃる新進気鋭の作家先生であった。

「今、東宝本社に行ってきたところなんだけど、若い男優を探してるよ。行ってみたら」

　ビッグニュース。僕と友人は空中を飛ぶようにして東宝本社演劇部へ走った。そして、三階まで一気に駆け上がると、

「間嶋さん、間嶋プロデューサーはいらっしゃいますかぁ！」

　と大声で叫ぶ。

「おう！　間嶋は私だが！」

「あ、初めまして。あの、今、銀座通りで小野田先生とバッタリお会いしたんです。そしたら、こちらで新人俳優を探していらっしゃるとのこと。もうすっ飛んできました」

　長身の友人は、カッコよく見えるように挨拶し、僕も精一杯背伸びして一礼。

「いやぁ、いいところに来たよね。今晩中に決まらなかったらどうしようと焦っていたところなんだよ。さっそく始めさせていただきます」

　ニッコリ笑ったこの中年紳士、名を間嶋三樹夫といい、なかなかの風格。古い台本二冊を抱えてきて、僕らに一冊ずつ渡した。

注30　小野田勇
おのだいさむ（一九二〇年～一九九七年）。脚本家、劇作家。『おはなはん』『男は度胸』等。

「これは古い台本ですが、その八十五頁のところ、男性二人のやりとりになっていますね。そこを聞かせてください。私は十五分くらいしたら戻ってきますので、それまでどうぞ稽古を」

やがて間嶋プロデューサーが戻られ、僕らはいささか興奮気味に熱演した。さあ、結果はどうか。

「お二人とも勉強してますねぇ。台詞がとてもしっかりしてらっしゃる。お二人さんお願いします」

「と、いうことは……！」

「ハイ、合格です」

万歳！　やった、やったぁ！

「稽古は明日午後一時から。これは必ず参加してください。もう通し稽古ですから。あ、肝心なことを言い忘れました。お願いする舞台は、正月二日初日の菊田一夫[注31]作『鐘の鳴る丘』[注32]です。改めて出演お願い致します。稽古場は有楽座ですので直接どうぞ。――あ、そうそう。台本をお渡ししたいんですが、まだ我々の手元にも来ていないんです」

「は？」

「目下、菊田先生が御執筆中ということで。とにかく一月二日初日です」

ヒエーッ、すげぇ。三時間もの劇をたった五日の稽古で幕を開けるなんて……。商業演劇とは聞きしに勝る怪物じゃと身震いがした。でも嬉しかったなぁ。

同行の友人の唇が動いたように思ったが、そのときは何も聞こえなかった。階段を

注31　菊田一夫
きくたかずお（一九〇八年～一九七三年）。劇作家、作詞家。ラジオドラマ『君の名は』、舞台『がしんたれ』等。一九七五年、演劇界への功績を記念し「菊田一夫演劇賞」が創設された。

注32　鐘の鳴る丘
NHKラジオで放送された菊田一夫作のラジオドラマ。一九四七年～一九五〇年。放送回数は七九〇回に及び、舞台化、映画化もされた。

降りる途中で、

「やっぱりダメだ。アルバイトが明日も明後日もあるんだよ。アルバイト休めないんだ。俺、降りるから、間嶋さんによろしく」

そう言い残すと、彼はあっという間に銀座通りの人の波の中へ消えていった。

その後、彼と会うことは二度となかった。淋しい昔の思い出である。


翌朝、早く目覚める。新しい世界に羽ばたいていく自分に勇気を与えようと、生卵をゴクンと飲む。横須賀線に乗り新橋へ！　それから有楽座までは、駆ける必要もないのに駆けていく。三階の稽古場まで一気に駆け上がる。楽屋口で、

「勝田さん、台本ができました。ハイ」

と、スタッフから渡される。

「重い台本だなぁ」

「三時間以上あるドラマですからね」

僕の出番はド頭からある。緊張しちゃうな。

おはようございまーす、おはようございまーす、と、どんどん役者が集まってくる。全員そろったところで、稽古は始まった。

だが演出の菊田一夫先生のダメ出しが厳しい。先生の声がだんだん高くなる。ついに立ち上がってその役者のところまで駆けていき、両手を振りまわし怒鳴りまくる。聞きしに勝る激しさだ。先生が静かになったところで休憩。演出助手は心得たものだ。何か話題を提供しては先生を笑わせている。役者にとって感情の表現は大切な課

題。こうやって和みながら進めていくことが必要なんだ。稽古は夜十時まで続いた。
あと数日で初日だ。皆、大丈夫なのかな。

昭和二十三年（一九四八年）一月二日、東宝『鐘の鳴る丘』初日。

いやぁ、驚いたなぁ。あの円筒型のデコレーションケーキのような日劇[注33]ビルを、十《と》重《え》二十重《はたえ》と行列が渦を巻いているではないか。それにしても、なんと明るいとぐろか。

皆さん親子連れ。お正月だから晴れ着を着て、楽しそうにニコニコ笑っている。幕が開くと、役者が演じる度に、笑い、怒り、泣く。お子さんが多いから実に反応がよい。こいつはやりがいがあるなぁと感動した。

興業は大成功。間嶋プロデューサーも菊田先生も大喜び。長蛇の観客をさばくために、一日二ステージに変更され、さらに三月末までのロングラン、四月、五月、六月は地方公演も決定した。さらに嬉しいことには、僕のギャランティも予想以上の高額だった。

いやぁ、すごいことになった。新劇[注34]や学生演劇の世界では、通常出演料は出ない。研究生は奉仕が当たり前だ。自分たちが公演のチケットを売って、その売り上げの何パーセントかが、つまり電車賃程度が支給されるくらいなもの。

日劇を取り巻く親子の群をかきわけ楽屋口から中に入ろうとすると、頭上に大看板が。昨日までは何も貼っていなかったのに、さすが東宝、仕事が早い。大きな文字で出演者の名前がズラリ……お、あるではないか。すごい。勝田久の名が。やったぁ！

注33　日劇
日本劇場の通称名。一九三三年〜一九八一年にかけて東京都千代田区有楽町に存在した劇場で、ミュージカル、演劇、映画などを上演。戦後は「日劇ダンシングチーム」のレヴューが人気を集めた。一九八一年、再開発により有楽町センタービル（有楽町マリオン）となり、同施設内の映画館に「日劇」名が受け継がれている。

注34　新劇
ヨーロッパ流の近代的な演劇を目指す日本の演劇のこと。歌舞伎や新派の商業主義を批判、芸術志向の演劇を目指す。

緑の丘の赤い屋根　とんがり帽子の時計台……。

可愛い児童合唱の歌声。お馴染みのテーマソングだから子供たちも一緒になって大合唱。

名古屋、京都、大阪、姫路、神戸、広島、岡山と、巡演先のどの街でも超満員で、一日三ステージ公演の日も何回もあり、東宝は大喜びであった。

そんな中、神戸での興業の中日のことであった。

その夜十時ごろ、突然、全俳優・スタッフは、宿の大広間に集合との指令。何か慌ただしい雰囲気。女中さんもオロオロしている。

我々若手俳優は、なんのことやらさっぱりわからず。やがて、幹部俳優がやってきた。

「皆さん、聞いてください。今日、東京の労働組合から連絡がありました。東宝の全従業員は本日全面ストライキに突入しました。我々組合員は明朝の列車で東京に戻り、ストに参加、撮影所に立てこもります。したがって、明日の神戸公演には出ません」

「あの～、まだ組合員になっていない我々は……」

「えー、君たちは自由に行動してください。明日も舞台に立ってもいいし、荷物をまとめて東京に帰るもよし。ただし、交通費は自弁です」

僕は唖然とした。幹部俳優がいなくなったら芝居なんかできないじゃないか。我々だけが舞台に上がったって何もできやしない。ひどい。

結局、我々も翌日、鈍行で東京に帰ることにした。淋しい汽車の旅だった。僕の俳優人生において、初めて味わった挫折感であった。せっかく、東宝こそは我が命と、夢を託したのに、これでオサラバということになるんだろうか。なんとも無様な幕切れだ。文句を言いに行くところもない。愚痴をこぼすところもない。汽車賃もなけりゃ弁当もない。

その夜、暗くなってから我が家に着いた。家人は皆びっくり。神戸にいるはずの人間が東京にひょっこり現れれば、誰でもびっくりする。

さあ、それからの僕は生活が定まらず、悶々とした日々を送ることになる。新聞は連日、東宝大争議[注35]について報道している。もう二カ月以上になろうとしているのに、経営者側、労働組合側共に譲らず、解決の目途がつきそうにない。それどころか、経営者側がどんな手を打ったのか知らないが、米軍を味方につけ、戦車、装甲車、レッカー車までが出動。撮影所をぐるりと取り囲み、労働組合側は動きがとれなくなっていて、籠城するだけという状況のようだ。

彼らも大変なことになってしまったようだが、取り残された僕らも、前途は闇なんだよなぁ。鎌倉アカデミアの友人に電話をしてみる。

「やぁ、元気？　俺も元気元気。演劇科全員でね、ＮＨＫのラジオドラマに出演したよ。大成功だった」

と、自慢げに言う。やられたか。先を越された。

注35　東宝大争議（＝東宝争議）一九四六年～一九四八年に日本の大手映画製作会社・東宝で発生した、待遇改善を主とした労働争議。一九四八年に行なわれた第三次争議は、労組が撮影所を占拠するなど、警視庁予備隊やＧＨＱが出動するほどの大規模な争議となった。

「そうか、よかったなぁ。皆プロになった気分で楽しかったろう……」

「そう！　皆、張りきってやってさ、帰りは大変だったよ。赤ちょうちんになだれ込んでさ」

「わかった、わかった。また会おう」

「うん！　じゃあな」

ラジオで先を越されたか。悔しい……。僕もボヤボヤしてはいられない。

7　NHK試験

昭和二十三年（一九四八年）八月も末のこと、まだかまだかと待っていたＮＨＫの採用試験受付の書類が送られてきた。予定表によれば、第五次テストまであるではないか。そんなに試験することがあるのかなぁと思ったが、応募者がすごい数だったということをあとで知った。予想以上の応募者だったので、近くのホテルのホールを借りて、いっせいに試験をスタートさせるようだ。

いよいよその日が来たのだ。やるぞ！　これで人生が決まる。新橋界隈のホテルの大ホールで審査は行われた。

記憶は定かではないが、課題はこんな形式であったと思う。

第一日目　学科のみ。正午に終わり、夕刻、合格者発表。この日の合格者は、帰り
　　　　　に明日の課題を渡される。
第二日目　十時より演技テスト。五人ほどで入室し、一人ずつ朗読・簡単な台詞。
第三日目　マイク前演技テスト。
第四日目　小スタジオで一人一人マイク前演技。
第五日目　小スタジオで面接。

○学科テストはこんな感じだ。漢字の読みと解釈五十問（左記は一部例）。

土瓶（　　　）　訃報（　　　）　土産（　　　）　風情（　　　）
冤罪（　　　）　泥酔（　　　）　三和土（　　　）　一期一会（　　　）

○人物と作品をつなげる問題。

夏目漱石　・　　　・羅生門
芥川龍之介　・　　　・走れメロス
川端康成　・　　　・注文の多い料理店
宮沢賢治　・　　　・坊っちゃん
太宰治　・　　　・伊豆の踊子

○選択式の小論文

・日本の演劇
・これからの放送
・我が道

※このとおりの課題が出たわけではないので、ご注意。

このペーパーテストで受験生の半分以上は消えてしまった。要するに国語の力がないとダメだということ。「三和土」、これは「たたき」と読む。僕はこの一問だけどうしても読めなかったので、七十年近くたった現在もよく覚えている。

そして、最終日まで残ったのは十五名程度だったと思う。

放送劇団[注36]三期生として合格した者は、男性五名、女性二名の合計七名だった。新聞や雑誌に〝ニュー・ラジオスター〟として紹介された。

その後、皆さん活躍されたが、現在まで生き残っているのは僕だけとなってしまった。声優の仕事って、実は苛酷なのだろうか。

注36　放送劇団
東京放送劇団の略。一九四〇年代～一九九〇年まで存在した日本放送協会（ＮＨＫ）の放送用専属劇団。ラジオドラマ専門の劇団で、東京以外にも大阪放送局など各中央放送局に専属放送劇団を設置していた。

8　交響曲第五番「合格」

ＮＨＫの採用試験は五次の面接で終わった。

かなり緊張した面持ちで臨んだが、六人程度の面接官はいずれもインテリジェンスあふれた人ばかりで、質問の内容も的を射ており、談笑のうちに終了。内心「やったね！」と快哉の叫び。合格間違いなしだ。

その翌々日、今日こそ来るぞと一日中実家にいて待つことにした。と、郵便屋さんの声。

「勝田さーん、書留速達です。印鑑お願いしまーす」

いつものおじさんだ。

「ハ、ハイ！」

さっきから握っていたハンコを握りなおし、大股で玄関へ！　最高の笑顔で向かう。おじさんの笑顔の前には大きな角封筒。差出人の名前は太字でＮＨＫと書かれてある。

「は、はい」

奥から母親も出てこようとしている。地獄耳というのだろうか。書留という言葉に敏感に反応してしまうのか。

家が焼けてしまったこの地で、今は六畳二間のバラック[注37]住まい。どんな会話も筒抜け。隠しようがない。

「あら、郵便屋さんは？　もう行っちゃったの？　書留ってどちらから？」

「うん、ＮＨＫから」

「ＮＨＫは払ってるのに……」

「ああ、あのね。受けたの、僕が。十月から毎日通うことになると思うよ。新橋まで」

「ひぇ〜〜っ」

母親は、腰が抜けたんじゃないかと思えるほどに驚いている。

封筒から合格通知書を取り出して、母親の目の前でチラチラして見せる。

「あれ、まあ……」と、言葉が出ない様子。

「倅が就職決まったんだよ。もっと喜んでくれると思ったのに……親子ってこんなものなの？」

僕は少々不満。

「あ、あのね、困ってるんだよ。お前に着せる服がないの。秋だっていうのに、シャツ一枚で銀座まで通うなんてできないよ。どうしたものかねぇ。困ったねぇ。靴もないし……」

注37　バラック
通常の建築物とは異なり、簡易的な方法で造られた建物。大戦時の空襲などで焼け野原となった土地に、トタンやあり合わせの木材などを使って多くのバラックが建てられた。

身につけるものにばかりこだわっている。
「そうだ、あれだっ！」
僕は財布を手にすると、突然駅前薬局まで駆け出した。焼け残った親父のカーキ色の国民服[注38]。あれをみやこ染め[注39]で染めて着ようというわけだ。まさにグッドアイデア。それをおふくろに言うと、おふくろはまた飛び上がった。
「あれはお父さんの一張羅。そんなとんでもないことを。あれはダメ」
僕は構わず自分のプランを実行することにした。国民服は押入れの奥にあった。

当時、仮設住宅の我が家のかまどは台所の外にあった。近所を駆け巡り、焼け残りの廃材を手に入れて火を付けた。染めものをしようというのだから、釜は使えない。大きなバケツに湯を沸かし、紺色の染料をバケツに投げ入れる。紺色の泡がグツグツとバケツの中で踊りだす。カーキ色の国民服が、みるみるうちに紺色に染め上げられていく。

家の奥からはミシンの音。おふくろが、僕が愛用していた白絣[注40]の着物をほどいて、Yシャツを仕立て上げようとしているのだ。カタカタカタとミシンの音、ブスブスブスとバケツの中で国民服の哀れな叫び。たまにブシーッと跳ねたりしている。これで世界が変わるのだ。僕の人生も変わっていく。ミシンの音が急に軽やかになって、交響曲《シンフォニー》を奏でているようだ。

注38　国民服
戦中の物資統制として、国民の衣服を合理化・簡素化するために男子が着用すべきとして制定された、軍服に似たカーキ色の上下服。

注39　みやこ染め
家庭で手軽に布などを染めることができる、染料のブランド名。家庭で使える染料の代表格。

注40　白絣
しろがすり。白地に紺、黒、茶など十字や細かい線などをちりばめた、幾何学模様風のかすり柄をあしらった着物。

9　晴れて研修生

昭和二十三年（一九四八年）十月、この日、いよいよＮＨＫの研修生生活が始まった。前述どおり、仲間は男性五名、女性二名の計七名。年齢は僕がちょうど真ん中で二十一歳。全員が大学やプロ劇団などで多少演劇に関わってきた、いわゆる演劇青年ばかり。顔を合わせても演劇、放送の話ばかり。遊びの話はゼロ。我々のレッスン場となる部屋は、十五畳ほどのガランとした部屋。別館なので静かである。もちろん警備員もいない。出入り自由である。

研修時間は午前十時から午後五時。部屋の中央に事務机がひとつ。おぼん、湯呑茶碗、急須、やかん、布巾、雑巾、ほうき、ひと通り揃っている。ありがたいことだ。我ら七人のために、いろいろ気を遣ってくれているのだ。

講師は、主任・和田精[注41]、元演出部長。その昔、築地小劇場[注42]で、演出、音響効果、舞台監督などをされた方。超売れっ子イラストレーター和田誠[注43]氏のお父様だ。レッスンは、発音、発声、アクセントなど。劇団などでも学ぶ基礎レッスンから始まった。

毎日二時間半ずつ、三人の講師に来ていただいて、いろいろ有益なお話を伺った。今までただのガキだった七人の男女が、だんだん世間のことも知り、少しずつ利口に

注41　和田精
わだせい（一八九三年～一九七〇年）。音響演出家。日本における音響効果、舞台照明の創始者。築地小劇場の創立メンバー。

注42　築地小劇場
一九二四年に開場した日本初の新劇常設劇場。劇場は平屋建てで面積一〇〇坪弱、客席四〇〇～五〇〇席。世界初の電気を用いた照明室を備えていた。

注43　和田誠
わだまこと（一九三六年～）。イラストレーター、エッセイスト、装丁家、映画監督。

なっていく。和田先生が、日本語を音声学の面からいろいろ研究されていらっしゃったのには驚いた。先生は、東京工大の前身、蔵前高等工業のご出身なのに、文系の音声学、言語学の研究をライフワークとしていた。僕にとっては、目からウロコであった。この人はただ者ではないと感じた。ご子息の誠さんも、イラストの世界では特異な才能を発揮されておられる。お孫さんの和田唱さんは、ロックバンド「トライセラトップス」のボーカル・ギター担当として人気があるとか。和田一族は特別な才能を持っておられるのか。

演劇は俳優座[注44]の青山杉作先生。新潟のお寺さんのご出身とかで、お話に説得力がある。独特の演技論を持っておられ、台詞の表現と音楽の表現とが非常に似ているというところに注目されているのがおもしろく、毎回レッスンが楽しみであった。

一番困ったのが音楽で、テキストはコールユーブンゲン[注45]という音譜ばかり並んでいる分厚いテキスト。音楽の時間だけは、ピアノのある合唱団の稽古場へ移動する。芸大出身の先生が、先へ先へと進行していく。楽譜の読めない僕なんかは、ついていくのがやっとであった。

さて、もうひとつの問題はタップダンスだ。これは七人のうち半数以上が「そんなもの、僕らの学業には必要ないでしょ。ミュージシャンになるわけではないのだから」と思っていた。

しかし、後に現場に出て初めてわかった。関係あるのだ。

タップダンスの先生が入室してきた。当時のタップ界では第一人者の方。開口一番、

「いやー、困りましたね。タップダンスはご存知ですか」

注44　俳優座
東京都港区六本木にある日本を代表する新劇団のひとつ。青山杉作、千田是也、東山千栄子などが結成し、一九四四年に設立された。

注45　コールユーブンゲン
ドイツの音楽家・フランツ・ヴュルナー（一八三二年〜一九〇二年）が一八七六年に出版した『ミュンヘン音楽学校の合唱曲練習書』。ドイツのミュンヘン音楽学校の生徒に対し、全般的音楽教養を深めるための合唱練習の教本として作成された書。

「ハーイ、見たことありまーす」

と、僕。

「それでは、タップの基本についてお話していきます」

タップシューズに履き替えさせて、基本パターンについて話を進めていく。

どんな型が何を表わすとか、いろいろ有益なお話はあったのだが、全部忘れてしまった。中川三郎[注46]先生、ごめんなさい。


研修期間も終わりのころ、担当員の親切心からか、

「えー、あと数週間残っていますが、諸君の中でぜひこの先生のお話を聞きたいと思っている方がおいででしたらお呼びしますよ。どうですか？」

僕はすかさず手を挙げて、

「ハイ、いらっしゃいます。明治大学の山田肇[注47]教授をお招きしてください。スタニスラフスキー[注48]を御存じですか？」

「え？」

「その方の書いた『俳優修業[注49]』を翻訳した方が、山田肇教授です」

「ハイ、ちょっと待ってください。〝スタスタコラ〟……」

「スタニスラフスキーです」

「そ、そうですね。了解。さっそく申し入れてみます」

こんなチャンスを逃したら、山田教授にお会いする機会は二度とないだろう。

「みんなもいいよね」

注46　中川三郎
なかがわさぶろう（一九一六年〜二〇〇三年）。舞踊家。「社交ダンスの父」と呼ばれる日本のモダンダンスの創始者。日本タップダンス界の祖。

注47　山田肇
やまだはじめ（一九〇七年〜一九九三年）。演劇学者。明治大学名誉教授。スタニスラフスキーの翻訳で知られる。

注48　スタニスラフスキー
コンスタンチン・セルゲーヴィチ・スタニスラフスキー（一八六三年〜一九三八年）。ロシア（ソ連）の俳優・演出家。一八八八年ロシアに文芸協会を設立。その後、モスクワ芸術座を結成。

注49　俳優修業
スタニスラフスキー原作による書籍。彼が創り上げた俳優の教育法はスタニスラフスキー・システムと呼ばれ、世界の演劇界に多大なる影響を与えた。

慌てて仲間の同意を求める。皆あまり気乗りがしてないようだったけれど、わずかに首を縦に振って同意を示してくれた。

講義のタイトルは「スタニスラフスキーの俳優修業」。計四回ということとなり、スタートした。哲学と心理学を混ぜたような講義内容だ。今まで人間が持っている常識的な判断力でなく、新たな発想で人間や事物を観察する努力がまず必要。一時騒がれたマクルーハン[注50]と共通している面もあり、おもしろかった。さすがに大学で講座を持っていらっしゃるだけに、雄弁で流れるような講義。今度どこぞから大学教授の役を頼まれたら、この姿を参考にさせていただこう。教授もすっかり調子が出てきて、次回はその弟子のラポポルトについてもご紹介しましょうということになった。

しかし問題があった。毎回、受講生が減っていくのである。一人減り二人減りして、とうとう四回目の出席者は僕一人だけということになってしまった。世話人の僕としては非常に困った。立場がなかった。まるでやる気のない奴ばかりと、心中大いに怒ったが、研究日誌には「皆興味を持って聴いていた」と書いておいた。

最終回修了。僕は講義の謝礼を述べ、同期生の不熱意と非礼を詫びた。山田教授は怒ることなくニコニコと笑って、

「哲学とか心理学等は、強く興味を持った人が追求研究していくものなんでしょうね。勝田さんのお名前は、よく覚えておきましょう。またお会いできるといいですね。では、お元気で！」

背筋をシャンと伸ばし、中折れ帽をロマンスグレーの髪の上に乗せ、ニッコリ笑って廊下に出ていかれた。その背中に向かって僕は深く深く頭を下げた。

注50　マクルーハン
ハーバート・マーシャル・マクルーハン（一九一一年〜一九八〇年）。カナダの英文学者・文明批評家。英文学教授であったが、メディアに関する理論で知られる。

「ありがとうございました。お疲れさまでした」

大学教授と学生の一対一のゼミナール。贅沢であった。僕にとって一生の思い出となった。

10 研修終了

七人の研修修了者の発表が終わった。我々は部長のデスクまで案内された。同期の中で最も年長者が、すべて終わった旨を報告する。

部長はニコニコとすこぶる上機嫌で、机の上には契約書らしきものが積んである。契約金は各々違うらしい。甲（ＮＨＫ）と乙（我々）の契約書となる。全員の署名捺印が終了。これでセレモニーは終わり。途端に背中をくるりと押されて回れ右。すると目の前に美人職員が立っていて、一人一人の襟にＮＨＫのあのバッジを付けてくれる。これだ。これを付けておけば警備員にストップをかけられることはない。ジワジワとＮＨＫの人間としての自覚が湧いてくる。

我々の部屋に案内される。巨大ビルの六階であった。エレベーターを降りると、まず管弦楽団。次が合唱団。次が効果団。そして一番奥に放送劇団の部屋が並んでいた。放送劇団が一番奥というのは、皆声がデカくてうるさいからかもしれない。

広い部屋だ。先輩たちが台本を広げて稽古をしたり、壁に貼られた発注票を見て、自分の出演番組を確認したりしている。売れっ子はあちこちの番組から指名されている。


こうして、めでたくＮＨＫの声優生活が始まった。ドラマ部門の仕事ではなく、僕はなぜか社会報道番組、教育番組、農業番組が多かった。他の仲間がドラマなどで著名なスターと共演した話など聞くと、かなりジェラシーを覚えたものである。

「いやぁ、毎日毎日おもしろいですな。あのかわいこちゃん、何言われても平気なんですわ。すぐ切り返してきますよ。やぁ、参った参った」

と、同期の男の子。

「参ったといえば、農家の人たちは大変らしいですよ。今年の大雨と日照り……これでウンカ[注51]の大量発生。学術名ツマグロヨコバイ。こいつが殺虫剤をまいてもまいても増えてくるんですって。なんとかなりませんかね」

と、僕。これでは話が噛み合うはずもない。

どうして僕って人と話が噛み合わないのか、ずれてしまうのか。だいたい、教養番組、社会報道番組が好きだから、そっちの面で活躍しているプロデューサーさんやディレクターさんとお付き合いをしてしまう。ところが、そういうスタッフはまじめ人間が多くて、スタジオの作業が終わるとすぐ取材に出かけたりして、帰宅する時間がまず合わないのだ。演劇番組、娯楽番組は終わると皆さんだいたいにおいて、いっせいに解散ってことで、夜のお付き合いが成立するようである。

注51　ウンカ
体長五ミリ程度のイネ科の害虫。大量発生すると米の収穫に打撃を与える。

同期のA君をマークして観察を続けることにした。A君はとても同期とは思えないくらい世慣れた社交術を心得ていて、人の心を逸らさない人。廊下などでスタッフから、

「おう、Aさん」

なんて声をかけられる。すると即座に、

「ウヒャーッ、夕べのウィスキーは安ものだったな。ゴメンゴメン。今度、美味しい焼き鳥屋へ行きましょう」

などと話を楽しいほうに向けていく。これだ。この術を盗まなくては！


仕事が終わったら仲間同士で一杯飲み屋に寄って、安い酒で一杯やって帰宅する。サラリーマンもののドラマにはよくある話だ。あれはドラマだけの世界ではない。現実にもよくある話なのだ。

「なぁんだ、そんなことでスタッフとのコミュニケーションがとれて、仕事もうまく流れていくということであれば、よし、明日から僕もやるぞ！」

……と、ここまで来て気がついた。あっ、僕はアルコールがダメなんだ。コップ一杯の酒も飲めないのだ。それでは打ち上げなんてムリだよなぁ。誰も誘ってくれないのは、皆それを知っていたからだったのか。

僕って馬鹿だなぁ。とんだ間抜けだ。どうして今まで気づかなかったのだ。よし、作戦を変えよう。お付き合いを円滑にするために、まず話題を豊富にしよう。誰にでも気軽に声をかけられるようにしよう。

勝田式社交術の第一歩はこれである。

そこで僕、そこにあった傘を取り上げて、

「俺は村中で一番、モボだと言われた男〜♪」

と、踊り出してみせる。

「ヤンヤ、ヤンヤ、君にそんな芸があるんだ。知らなかったよ。おもしろいよ。いける、いける！　だけど、そんな芸、ラジオでどうやってお客さんに伝えるんだい？マイクロホンにカメラはないよ」

「え？　そうだよなぁ……」

11　ラジオ声優誕生

今晩のラジオドラマは何があったかな。頭の中で今晩のラジオ番組表を思い出す。あるある、『真相はこうだ』[注52]があるはず。あれはいい番組だ。こんな馬鹿な戦争を起こしてしまった経緯をわかりやすく説明してくれるいい番組だ。必ず聴くぞ！

大正十四年（一九二五年）、日本放送協会（ＮＨＫ）ＪＯＡＫ[注53]、東京芝浦でその産声をあげたこの日本初のラジオ放送は、わずか十年後には受信者二〇〇万世帯にまで、急速にその輪を拡げていった。戦前は、朝のラジオ体操から夜の演芸放送まで、

注52　真相はこうだ（＝眞相はかうだ）
戦後の連合国軍の占領下、ＧＨＱ（連合国軍最高司令官総司令部）の政策のひとつとして、ＮＨＫラジオで放送された宣伝番組。一九四五年十二月から十回放送された。

注53　ＪＯＡＫ
財団法人東京放送局のこと。一九二五年、東京・芝浦の仮放送局から日本で最初のラジオ放送を開始。その翌年、東京、大阪、名古屋の三つの放送局を統合し、社団法人日本放送協会（ＮＨＫ）が設立された。

つつましやかに暮らす国民の友として、また、第二次大戦中は、食糧の配給や敵機の来襲をすばやく伝える情報源として、もはや生活上欠くべからざるものになっていた。

　あの終戦という大事業も、ラジオを通しての玉音放送があったればこそ、さしたる混乱を招くことなく、スムーズに遂行できたのだともいえるし、戦後の混乱した時代には、ラジオから聞こえる音楽や歌唱によって国民に慰めとうるおいが与えられ、精神的荒廃から救われたともいえるのである。

　この身近な娯楽の常設機によって、娯楽に飢え荒みきっていた国民は、どんなに力づけられたことであろう。ラジオは鍋釜以上に家庭の必需品となっていたといえよう。いや、それ以上の、明日への生きる希望の灯となっていたのである。

　ラジオの即時性から、ニュース、天気予報、実況放送などが人々から歓迎されたことは言うまでもない。が、しかし、聴取者に豊かなイメージと喜びを届けるラジオドラマも、最高の娯楽として喝采を浴びたのであった。ときには制作者の予想をはるかに上回る人気を博し、関係者を驚かせ、喜ばせもした。

　昭和二十六年（一九五一年）、今もなお語り草になっている『君の名は』[注54]。この放送開始時間には、銭湯の女湯が空になったという話はあまりにも有名である。

　昨今はどの家庭にも内風呂があるので理解しにくいかもしれないが、当時は内湯のある家など少なく、多くの人々は銭湯に通っていた。女性の人気番組ナンバーワンの『君の名は』の放送時間になると、女性はいっせいに銭湯に行くのをやめ、ラジオに釘付けになってしまったという。そのために、この時間は銭湯の女湯はガラガラ。『君の名は』が終わると途端に混みはじめたとか……今では考えられないような、本

注54　君の名は
一九五二年にNHKラジオで放送されたラジオドラマ。主人公・春樹と真知子の恋愛ドラマが爆発的な人気となり、後に映画化された。

当の話なのである。

このドラマの主役・春樹と真知子を演じている声優は、普段どんな人なのだろうかと、興味は私生活にまで及んでいく。

こうして、ラジオの声優は生まれた。そして、ラジオ声優黄金時代を築いていったのである。

我とて、後れを取ってはならじ。

12 さあ、どんとこい

「さぁ、幕は切って落とされた。今週からは東京放送劇団員だぞ。どんとこい。矢でも鉄砲でも持ってこい。こちとら江戸っ子の勝田久だ。一行や二行のちゃちな仕事を持ってくるなっつうんだ！」

口ばかり勇ましいのだが、心中は不安で一杯。七階の控の間で力んでみたってなんの役にも立たない。

一日に何度か三階の制作部からくる伝票が、我々の部屋にペタペタと貼られていく。

係の人が入室する度に、新人は伸び上がってその指先の伝票をのぞき込もうとする。今まさに、仲間や先輩がスタートラインの一線上にくつわを揃えて待ち構えているのだから、無理もない。

「えーと、鈴木さん、木村さん、佐藤さんは文芸班の金ドラ（金曜の特別長大ドラマ）です。がんばってください。ハイ、以上！　……あ、まだひとつ残ってました。勝田さんは社会課の農業番組ですね。ナレーションでもあるのかな。勝田さんは生放送の『農村のあした』ですから、当然台本は当日となります。以上、よろしくお願いします」

言いたいことを言うと、係の人はスタスタと消えてしまった。

僕は騒ぐ心を慰め、落ち着かせる。日本の農業はすばらしい。今に機械化されて生産も向上、農民はいい暮らしができるようになるのだ。明日の『農村のあした』は何をやるのかなぁ。ツマグロヨコバイのウンカの話はやった。稲のいもち病[注55]対策でも取り上げるのかなぁ。農村のファッションはまだやってない……農村の農産物だって、ものがよくて値段が安ければどんどん売れるはずだ。地方に行くと見慣れない果物や野菜によくお目にかかる。ああいうよい産物をどんどん中央に向けて送り出せばいいのだ。そうか、交通の便が問題となってくる。あとは宣伝だ。どんなによい品物でも、宣伝しなくては売れない。

今はラジオの時代。ラジオドラマ人気に乗って、真知子巻き[注56]なんてマフラーが売れている。そうだ、ラジオで宣伝すればいいのだ。だがＮＨＫは公共放送だから、商業宣伝はできない。やがて、宣伝放送の時代が来るぞ！

注55　いもち病
イネに発生する主要な病気のひとつ。ササやタケにも感染することがある。

注56　真知子巻き
『君の名は』の主人公・氏家真知子が巻いていたストールの巻き方。

13　禍福は糾える縄の如し

何か楽しいことはないかと思ったら、あった、ありました。それも三件続けて。

放送界の大作家・阿木翁助[注57]先生からの電話であった。

「あのね、お元気。私、今ね、劇団東芸の芸術祭参加作品『わが大学にある日々は』の本を書いているんだけど、君でなければ……という役があるのね。出演してくれますか」

いやぁ、嬉しかったなぁ。もう、すぐにOKしてしまった。

まったく「禍福は糾える縄の如し」[注58]は本当の話だ。落ち込んでいた僕を、この一本の電話がどれほど勇気づけてくれたことか。吉報。まさに吉報、ポパイがほうれん草食ったように力が湧いてきた。数週間後には台本も完成。全員揃って稽古に入った。

物語はこの時代の大学生の群像を描いたもの。このころの大学生はほとんどが生活費から学費まで、アルバイトしたり、あるいは自分の血を売ったりして、なんとか生きていた。そうした大学生の中に一人、そんなことをしなくても悠々と生きていた奴がいた。いや、それどころか、キャバレーに行ったり、ホステス相手に大盤振る舞いをしている。この学生、実は麻薬売買のヤクザの手先。だが、天網恢恢疎にして漏らさず[注59]の言葉どおり、やがてヤクザの手で始末されることになる。哀れな奴。それが僕

注57　阿木翁助
あぎおうすけ（一九一二年～二〇〇二年）。劇作家、脚本家。ラジオドラマ『花くれないに』、テレビドラマ『徳川家康』等。一九七七年、紫綬褒章受章。

注58　禍福は糾える縄の如し
かふくはあざなえるなわのごとし。幸福と不幸は表裏一体で、代わる代わる来るものだ、一時の善し悪しに一喜一憂しても仕方がない、ということのたとえ。古事・ことわざ。〈出典「漢書　賈誼伝」「史記 南越伝」〉

注59　天網恢恢疎にして漏らさず
てんもうかいかいそにしてもらさず。天の網は、広くて一見目が粗いようだが、悪人を漏らさず捕まえる。故に悪事を行えば、天罰を逃れることは決してできない、ということのたとえ。〈出典「老子」〉

の役。日が経つごとに、稽古も乗ってきて楽しいこと嬉しいこと。これが僕の求めてやまない現代劇だ。菊田一夫先生、阿木翁助先生。この両先生のおかげで、僕の演劇の目はどんどん開けていった。

その芝居の千秋楽のあと、二、三日してから僕の家に電話が入った。またまた嬉しい電話だ。東映から出演の打診だ。これから撮影に入る戦争ものの映画で少年航空兵の役だという。

「あなたを推薦してくれている方がいるんですよ。どうですか」

と、言うのである。

翌日の午前中、早めに出勤し、部長のデスクにおずおずと進み、

「あのー、誠に申し上げにくいんですが、今度は東映から映画に出てみないかとお誘いがあるんですが、いかがなものでしょうか。自分としてはいい経験になりますので、出演したいのですが……」

と言うと、部長は僕を睨むようにして、

「今度は映画か。君はＮＨＫの人なんだよ。そこをよく考えて。検討して返事します。東映にはその旨、文書にして私宛てに送るように言ってください。以上」

その日、東映には「今回は残念ながら、ＮＨＫのお仕事がありますので……」とお断りして諦めた。僕はＮＨＫの人間だ。やたらに誘われたからといって、ノコノコ出かけたりしてはいけないのだ。

と、今度はＮＨＫの『子供の時間』[注60]のプロデューサー氏から、

「勝田さん、今放送中の『チビ助の冒険』は、また継続になりました。よろしく」

ワォーッ。『チビ助の冒険』は僕の一番お気に入りの番組。一年間の成果が認められたというわけだ。


僕の存在もだんだんスタッフにも知れわたって、仕事も増えてきた。三年目には稼働時間が劇団トップという月もあり、売れっ子になってきたという感じだ。ただ、仕事の内容は相変わらず教養番組などお堅いものが多く、依然としてドラマの依頼が少ない。そんなわけで『子供の時間』のナレーションが増えたのがとても嬉しかった。これであと一年は続く。日本全国の子供たちと仲良しになれる。


そんなことがあって少したったころ、演出部のプロデューサー氏から電話があった。

「勝田さん、ちょっと三階まで来てもらえますか」

「ハイ、すぐ参りまーす」

と、僕。階段をトントントンと降りて三階へ。

「いやぁ、ごめんなさい。呼び出したりして」

「いえいえ、とんでもない」

「勝田君、大変なことになったよ」

ゲエ、また叱られるのか。

「あのね、『向う三軒両隣』[注61]が今月いっぱいで終了となることはご存じですか」

「ハイ、それとなくうわさ話で……」

注60　子供の時間
一九二五年～一九四一年にＮＨＫで放送された子供向けラジオ番組。祝祭日を除く毎週月曜日～土曜日、午後六時～六時半に放送された。

注61　向う三軒両隣
一九四七年～一九五三年にＮＨＫで放送された連続ラジオドラマ。その人気から一九四八年に東宝で映画化された。

「終わるんです。何年放送してきたことか。で、その後番組なんですが、『幸福物語』というんです。新婚の夫婦の話なんですが、その主役を勝田君と伊藤淳子君でいこうということが決定しました」

キャハーッ！　僕は目まいがしそうなくらい驚いた。

14　幸福物語

「ぼ、僕はＮＨＫでは、いらない子だったんじゃなかったんですか？」

思わずそう叫びたくなった。毎日午後六時から放送されるＮＨＫの看板番組だ。明日には台本の第一稿が出来上がるという。

『向う三軒両隣』が看板番組まで成長したのには、大きな理由があった。まず下町に住む数家族が主役であり、日常生活を伸び伸びと演じていくドラマであったこと。役者のほとんどが東京放送劇団のメンバーであったこと。お客さんと共通点の多い人たちが、次から次へと登場してドラマを展開していった。

『幸福物語』の台本が出来上がってきた。一週間分で六冊ある。台本の表紙をめくると、配役表があった。な、なんと、出演者は新婚早々の夫と妻。そして、妻の母親の三人だけ。今まで多いときには二十名くらい出ていた『向う三軒両隣』とはえらい違いだ。ときどき、うるさいおばさんが出てくるくらいのことである。

僕はまたしても、肩に重い荷物を背負わされた気分になった。

『向う三軒両隣』は、好評のうちに惜しまれつつ幕を下ろした。遠く北海道[注62]から鹿児島まで、全国のお客さまが手を振って賑やかにさよならを連呼してくれているようで、あとに控えた我々も涙が滲むほど感動的な最終放送であった。

放送劇団員全員が力を結集して、お客さまを楽しませ満足させた、数少ない、後世に残る作品であった。

さぁ、次の週からが大変であった。いよいよ『幸福物語』の登場。甘いドラマだ。超甘い。『向う三軒両隣』のお客さんが聴いたらびっくりするに違いない。

毎回十五分で週六回、登場人物は新婚夫婦とその親類か身内ばかり。これで十五分はきつい。愚痴を言い合うドラマにならなければいいが。主人公の雄司さんは一介のサラリーマン。そのうち上司くらいは出てくるかもしれないが。それにしてもスケールの大きなドラマには成り得ない。

『幸福物語』がスタートして三カ月たった。『向う三軒両隣』のような盛り上がりが足りない。ＮＨＫ会館のビルの壁際には宣伝用のコーナーがあって、そこに僕と伊藤淳子の大きな写真が貼られているのだが、会館を出入りする度になんとなく恥ずかしかった。人気上昇となれば誇らしい気分にもなれるのだろうが、今はダメだ。ドラマも花屋さんとか酒屋さんの小僧が登場してテコ入れしてくれているが、番組の人気を上げるには至らない。

ＮＨＫの看板番組を地に落としてしまったか。誰も何も言わなかった。ドラマのほうは、登場人物が少しずつ増えてきて、怪しげな人物や親兄弟や近隣の人も登場する

注62　北海道から鹿児島まで
当時は沖縄返還前。

ようになったけれど、相変わらず品のいい人ばかり。いわゆる庶民的な商店のおかみさんや威勢のいい魚屋さんも出てこないので、毎週毎週、物静かに話は進行した。

　そんな日々を過ごしていたころ、和田精先生から久しぶりの電話をいただいた。

「いやぁ、がんばってますなぁ。今日はちょっと御挨拶。私ね、今度新しくスタートする民放の新日本放送（後の毎日放送[注63]）の演出部長に就任することになりました。今後ますますよろしくね。また一緒にドラマ作りをやりましょう。そのときは、番組を用意して待っていますよ」

　このときはまだ、すぐに何をするでもなかった。しかし、とても魅力的なお話だった。


『幸福物語』という一年の帯ドラマを終えたら、僕はＮＨＫを去ることになるかも。『幸福物語』は静かなおとなしい番組ではあったが、いざ終わってなくなってしまうと思うと涙が落ちた。聴取率はさぞかし悪かったと思うのだが、ＮＨＫは本当に辛抱強かった。一年間もの間、続けてくれたのだ。熱心なファンは毎週毎週ファンレターを送ってくださった。ありがとう、ありがとうと全国に向けて叫びたかった。

　でも僕は、民放の世界めがけて飛び立ちます。なぜなら、僕という人間は、いつも未知の世界を求めて、夢ばかりを追っている男だからです。

注63　毎日放送
近畿広域圏を放送対象地域とする、テレビ放送とラジオのＡＭ放送兼営の放送事業者（一九五〇年設立）。略称ＭＢＳ。ラジオ放送の呼称はＭＢＳラジオ（一九五一年開局）。

15　テレビ時代へ

民放ラジオ局がどんどん増えてくると同時に、放送業界はテレビ放送の研究にも乗り出してきた。もちろん、先達となったのは最大手のＮＨＫで、新しい技術を開発、世田谷の技術研究所にセットを組み、ライティングを研究し、カメラマンを映画界から招き、スタッフも増員し、やがてテレビ実験局として本放送と変わらぬような放送を始めた。

世田谷のＮＨＫ放送技術研究所[注64]は少し交通の便が悪かったけれど、僕も進んで参加させてもらった。衣装をつけ、メイキャップをして、ドラマに参加させてもらうのは楽しかった。嬉しかった。そして熱かった。床から天井までビッシリという感じで張りめぐらされたライティングの熱で、目まいがしそうなくらい熱かった。現代ものではセットのテーブルに置かれた灰皿などにうっかり触ると火傷しそうだったし、時代ものではカツラの地金が熱くなって、本番中でも脱ぎたくなる。でも楽しかった。このころになると、研修中の第五期生もスタジオに現れるようになった。

黒柳徹子[注65]さんもその一人。若い子たちが続々と現れて、スタジオの雰囲気が変わってきた。

テレビはこれからの時代をリードしていく仕事になるに違いない。そう思った。

注64　ＮＨＫ放送技術研究所
一九三〇年にＮＨＫが設立した、放送技術の開発を行う研究所。所在地は東京都世田谷区砧。通称「ＮＨＫ技研」。

注65　黒柳徹子
くろやなぎてつこ（一九三三年〜）。女優、タレント、声優、司会者、エッセイスト。ＮＨＫ放送劇団、文学座研究所を経てテレビ女優の第一号としてデビュー。二〇一五年、文化功労者に選ばれた。

ハプニングもいろいろあった。その一例をご紹介しよう。ライトＯＫ、小道具ＯＫ、タレントＯＫ、では本番に入ります。途端にスタジオ内は緊張、咳ひとつない静寂。

「5、4、3、2、1、スタート」

モニターテレビには目の前のセットが映っている。本ドラマの主人公・刑事さんの自宅の茶の間。画面右のほうで、刑事は今しがた朝食を終えたという設定で、左手に持っていた箸をちゃぶ台に置く。またしても左手でお茶を飲む。「なぜ左手ばかりなのか。不自然だよ」とモニターの前で見学している誰しも思う。タイトルテロップ『刑事と娘』(だったと思う)。タイトルが消えると娘の声。

「お父さん、今日も遅いんでしょう。何時ごろになる？」

「ごめん、今大変なところなんだ。飯は適当に食っておく」

刑事は立ち上がろうとしたが、やめてしまった。「どうした。早く立てよなぁ」と思っていると、立った。刑事は立った。すると、なんと刑事の右手の先には、変な男がぶら下がっている。

「ラストで逮捕される泥棒男が、なんで刑事にぶら下がってるの!?」

よく見れば、手錠でつながれているのだ。本番前に刑事役の人が犯人役を相手に手錠をかける稽古をしていたら、そのまま本番に突入してしまったのだ。しかも鍵がない。一生懸命鍵を探すがどこにもない。焦りまくっている間にドラマは進行。スタートしてしまったということらしい。

「カット、カット！」

FD[注66]の悲痛な叫び、すぐテロップに変わる。

「機械の故障により放送を中断いたします」

スタジオは静まり返ったまま。

突然、若い女の子の甲高い笑い声。それに合わせるように男も笑い声。あの女の子の笑い声は徹子さんだったのでは？　セット内は大爆笑で、スタジオはどんなに救われたことか（徹子さんの著書『トットチャンネル[注67]』にも書かれてあります）。


黒柳徹子さんと初めてお会いしたのは昭和二十八年、僕がまだNHKに在籍していたときのこと。彼女がNHK東京放送劇団第五期生として養成期間を終え、新人声優としてスタートを切ったときである。「なんか今度入ってくる子たちは、威勢のいい連中ばかりだそうな。先輩はしっかり見守って劇団の恥とならぬように」と、お達しが回ってきた。

四月のある日、いつものように劇団室に顔を出すと、部屋の中はお祭り騒ぎ。その中で、ひと際高く部屋中鳴り響くような声がする。それが今回とくに話題を集めている黒柳徹子とわかった。「こりゃ、デカい声が出せて有望な子だぁ」と思った。しかしデカすぎた。このデカい声が災いして……というか、幸いして、いろいろと話題を作ってくれた。

〝ガヤ〟という仕事をご存じだろうか。喫茶店や野球場など、人が大勢いるシーンで聞こえてくるガヤガヤした声や音のことである。このガヤのお仕事のときに、徹子さ

注66　FD
フロアディレクター。ラジオやテレビの生放送番組や収録番組で、出演者やスタッフに指示をする収録現場の進行役。現在では選任のフロアディレクターを配置しているラジオ局、テレビ局は少なく、ディレクターやアシスタントディレクターが兼務することが多い。

注67　トットチャンネル
一九八四年に新潮社から出版された、黒柳徹子の自伝エッセイ。ベストセラーとなった『窓際のトットちゃん』の続編に当たる内容で、NHK放送劇団に入団してから、個性派女優へと成長していく過程を描く。

んの声が大きすぎて、ハミ出してしまうのである。

通常、マイク前三十センチのところに立って声を発するのが常識とされているが、徹子さんの場合は声がデカすぎるので、ミキサーさんから、

「黒柳さん、もう三十センチ下がってください。ハイ、しゃべってください……まだ大きいな。もう三十センチ下がってください。まだデカい……じゃあ、黒柳さんは廊下に出てお休みください。他の人は本番行きます」

かくして、彼女は己の声のデカさを呪った……か、どうかはわからない。とにかく、騒々しいやかましい人ということで、仲間内では〝チャック〟とあだ名をつけられたという。

それが今や、黒柳徹子といえばテレビ界の大スター。

日本のテレビが今日も賑やかなのは、徹子さんがいるからかもしれない。


平成二十七年（二〇一五年）秋、その黒柳徹子さんが、ビッグな賞をいただいた。文化功労者[注68]という文化勲章[注69]と並ぶ賞である。声がデカくて、よくおしゃべりするあの少女が、最高の賞をいただいたのだ。すごいことである。

放送界の超ベテランの黒柳徹子さんも、そのスタートの時点では、ちょっと変わったお嬢さんだったということである。始めから、スター・黒柳徹子が存在していたわけではない。優れた資質を大事に育てて伸ばし、人の何倍もの努力をしたその結果が、文化功労者の授与をもたらしたのだと思う。

注68　文化功労者
学問、芸術上の業績を通じて文化の向上や発展に大きく貢献したと認めた者に対して顕彰する制度。文部科学大臣諮問機関である文化審議会により候補者が選出され、文部科学大臣が決定する。

注69　文化勲章
文化功労者の中から、特に文化の発展に貢献著しい者に授与される勲章。毎年十一月三日（文化の日）に授与される。

徹子さん、受賞、おめでとう。

16　代役引き受けどころ

ラジオにしてもテレビにしても、放送という仕事には、アクシデントかハプニングがつきまとう。生放送のときに多いが、収録番組のときでもそれは起こる。起こるものはしょうがない。防ぎようがない。どう対処するかが問題だ。こんなことがあった。

☆ラジオドラマの場合①

スタジオで翌日放送のリハーサルに入っていたときのこと。突然スタジオの扉が開いて、隣のスタジオのＡＤ[注70]が飛び込んできた。と思ったら、いきなり僕の腕をつかみ、スタジオの外に引きずり出そうとするではないか。

「お、おい！　何するんだ。リハーサル中だぞ！」

と、睨みつけてやると、

「だ、代役お願いします。Ｓさんの代わりをお願いします」

Ｓさんは先輩だが、周りを見回してもＳさんの姿はない。

「Ｓさんは今寝てます。第三スタジオの奥で……。あと二分でＯＮ ＡＩＲ（放送開

注70　ＡＤ
アシスタントディレクター。テレビや映画業界で演出を行う役職であるディレクターの補佐役。フロアディレクター役も兼任することが多い。

始）です！」

「何がなんだかさっぱりわからないが、『義を見てせざるは勇なきなり』だ。台本はどこだ」

「スタジオの中です。やってくれますか」

と、AD。

「うむ！」

と、僕。

「やるもやらぬもない。では入るぞ！」

ADの安心した顔。スタジオの重い扉を二枚開けて、中へ飛び込む。共演者が僕に台本を渡す。と同時に、お馴染みのテーマソングがスタートした。

そして、ドラマは始まった。

（SE[注71]　ドアをノックする音）

娘「お父さまぁ、お邪魔しますよぉ」

僕「おう、ヨシ子の顔を見るのも久しぶりだなぁ。それで何」

上流階級だな。品よくやらなきゃな。少し構えて、
と、突然この行が終わって、次の頁に進めという感じになっている。

顔を見るのも久しぶりだなぁ……。親子の愛情が細やかに表現できて、我ながら感心。頁を慌ててめくる。

「で、ナニ（頁をめくる）ノヨウカネ」

な、「ナン」だ。僕は慌てた。ナ、ナニノヨウカネ……そんな日本語があるかバカ

注71　SE
サウンドエフェクト。音響効果、扉の開く音、靴音、波の音など、一般に、映画やテレビなどの画像に合わせて付け加える、効果音や短い音楽などを指す。

モン！　ナンノヨウカネではないか。ベテランには許されないミスだが、新人時代にはよくあることだ。

☆ラジオドラマの場合②

本当につまらないミスだったといえるかもしれないが、プロとしては許されないミスといえる。被害者の僕にとっては大事件だった。

オープニングは男二人の会話。共演者のEさんが、感動している。

（SE　鳥の声）

E「わー、素晴らしい眺めだなぁ。まさに絶景だぁ。紅葉の真っ盛り。よし、ここで飯食おう！」

僕「こんな絶景を目の前にして、美女がいないってのが淋しいなぁ……」

E「おーい。ヤッホー！　ケメ子！　なぜキャンセルしたんだぁ！　バカヤロー！来ればよかったのにー！」

と、台本ではこうなっている。いよいよ本番だ。

「あと五分でON AIRになります。準備いいですね」

念のためスタジオを見回してみる。そこで僕は気づく。

「あれ？　相手役のEさんがいない。Eさんがまだ入ってません。廊下で油売っているんじゃありませんか？」

「ハーイ、見てみましょう」

数秒して、またＡＤの声。

「Ｅさんいません。た、大変です！　あと四分でスタートです。どこ行ったんでしょう」

「さぁ、わかりません。この番組のスタート時間は知っているはずですよね。スタジオ内にはおりません。あと二分でＯＮ ＡＩＲです！」

と、プロデューサーが叫ぶ。

やがてＴＭ（テーマソング）ＯＮ～ＢＧ[注72]～ＦＯ[注73]。

次にＥの台詞が続くのだが、そのＥがいない。声なしのダンマリというわけにはいかない。何か音か声が入っていなければ。僕は決心した。こうなったら、僕がやってしまうしかない。そこで精一杯情感を込めて、

「わぁー！　素晴らしい眺めだなぁ。まさに絶景だ。あー、あのカワイ子ちゃんも来ればよかったのになぁ？　おい、隣にいるバカ者！　なんとか言え！」

と言っても、どこにも姿は見えない。ＡＤもいないところを見ると、まだ局内のそこいら中を探し回っているのかもしれない。

この番組は十五分だったが、そのうちの半分は相手の台詞だったのに。二人分を僕一人で演じてしまった。マイク前から、ガラス張りの向こうの調整室をときおり見上げてみる。プロデューサーが、始めから終わりまで両手を合わせて僕を拝んでくれている。そうか、なんとかうまく放送番組として繋がっていったのだなぁ。ヘンな脚本とお客さんは思ったかもしれないが。

注72　ＢＧ
ＢＧＭ（バックグラウンドミュージック）の略。テレビやラジオの場面を盛り上げるために使う音楽。

注73　ＦＯ
フェードアウト。映像の場合、次第に画面を暗くしていく手法。ラジオでは、音を次第に小さくしていき、最終的に音を消す。

☆テレビドラマの場合

ＮＨＫ会館の正面玄関を入ってすぐ右側の、比較的小作りなカラー放送のスタジオでのお話。多分、もう間もなくテレビの本放送が始まる昭和二十八年ごろのことだった。

スタジオ前を歩いていたら……突然、僕の腕をムンズと掴む者がいる。「何者！」と顔を見やると、相手は僕がよくお世話になっているプロデューサーであった。このプロデューサー、とてもよい人で、普段から気を配って、僕らの面倒を見てくれている。


「お願い、お願いだから、僕の言うこと聞いて！　毎週土曜日の夜、空いてる!?」

「ええ、今のところは……」

「よかったぁ！　ミュージカルやってくれない？」

「えーっ！　ミュージカルといったら、歌って踊って……あれでしょ。僕らの仕事ではないように思いますけど……」

「うん、そう！　そうだよね。わかってる。わかっているけど、再度のお願い。今晩稽古して、明日の夜本番。お願い！　やってくれるね」

「ハイ。ではまずもっと詳しいお話を聞きましょう。台本もないし。お答えのしようもないし」

「ああ、よかった。じゃあ、社食でコーヒーでも飲みながら……いやぁ、ありがとう」

要するに、新番組をスタートさせたいけれど、主演級のお二人の息が合わなくて、お互いに反目し合って、稽古にならない。とうとう喧嘩のようになってしまい、一人は相手の顔を見るのも嫌だから番組から降ろしてほしいと申し出があったという。さぁ、スタッフは皆真っ青である。急きょ代役を探せということになって、プロデューサー、ディレクター、ADなど、全スタッフが今手分けして代役探しに駆け回っているのだという。

「今稽古を中断しているけれど、これで再開できる。さぁこれから稽古して明日本番。やってくれるね」

「わかりました。やりましょう。こんなことで番組に穴を開けたらNHKの恥です。下手でも、僕がやったほうがマシでしょう」

こりゃエラいことになってしまった。今までラジオ番組の代役は何回かやったことがあるけれど、テレビは初めてだ。大丈夫かなぁ。男は度胸だ！　どんとやれ！　悲壮な顔して一点をガッと睨んで、目玉をキラリと光らせた。これ、歌舞伎の見得を切ったつもり。

その翌日、放送は歌ったり踊ったりで軽やかに最後まで楽しく進行、僕が演じるいつもどつかれている人物を、周りが盛り上げてくれて無事終了した。エンディングの曲がよかった。まず合格点だ。

友人に、ぜひ見てくれと頼んでおいたので、さっそく電話してみる。

「もしもし、どうだった？」

「ああ、見たよ。いいアンサンブルだよ。出演者も粒ぞろいで楽しかった。演出もなかなかやるぜという感じ。カメラアングルのとり方もたいしたもの。そうだ、あのスタジオあんなふうに使えば広く見せられるんだ」

「あ、そうだね。……ぼ、僕の歌とダンスは？」

「ダンス？　ああ、あったね、そういえば。まぁまぁじゃないの。カメラは上半身だけ映していたね。足のほうはあまり映してなかったねぇ。まぁあれでいいんじゃないの。うーむ。だけどあれってダンスというのかなぁ。ダンスもどきってとこじゃないの？」

「クーッ」

17　民間放送

昭和二十九年（一九五四年）三月、恒例の専属契約更新の時期が近づいてきた。僕はこのときすでに方針をしっかり定めて、自分の所信を述べてあとには引くまいぞと心に決めていた。

ＮＨＫは大金をはたいて新人を探し出し、養成もしてくれた。これは感謝すべきだ。ＮＨＫよ、ありがとう。ありがとう。だが、これからの生き方に不安を感じているのも事実なのだ。

一カ月前から予告をし、僕はついに、次期の契約はしない旨を申し入れた。これで放送劇団を去ることになる。お世話になった五年六カ月。いささか淋しくもあるが、これも人生のひとつの転機。お許し願いたい。

とうとうその日が来た。

「NHKとの契約は今期をもって終了し、来期からはフリーのタレントとしてお付き合いをお願いします」

と、申告すると、担当の方は一瞬驚いた顔をされたが、かねてから申し出ていた上での正式な申告だったので、反対はなかった。こんなにスムーズに進行するとは思っていなかっただけに、こちらも少々驚きだった。というのも、僕の契約更新の一週間ほど前に、同期の者が民放と契約したいので辞めさせていただきますと申し出て、トラブルになった話を聞いていたからである。契約書どおりに事前の了解を取っておけばよかったのに、契約期間中に突然の退職願という形にしてしまったことが、トラブルの原因のようだ。

さぁ、それから数日して、いよいよ僕の新天地・ニッポン放送[注74]が開局することになった。開局記念番組の制作も開始されているという。僕がその記念番組の長時間ドラマのナレーターに内定しているというのだ。

スターが賑やかに顔を揃えたドラマである。

幸せな日々が続く。ところがだ。面倒なことが起きてしまった。録音一カ月ほど前のことだ。出演予定のスターの一人が、映画の撮影の変更があり、録音日の変更ができないかとの申し入れをしてきたのだ。これから開局するというときの突然の申し出

注74　ニッポン放送
東京都千代田区有楽町に本社を置く、関東広域圏を放送対象地域とするAM放送の放送事業者（一九五四年開局）。フジテレビジョンとともにフジサンケイグループに属す。

に、ニッポン放送も慌てたようだ。そこで、新しい録音予定が作られた。それによると、僕が毎週出演している他社の番組の予定日とモロにぶつかる。

仕方なく僕が出演不可を申し出ることになった。相手は今をときめく映画スターだ。プロデューサーと相談の上、ナレーターの僕が降板して、他の方に担当していただく。

降板した僕は、そのあと意気消沈。ニッポン放送の本社がある有楽町界隈へは足が向かず、友人と新宿界隈をウロウロしたものだ。これでニッポン放送との縁は切れたと思い、「さようならニッポン放送よ！」と叫びながら家に帰ったら、そのニッポン放送から電話が入っていた。さっそく折り返し、担当者と電話が繋がった。

「あ、勝田さーん。あなたラッキーだよ。いい番組にあなた決まりました。『少年探偵団』[注75]が週五本の帯番組でスタートするんですが、明智小五郎やってくれますね。相手の二十面相は田中明夫[注76]さんです。こいつはおもしろくなりますよ」

担当プロデューサーの声も弾んでいる。

「果報は寝て待てだね」

少年倶楽部[注77]に毎月掲載されていたあの『少年探偵団』に出演できる喜び、あの明智小五郎が僕だなんて信じられない。毎週興奮しながらニッポン放送にスタジオ入りした。スタジオ前のロビーにはマスコミの取材陣もよく来ていたから、少し早めに到着するように心がけた。

「よし、これからは明智小五郎に打ち込むぞ！　僕のライフワークだ！」

注75　少年探偵団
一九五六年～一九五七年にニッポン放送で放送された、江戸川乱歩の少年向け小説を原作としたラジオドラマ。

注76　田中明夫
たなかあきお（一九二六年～二〇〇三年）。俳優、声優。テレビドラマ『水戸黄門』、映画『タンポポ』等。

注77　少年倶楽部
一九一四年に大日本雄弁会（現・講談社）が創刊した月刊少年雑誌。敗戦後一九四六年に「少年クラブ」と改名。一九六二年まで六一一冊が刊行された。

その甲斐あってか、視聴率はぐんぐん伸びて、最高視聴率四十二パーセント。放送関係者をびっくりさせた。

主題歌『少年探偵団』の歌声は、全国どこへ行っても聞かれるようになった。

ぼ・ぼ・ぼくらは少年探偵団……。

番組はお客さんの歓声に支えられて、四年間続く長寿番組となった。ニッポン放送も喜んだが、僕も大喜び。というのも、おかげさまにて貯金もたまり、小さいながらも自分の家を建てることができたのだ。わずか十坪（二十畳）の家ではあったが、我が居城。これでアパート巡りをしなくてすむ。民間放送の威力を見せつけられた気がした。この家を仲間たちは「明智御殿」と呼び、会合にもしばしば使われた。

これで安心。もう怖いものはないぞ。これで一人前の声優だ、と力んでみせる。

僕はどうも子供番組に縁があるようで、これで何本目になることか……。『鐘の鳴る丘』『チビ助の冒険』『少年探偵団』、そしてもうちょっと先にご紹介する『鉄腕アトム』。いつも子供たちに取り巻かれているようで楽しかった。

18　時代劇

ミュージカル出演から数カ月後のこと、またまた嬉しいお知らせ。また阿木翁助先生からのお電話だ。

「勝田君、今ね『講道館物語』って台本書いているんだけど、君でなきゃって役が出てきます。やってくれる？」

「ハイ！　ハイ、いつもいつもありがとうございます。最後は無残に殺される役でもなんでもやります」

「ガハハハハ、今度の役は姿三四郎です」

「エッ！　今、姿三四郎とおっしゃいましたね。本当ですか？」

「君にウソ言ってなんになる。ガハハハハ。本名は西郷四郎っていうんです。今度の作品は実録でいきますから、西郷四郎です」

「ハイ、ありがとうございます」

「あの人はね、君みたいな小柄な人だったけれど、〝山嵐〟[注78]という技を使って、大きな男どもを片っ端から投げ飛ばしたそうなんです。君もそれでいってください。ＮＴＶ（日本テレビ）のほうから連絡があると思いますから、よろしく」

　こいつはたまげた。明智小五郎がきたと思ったら、今度は姿三四郎かい。えらいこ

注78　山嵐
柔道の投技で手技のひとつ。講道館の創始者・嘉納治五郎の弟子・西郷四郎の得意技として有名。また、西郷四郎をモデルにした小説『姿三四郎』（富田常雄著）で、主人公の三四郎が完成させた必殺技として登場。

とだなぁ、こりゃあ。すぐＮＴＶから連絡があった。講道館[注79]に通ってくれとのこと。例の〝山嵐〟の技を習得してこいということらしい。僕はいそいそと柔道着を肩にかけ、講道館に向かった。

　師匠は黒帯のいかつい男。睨まれると縮み上がりそうになってしまう。毎日、柔道の基本の受け身の稽古ばかり。黒帯先生に、相手を腰に乗せるコツやタイミング、どれくらいで習得できるかなどを聞きたいけれど、怖い顔をしているので聞けない。一週間経ち、二週間経ってもまだ毎日受け身の稽古。

　投げられても投げられても、スッと立ち上がり相手の胸ぐらを捕え次の動きへと移る。ドラマでは、毎週山場がある。暴漢に取り巻かれて、次々と襲いかかられてしまう。その暴漢どもを次々と投げ飛ばし、蹴散らしていく西郷四郎。

　ドラマの稽古の前の時間は、決まって柔道の稽古がある。といってもまだ受け身の稽古ばかり。僕が投げる。相手の黒帯先生が投げ返す。僕がその足を払おうとする。そのときだ。僕の体が空中にスーッと浮いた。「タァーッ！」という鋭い気合とともに、僕の体が宙高く舞い上がり、飛行物体となって「ヒャーッ！」っという間に、どすん。

「ハイ、これが山嵐で～す」

と、黒帯先生。奥からは「よし、一本！」という声。

　講道館館長・矢野誠五郎役の松本白鸚[注80]（当時、松本幸四郎）さんだ。歌舞伎界の大御所である。豪華な配役だ。テレビの配役は年々豪華になっていく。

　生放送だから、失敗は許されない。第一回の本番。五、六人の男をポンポン投げ飛

注79　講道館
柔道家であり、教育家でもある嘉納治五郎が一八八二年に興した柔道の総本山。現在は柔道の普及発展を図り、国民の心身の鍛錬に資することを目的とした公益財団法人組織。

注80　松本白鸚
まつもとはくおう（一九一〇年～一九八二年）。初代。歌舞伎役者、俳優。屋号は高麗屋。

ばした。悪者どもは上手に投げられて飛んでいく。実はその男どもは、あの講道館で僕をポンポン投げてくれた師範だったのである。

19　洋画のアテレコ

昭和三十年代に入ると、急激に大量のアメリカ映画が輸入されるようになった。初期に入ってきたのは『ポパイ』[注81]『ベティちゃん』[注82]などお馴染みのフィルム。そして、ハンナ・バーベラ[注83]の『原始家族』[注84]。どれもアニメとしての出来もよく、まだ白黒であったが大人も子供もテレビにかじりついて見たものである。ただひとつ気になったのは、すべて原音のまま、英語のまま放送されていたこと。なんとか日本語版にして放送できないかと研究が始まった。

再生のときに、フィルムとその磁気テープを同時にスタートさせれば、録音したときと同じように、画面と音声とがピッタリ合って放送されるようになっている。だから録音の際に、声優がセリフを画面の人物の口にピッタリ合わせておけば、放送のときも口にピッタリ合う。ところが、アテレコ初期にはそんな便利な録音機など、この世に存在しなかった。当時映画の録音は、フィルムに直接、光学録音するのが常識とされていたからである。

注81　ポパイ
アメリカの漫画およびアニメシリーズ、または同作の主人公の名前。日本では一九五九年～一九六五年にTBS系列で放映され大ヒットしたのを皮切りに、局を変え、長期にわたって放映された。

注82　ベティちゃん
ベティ・ブープ。マックス・フライシャー制作、パラマウント映画配給のアニメーション映画に数多く登場する少女キャラクター。

注83　ハンナ・バーベラ（＝ハンナ・バーベラ・プロダクション）
アメリカのアニメーターであるウィリアム・ハンナとジョセフ・バーベラの二人が設立したアニメ制作会社。『原始家族フリントストーン』『チキチキマシン猛レース』などの人気シリーズを製作。

注84　原始家族（＝原始家族フリントストーン）
ハンナ・バーベラ・プロダクション制作のテレビアニメ。日本では一九六一年からフジテレビ系列で『強妻天国』、一九六三年から『ソーラ来た来た』のタイトル名で放映された。

だからTBSでは、スタジオ内のスクリーンに映写。スタジオ内のマイク前で映し出された画《え》を見ながら、その演技者の唇を掴んで、それに台詞を当てていく。その方法をアテレコといった。映画撮影のとき、音声部分をあとで録音する方法をアフレコというので、声優の場合は外国語に日本語を当てる方法だからアテレコと呼ばれるようになった。

フィルムにはすでに英語の台詞が録音されているとなると、やはり磁気テープを使うしかない。そこでNTVでは、普通のテープレコーダー（オープンリール式）[注85]の6ミリテープで、録音したのである。が、これは正直、失敗であった。録音はできるのだが、再生してみると、最初はフィルムとテープが同調するが、すぐに画面と音声がずれてしまうのである。これはテープの回転速度が、常に一定ではないことが原因だとわかった。テープのテンション（張り具合）が同一でないからだ。

わかりやすく言えば、テレコ[注86]の二つのリール、巻き取る側と、巻き取られる側のテープ量が、ほぼ同じときには回転速度が安定しているが、片方が多く片方が少ないアンバランスな状態のときには、回転速度が不安定になってしまうのである。したがって、再生の段階で、音と画が同調せず、どうしてもずれてしまう。再生後、十五分で十二秒のズレが生じることがわかった。フィルムは一秒間に二十四コマ進む。これでは放送で使えるはずがなかった。

画と同調するテープを作るためには、声の録音されていない間のところを切って詰めたり、あるいは間を足したりして編集し、放送に耐えるものを作るしかなかったの

注85　オープンリール式
録音のためのテープで、カートリッジに内蔵されていない単体の形態で録音する型をオープンリール式記録再生装置（テープレコーダー）といい、また、そのテープ自体をオープンリール式テープという。

注86　テレコ
テープレコーダーの略語。

である。

このアテレコ第一号の技術者の安井治兵衛さんは、十五分のテープを一〇〇カ所以上もつぎはぎして、修正に修正を重ね、何回も何回もテストを繰り返し、四カ月もの苦労の果てに、放送に成功させたのである。

フィルムと録音テープが同じ回転運動することを、専門用語で「シンクロ」という。安井さんはまさに、そのシンクロに「辛苦労」を重ねたわけである。そして、その辛苦労は、どこのスタジオに行っても、国産シネコーダー[注87]（映画磁気録音機）が見られるようになるまで続くのであった。


アテレコ番組は日に日に増えて、ピーク時にはほとんどの声優が日に二、三本の映画のアテレコ作業に当たるようになった。本数が増えてきたおかげで、新人声優もなんとかこの仕事で食べていけるようになった。


アメリカで人気があったハリウッド作品が上陸するや、日本でもまたたく間に人気を博した。お年寄りから幼児までが、テレビにかじりついて離れない時代の到来である。ハリウッドアニメの『ポパイ』や『ミッキーマウス』など、当初は英語のままで放送されていたものが、技術屋さんの努力の結果、日本語版が作られるようになり、さらに客層を拡げていった。声優の腕の見せどころ。テレビ番組制作の新時代の到来である。

テレビ番組はたちまち洋画とアニメで埋めつくされた。同時に声優の大量発生の時

注87　シネコーダー
16㎜や35㎜の磁気フィルム録音再生機のこと。孔の開いた磁気テープにフィルムを合わせて音を録音する機器。

代を迎えることになる。声優の基礎訓練は俳優のそれとほとんど同じである。大小劇団で基礎訓練を経て、オーディションなどを受けた若手俳優たちが、我々の仲間になった。

放送畑出身の我々は威勢のいい劇団出身の若者たちにあおられながら、演技で対抗した。役づくりとは何をすることなのか、演じながら自問自答する日々。スタジオの大きなガラスで区切られた向こう側にディレクターはいるが、演技指導者ではない。先輩の演技もめったに見られない。周りは同輩後輩ばかり。そっと耳をそばだて、孤独な研究に励んだ。

アメリカから輸入されてきたフィルムは西部劇が多く、登場人物も多数なので、制作スタッフは日本語を担当する声優のキャスティングに骨折っていた。たくさんのフィルムの中にハリウッドの大スター・ビング・クロスビー[注88]のミュージカルの劇場映画もあった。一体誰がクロスビーを演じるのか。何人ものスタッフが頭を抱えた。

なかなか決定に至らず、持ち越しになりかけたとき、

「勝田久でいこう。あのソフトムードを狙え」

というプロデューサーの鶴の一声で決まったと、あとになって聞かされた。正直そのキャスティングの連絡を受けたときはドキドキして、しばし立てないほどで、思わず聞き返してしまった。

「ありがとうございます。でも、あの……歌はどうなるんですか？」

注88　ビング・クロスビー
一九〇三年～一九七七年。アメリカの歌手、俳優、エンターテイナー。映画『珍道中シリーズ』、同『我が道を往く』等。また、『ホワイト・クリスマス』ほか、クリスマスソングでも有名。

「ああ、歌のところだけ原音です。吹き替えません」

「(やれやれよかった) ハイ。やらせていただきます」

なんとか無事収録を終わらせることができたが、声優も歌唱を学んでおかなければなぁと思った。

♪くにの母から来た便り
近頃テレビのアメリカさんに
お前の声にそっくりな
日本語うまい人がいる

飲み屋街の暖簾の間から、こんな歌が聞こえてきたとか……。


こんな逸話もある。日本から祝祭に出かけた議員さんが、わざわざハリウッドまで出かけてテレビでお馴染みのスターを訪ね、いきなり日本語で、

「やぁ、やっとお目にかかることができました。毎週毎回テレビ拝見しています。まぁまぁとても日本語がお上手で……」

と一気にしゃべりかけてしまって、相手のスターをビックリさせたとか。

20　翻訳という新たな戦場

昭和三十年ごろ、大蔵省[注89]の外貨割当て策[注90]に変更があり、放送済みのフィルムの枠が広げられたとかで、各テレビ局にどどーんとフィルムの山が築かれた。さっそく翻訳されたフィルムは映画部に回され、スタッフや声優の手によってチェックされ、日本語版が制作されていく。

そんなころ、ＮＴＶのロビーでテアトル・エコー[注91]の熊倉一雄[注92]とばったり会った。なぜか目が真っ赤に充血していた。

「やぁ、お久しぶり。阿木先生の『我が大学にある日々は』以来だね。がんばってるね。でも、忙しすぎじゃないの？　目が真っ赤だよ」

僕が心配そうに言うと、

「よくぞ聞いてくださった！　すごく大変なんだ。手伝ってくれ……。今、新着のハリウッド映画『ヒッチコック劇場』の翻訳のチェックをやっているんだけど、一緒に見てよ」

と、試写室に連れていかれた。そこはテアトル・エコーの若い人たちの熱気で満ちあふれていた。自分の当てるアメリカの俳優がしゃべり出すと、慌てて追いかけるように日本語の台詞をぶつけていく。皆一生懸命に持ち役の口を見て追いかけるのだ

注89　大蔵省
現在の財務省と金融庁。

注90　外貨割当て策（＝外貨割当制度）
一九六四年以前の日本の輸入貿易に関する政府の外貨管理制度ことで、これにより海外との自由貿易は事実上禁止されていた。その後、ＩＭＦ８条国移行に伴う為替・貿易管理制度の改正により廃止された。

注91　テアトル・エコー
日本の劇団・芸能事務所。一九五〇年に「やまびこ会」として発足。一九五四年に「劇団テアトル・エコー」に改称。一九五七年に法人化。現在は株式会社テアトル・エコー。

注92　熊倉一雄
第二部Ｐ２４５へ

が、間に合わない。出遅れて、自分の台詞を言いきる前に、あちらさんの台詞が終わっている者もいる。同じところを何回も何回も繰り返し、どんぴしゃに合わせる努力をしている。要するに、英語の寸法と日本語の寸法が合っていないのだ。どんどんズレが生じてしまうのである。アテレコの仕事をしていると、この難しい翻訳の問題にぶつかる。今は翻訳の専門家が増えて、いい台詞を作ってくれているが、それでも話し言葉になった瞬間、どうしても気になって直さずにはいられないときもある。

　熊倉一雄は、この番組の進行係であるヒッチコックの役。さすが名優。テンポ、リズムよく、あのとぼけた味を出している。ついニヤニヤと笑いながら見てしまった。「皆さぁん、こんばんは」の冒頭からヒッチコックになっている。熊倉に関しては何も言うことなし。おみごと、と声をかけてあげたいくらいの出来栄えである。若い人たちの中には、まだまだという感じの人が混じっている。

「どうもありがとう。いいものを見せてもらえてよかったぁ」

　と、礼を述べると、

「いやいや、おもしろいと思ってくれたならよかった。では、さっそくお願い。何本目かに、[注93]ジョゼフ・コットン主演のフィルムがあるんだけど、それにご出演願います」

　と、突然の出演依頼。番組の担当ディレクターも来て同じことを言う。いやぁ、びっくりした。こんな難しい仕事できるかなぁと思ったが、

「え？　僕でいいんですか？　はい。やらせていただきます。いやぁ、嬉しいなぁ」

ジョゼフ・コットンと言えば、アメリカの大スター。受けて大丈夫かなぁとも思った

注93　ジョゼフ・コットン
ジョゼフ・チェシャー・コットン（一九〇五年～一九九四年）。アメリカの俳優。オーソン・ウェルズ作品の常連。『市民ケーン』『第三の男』等。

が、そこは根っから図々しい僕。しっかりチャンスをものにしてしまった。
かくして僕は洋画のアテレコの仕事にのめり込んでいったのである。熊倉一雄先生（といっても僕と同じ年）、あなたのおかげでいい仕事につけることになりました。感謝感謝です。

ヒッチコック劇場のあと、テアトル・エコーはＴＢＳの『海賊船サルタナ』[注94]のユニット制作（制作を一手に引き受けて作り上げてしまうこと）を開始。外部の声優なのに、僕を主人公のサルタナにキャスティングしてくれた。これは荒々しい男のドラマだったので苦労した。ただ、実際はこの作品は他局の番組と収録日がかぶってしまい、僕は三話くらいしか出演していない。

次から次へとフィルムが入荷してくる。日が経つにつれて台詞を中心とした名作といわれる作品が増えてくる。テレビドラマはやはり台詞の世界である。聴いていてぐっとくるようなよい台詞が並んでいるとドラマは際立つ。
『ベン・ケーシー』[注95]『ナポレオン・ソロ』[注96]『刑事コロンボ』[注97]と評判のドラマが制作されて日本にやってくるころには、もうアテレコ全盛時代といえるようになっていた。このころになると翻訳者も力をつけてきており、名台詞が登場してくるようになった。
コロンボの「うちのかみさん」もそのひとつである。〝my〟を「うちの」、〝wife〟を「かみさん」と訳したのはすごい力量だと思う。翻訳者・額田やえ子[注98]さんに脱帽である。このやえ子さん、主婦でもあった。なるが故に、自分がそう呼ばれることもあったに違いない。その経験から生まれた日本語であったのだろう。新鮮であり、庶

注94　海賊船サルタナ
イギリス制作のテレビドラマ。一九五六年～一九五七年に英米で放映。日本では一九五七年にＴＢＳ系列で放映された。十八世紀の西インド諸島やカリブ海を舞台に、海賊たちとの戦いを描く。

注95　ベン・ケーシー
一九六一年～一九六六年までアメリカで放映されたテレビドラマ。日本では一九六二年～一九六四年までＴＢＳ系列で放映された。総合病院を舞台に、青年医師ベン・ケーシーの医師としての成長を描いた医療ドラマ。

注96　ナポレオン・ソロ（＝0011ナポレオン・ソロ）
一九六四年～一九六八年までアメリカで放映されたテレビドラマ。日本では一九六六年～一九七〇年まで日本テレビ系列で放映された。国際機関のエージェント・ソロとイリヤの活躍を描くスパイシリーズ。

注97　刑事コロンボ
アメリカ制作の大ヒット刑事ドラマ。一九六二年に単発で放映され、その後一九六八年～一九七八年までＮＢＣで、一九八九年～二〇〇三年までＡＢＣで放映された。日本では一九七二年～一九八一年までＮＨＫで、その後、再放送及び新シリーズ「新刑事コロンボ」は日本テレビ系

民的である。
あと、「あ、それから、もうひとつ――」。これもコロンボの名台詞、十八番の台詞である。〝Oh, more thing〟を「あ、それから、もうひとつ」と訳し、〝I could more notice it〟を、「私はそれに気づくべきだった」なんて直訳ではなく、「あたしとしたことが、ドジな話で……」と思いきった意訳をすることで、会話がぐんとおもしろくなっている。まさに名人である。

21　ラジオはＤＪで復活

昭和二十九年（一九五四年）ごろから、広告業界ではラジオからテレビへと、広告の焦点を変えていった。
慌てたのは民放ラジオ局。今までラジオ局でラジオゴールデンタイム[注99]を買ってくれていた大手会社までが、テレビ局へと引っ越しはじめた。
各局のテレビ番組が日に日に充実していくのに対し、ラジオ局は日に日にやせ細っていく。しかし、このスポンサー移動劇、その後、実にみごとな展開をみせた。
ラジオは深夜やそれに近い時間帯の評判が急激によくなったのだ。それは、出演するＤＪのおかげである。志摩夕起夫[注100]さん、三國一朗[注101]さんたちは、放送開始から評判がよく、ファンをがっちりつかんでいた。お二人とも、音楽に詳しく語り口も甘くス

列で放映された。

注98　額田やえ子
ぬかだやえこ（一九二七年～二〇〇二年）。英語翻訳家、吹き替え字幕翻訳家。『刑事コロンボ』のほか、『刑事コジャック』『シャーロック・ホームズの冒険』等。

注99　ラジオゴールデンタイム
午前九時～午後五時までの昼帯といわれる時間帯のこと。

注100　志摩夕起夫
しまゆきお（一九二三年～一九九九年）。アナウンサー、音楽評論家。占領軍の軍人及びその家族に向けて、一九五二年に放送が開始されたラジオ深夜番組「イングリッシュ・アワー」のＤＪのひとり。

注101　三國一朗
みくにいちろう（一九二一年～二〇〇〇年）。タレント、エッセイスト。志摩夕起夫らとともに、ラジオ深夜放送の先駆け「イングリッシュ・アワー」を担当、ラジオ・パーソナリティの元祖ともなった。

ピード感があり、今までのナレーターにはない魅力を持っていた。こうしたＤＪの活躍で、ラジオ界にスポンサーが帰ってきたのだ。しかし、その後のＤＪを目指す若者は、このお二人を追い抜けただろうか。糸居五郎[注102]さん、土井まさる[注103]さんなどが続いていったが、アナウンサー出身だからか、やはり、志摩さん、三國さんの両氏には、敵わなかったように思う。

我々声優も、どうしてもＮＨＫ出身はおもしろくなってこない。なぜか型にはまりすぎるのである。どうしても気を遣いすぎて、政府からのお知らせのようになってしまう。

ご承知かもしれないが、ＤＪは太平洋戦争中の産物。近寄ってくる米軍の士気を落とすために考えられた日本の作戦であった。故郷を離れた米軍兵に故郷を懐かしがらせ、戦意を喪失させようとしたもの。

担当していたのは「東京ローズ[注104]」と呼ばれた妙齢の女性たち。戦後、アメリカ側に戦犯として逮捕されたが、後に釈放された。

日常的な語りで親しみを感じさせたのは、前田武彦だろう。普段仲間たちとおしゃべりしているのと同じ感じで話しかけてくる。ハイハイと、どうしても返事したくなってしまうのだ。抜群の能力である。台本なしで滔々と三十分でもおしゃべりする。ＤＪのトークはこれでなくては、というものを持っていた。

「鎌倉アカデミア」での学生時代、前田武彦といずみたくは僕より年少者だったが、実に頭の回転はいいし行動力があった。前田が予科練[注105]、たくが陸軍幼年学校出身で、

注102　糸居五郎
いといごろう（一九二一年～一九八四年）。アナウンサー、ラジオＤＪ。一九六七年放送開始の深夜ラジオ番組『オールナイトニッポン』のＤＪを長年務めた。

注103　土居まさる
どいまさる（一九四〇年～一九九九年）。フリーアナウンサー、タレント、司会者。元文化放送アナウンサー。テレビ『ＴＶジョッキー』、同『象印クイズ ヒントでピント』の司会等。

注104　東京ローズ
戦中、連合国に向けて日本軍が行ったプロパガンダ放送の女性アナウンサーたちに対して、アメリカ軍将兵がつけた愛称。

注105　予科練
旧日本海軍の海軍飛行予科練習生の略。航空機搭乗員の大量養成のため、一九三〇年に茨城県の霞ヶ浦飛行場に開設。太平洋戦争末期には特攻隊要員の訓練を行った。予科練生の年齢は十四～十五歳だった。

入学当時は軍服姿だったのだが、軍服を脱ぎ捨てたその瞬間から、大空に羽ばたく若鷲のように舞いはじめた。よく音楽劇を創ろうと夢を語り合っていたが、僕は悪戦苦闘の末、声優になってしまった。

「鎌倉アカデミア」の同窓会は毎年のように行われた。皆が夢を語り、楽しいものであった。あの日もそうだった。結びの言葉は例によって前田武彦。

「楽しかったなぁ。来年もまたやろう。そのためにも、みんな風邪引くな。熱出すな。病気するな。寝込むなよ！　来年の同窓会に来なかったら、そのときは……」

（他の参加者から「死んじゃったらどうするんだー」と声）

「え。そのときは、そのときは……死んでお詫びしろ！」

皆、ドドドと笑った。

だが、その次の同窓会に彼の姿はなかった。その年の春を待たずに彼はこの世を去っていったのだった。

「正直な奴だ。本当に死んでお詫びしたんだなぁ……。そんな約束破ってよかったのに……」

と、皆、涙を流した。愛すべき男だった。飛行機好きの彼は、今ごろはしゃれた単葉機[注106]に乗って、機上でヘラヘラ笑いながら大空を飛び回っているに違いない。

『ミュージック・イン・ザ・スカイ』。僕が数年担当させていただいた夕刻のＤＪ番組である。僕が涙を飲んで降板させていただいた番組。忘れ得ぬ番組であるというべ

注106　単葉機
飛行機の主翼が一枚だけのもの。一九四〇年代以前の飛行機には主翼が二枚以上のものもあり、機体の形状の区別をする際に単葉機と呼ばれていた。主翼が二枚以上のものは複葉機。

きか。
　そのころ、深夜番組として『ジェットストリーム』[注107]というＤＪ番組がヒットしていて、ＯＬの人気を攫っていた。そんなとき、対抗馬として登場した新番組。スタートは好調だったが、なかなか数字が伸びていかない。この数年間で僕はＤＪ番組の難しさを思い知らされた。結局、ＤＪとして個性的・魅力的な人物が担当しなければ勝てないということである。やはり人間なのだ。人間性が勝敗を決める。人間を磨くことに努力しよう。そこへ立ち戻って再出発だ。僕は無理を言って、この夕方の番組を降板させてもらった。
　技術より人間性。声の仕事はこれで臨まなくっちゃ……。
「声は人なり」――今さらのごとく声の重要さを思い知らされた。声優からＤＪに挑戦した人も数多くいるが、成功した人というと、城達也[注108]、広川太一郎[注109]くらいのものではなかろうか……。

22　声は人なり

　突然だが、徳川夢声[注110]という方をご存じだろうか。声優の元祖とでも申し上げておこう。その昔、映画が活動写真と呼ばれていたころのこと、つまり大正末期から昭和初期にかけて、活動弁士として活躍された方である。

注107　ジェットストリーム（JET STREAM）
ＴＯＫＹＯ ＦＭで、毎週月曜～金曜の深夜0時から放送されている音楽番組。一九六七年の放送開始～二〇一六年現在まで続いている、日本のＦＭ最長寿番組。

注108　城達也
じょうたつや（一九三一年～一九九五年）。俳優、声優、ナレーター。深夜ラジオ『ジェットストリーム』（ナレーション）、グレゴリー・ペックの吹き替え等。

注109　広川太一郎
第二部Ｐ１８９へ

注110　徳川夢声
とくがわむせい（一八九四年～一九七一年）。活動弁士、漫談家、作家、俳優。ラジオ『宮本武蔵』の朗読などでは、「話芸の達人」と言われた。日本放送芸能家協会（現・日本俳優連合）初代理事長。

活動弁士をご説明しよう。カメラを通して撮影し、現像する。それを映写機にかけて上映する。被写体の出演者は登場してくるが、口をパクパク動かしているだけで何も聞こえてこない。こないはずだ、トーキーフィルム[注111]ではないのだから。オールトーキーのフィルムは、昭和九年（一九三四年）ごろまで待たないと開発されない。そこで活動弁士が誕生する。弁士はステージ脇に立って肉声でストーリーの説明をしたり、登場人物の台詞を演じていく。ステージ下のオーケストラボックスにはヴァイオリン楽士がいて、雰囲気を作ってくれる。画面に若き男女の姿。

「メリーさん、メリーさん、あなたは本当に美しい。花でいえばバラの花」

「あら、スミスさんたら、そんなことおっしゃっちゃぁいやですわ。あなたこそ頼もしい、バッファローかバイソンのようなお方。平原を走り回ってらっしゃるの……」

音楽が悲しげな曲を奏でる。盛り上がり、ダウン。ＥＮＤ。

〝ＥＮＤ〟がついたら場内が明るくなって終わり。男も女も子供も年寄りも、登場人物はすべてステージ脇に立っていた弁士の声の演技である。客席から拍手の嵐。

言うなれば、今の声優のハシリというところ。僕らが声優として騒がれ、女性の声優も宝塚の女優さんのように騒がれるようになっても、何人かの弁士さんが、声優として活躍されていた。徳川夢声先生は、そのうちのお一人であった。

突然、なぜ、声優の大先輩・徳川夢声先生にご登場願ったのかというと、先生は我々声優のために数々の名言を残されたからである。声優として活躍している者たちの多くは、先生のお言葉のひとつひとつを思い出しながら、今も誇りを持って仕事に

注111　トーキーフィルム
現在の映画スタイルの元となる、映像と音が一緒なった発声映画のこと。サイレント映画（無声映画）の対義語として「トーキー映画」と呼ばれることがある。

従事している。

「声は人なり」はその名言のひとつ。

「人間の発声器官を通して表に発表されてくるが、ただの音の羅列ではないのだ」

「声とともに、その人の身体の奥深くに隠されている思慮思考までが発せられている。言葉を発するときには、その人の人格をも表現していることを忘れるな」


ＮＨＫは、出演者の帰りが夜十時を過ぎると、ハイヤーにＮＨＫの旗を立てて自宅まで送ってくれる。僕の家と夢声先生の家とは、歩いて五分ほどしか離れていないので、深夜よくご一緒させていただいた。ちょうど、声優が急速に数を増やした時期でもあったので、徳川先生にお願いして理事長となっていただき、[注112]日本放送芸能家協会を立ち上げた時期でもある。

送りの車の中で夢声先生と、今日のお仕事について、声優の将来についてなど、まるでご自宅にいるようなリラックスした雰囲気でお話ができたことは、本当に幸せであった。

長期にわたって続けられた宮本武蔵。あの話法、語り口は忘れることはない。


先生のお人柄を偲んで、エピソードをもうひとつ。

ＮＨＫの合理化が進んで、ハイヤー送りは廃止。その代わりタクシー券による送りに変わっていった。いつもどおり、夢声先生とご一緒する。僕が内玄関を出て、タクシー探しに駆け出そうとした瞬間、背後から夢声先生の声。

注１１２　日本放送芸能家協会　一九六三年九月二十二日設立。日本の俳優の出演条件や安全対策などについての交渉を行うことを目的とした組織。現在は、協同組合日本俳優連合に改名。

「勝田さん、小型車でいいよ。小型車探してきて！」

乗車してから先生に申し上げた。

「先生、大型車も小型車も同じですよ。料金はＮＨＫが支払ってくれるのですから」

夢声先生、しばしあって、

「ええ、そうですね。そこなんですよ、問題点は。ＮＨＫのお金は受信料です。お客さまからいただいた受信料を気楽に使ってしまっていいものかどうか……」

……そこまでお考えとは。なるほど、深慮遠謀とはこのことをいうのか。僕もしばし沈思黙考。

「先生は実に立派な方だ。こういう方にＮＨＫ会長を務めていただければよかったのに」

と、声優の将来図を夢に描きながら思った。

23　アトム誕生

我が国初のテレビアニメ『鉄腕アトム』[注113]。それは、昭和三十七年（一九六二年）の暮れ、初めて我々声優の前に姿を現した。もちろんカラーでなくて、白黒のフィルムであった。お目めの大きな可愛いロボットが、ブーツの踵から火を吹き、音もなく画面いっぱい飛び回り、群がる悪者どもを、これまた音もなくやっつけていく。映画の

注113　鉄腕アトム
手塚治虫のＳＦ漫画作品と、同作を原作としたテレビアニメ。一九六三年～一九六六年には日本で初めての国産テレビアニメとしてフジテレビ系列で放映され、平均視聴率三十パーセントを超える人気を博した。漫画作品は一九五二年～一九六八年にかけて光文社の少年漫画雑誌「少年」に連載された。

手法を存分に使った作品、大胆な描図、どこを取っても新鮮な発想。これにマッチした音響効果、伴奏音楽。終わりまで全員うなりっぱなし。さらに我々の音声や効果音をぶち込む。皆、引きつるほどに緊張した。

第一話と第二話は同じ日に収録されたが、その一週間ほど前に最後のオーディションが行われた。そのラストのオーディションで僕はお茶の水博士に決まった。他のキャラクターはどんどん決まっていったのに、お茶の水博士にぴったりという役者がいなかったということなのか。あのでかい鼻の持ち主はそういるわけがない。いつまで待ってもお茶の水博士が決定しないので、手塚治虫[注114]先生は業を煮やして、

「まだ決まらないんですか。決まらなければ私がやります！」

と、監督さんに怒りをぶつけたらしい。

キャスティングというのは、重要な意味を持っているのだ。キャスティングで勝負がつくといってもいい。

配役

『鉄腕アトム』　第一話　第二話

鉄腕アトム　清水　マリ

お茶の水博士　勝田　久

ウラン　水垣　洋子

注114　手塚治虫
てづかおさむ（一九二八年〜一九八九年）。漫画家、アニメーター、アニメーション監督、医学博士。戦後の日本においてストーリー漫画家の草分け的な存在かつ第一人者として漫画界を牽引。「マンガの神様」と評された。

ヒゲオヤジ　矢島　正明
天馬博士　横森　久
中村警部　坂本　新兵
田鷲警部　兼本　新吾

最初の収録は二本取り[注115]。朝十時スタートで、二本収録完了は翌日午前七時、二〇時間もかかった。だがそのおかげで、僕は手塚先生に嫌な思いをさせなくてすんだ。というのも、実はこの日、三時間ばかり要する他局の収録が入っていたからだ。アトムのスタジオをそっと抜け出して他局へ行き、またアトムへ戻る、というプランで進行する約束で、僕は他局に入った。そして、アトムのスタジオに戻ってきたら、一本目の収録がちょうど終了したところだったのだ。滑り込みセーフというやつだ。声優という職業でも、約束した時間を守るというのは大切なことのひとつだ。小休憩のあと、第二話に入った。僕は「間に合ってよかったぁー」とすっきりした気持ち。晴れがましい気持ちでマイクの前に立った。

昭和三十八年（一九六三年）元旦、夕刻。連続テレビアニメーション『鉄腕アトム』放送開始。日本中の子供を熱狂させた。いや、喜んだのは子供ばかりではない。おじいちゃんもおばちゃんも子供に返ってキャッキャッキャッと、どの家庭のお茶の間も笑いの渦。お客は皆、アニメの魅力の虜になった。

作詞・谷川俊太郎、作曲・高井達雄による『鉄腕アトム』の主題歌は大ヒットした。

注115　二本取り
一度に二回分の番組を収録するという、ラジオ・テレビ業界の用語。

空をこえて　ラララ　星のかなた……。

歌声はたちまち商店街へ。さらに小学校、中学校へ、そしてテーマパークへ。高校野球の甲子園球場でも聞かれた。もう大変な人気である。アトム人気は日ごとに上昇。ピーク時には視聴率四十二パーセントを記録。放送関係者を驚かせた。そのあと、国内の放送のみならず、輸出されて世界へと羽ばたいていった。これが日本のアニメーション産業の原点となった。

何度かにわたって制作され、その制作本数は三五〇本以上。おかげさまで僕の生涯の仕事ともなった。「お茶の水博士の勝田久」か、「勝田久のお茶の水博士」と呼ばれるようになり、ファンも増えた。

『鉄腕アトム』第一号が完成されたあと、アトム役の清水マリ[注116]さんは手塚先生からこう言われたそうだ。

「これでアトムに魂が入りましたね」

マリさんは大感激。「役者冥利、これに尽きる」というところだったでしょう……。

そこで僕も手塚先生に一言賜りたいと思い、先生が廊下に出てらっしゃるときを見計らって、

「先生、お茶の水博士は、あんな感じでよろしいんでしょうか？」

「あ？　おもしろいですよ。お茶の水博士はああいう語り口だったんですね。びっく

注116　清水マリ
しみずまり（一九三六年〜）。声優。『鉄腕アトム』（アトム）、『妖怪人間ベム』（ベロ）等。

りしました。そうだ。クシャミがすごい。あの人はよくクシャミをします。しょっちゅうしますので、よろしく……じゃ、失礼。ちょっとそこまで」

先生は慌ててトイレへ。

「……？　あれって褒められたのかなぁ……？」

僕はしばし茫然。いずれにしてもトイレ前の会話ではなかったなぁ。

手塚プロ[注117]がまだ虫プロ[注117]時代のこと。毎週の放送で、制作現場は火事場のようだった。スタートからてんやわんやで、録音作業はハラハラしどおしであった。収録日までに画ができあがってこないことが多く、画なしの画面を見ながら、自分の役の出番を待つ。したがって、スタートする以前にそれぞれの役の色分けをする。Aさんは赤、Bさんは黄、Cさんは緑、Dさんは紺と指定される。フィルムスタート。声優はそれぞれ画面とにらめっこになる。「赤だ！」で、赤の声優は出とじ（出遅れ）することなく素早く自分の台詞を放つ。合った。おみごと。フィルムは一秒間に二十四コマ進行するから、ボヤボヤしていたら出遅れになってしまう。アニメフィルムの出来上がりが遅いと、こういう難しい作業が増えてしまう。最近はこの作業が当然となり、当たり前のこととなってしまった。反射神経の優れた人間には向いているが、おっとり型の人間には向かない職業といえるかもしれない。

アニメーションというものは、一枚一枚の画《え》を撮影して、パラパラ漫画のようにそれを一気に送ることによって連続させる。前述のとおり、フィルムは一秒間に二十四

注117　手塚プロ、虫プロ
一九六一年、手塚治虫がアニメ制作のため「手塚治虫プロダクション動画部」を設立。一九六二年「株式会社虫プロダクション」となる。一九六八年に漫画制作、管理のために「株式会社手塚プロダクション」を設立。アニメ制作は虫プロ、漫画制作は手塚プロと分けられた。

コマ。今回のアニメ制作をするためには一分間だと一四四〇枚。三十分番組だと、正味二十六分としても、三万七四四〇枚の画が必要ということになる。

ディズニープロの場合、フルアニメーション[注118]方式という方法で、一秒間に十二枚の割合で制作している。

手塚先生は一秒間に数枚というアニメーションリミテッド[注119]方式を開拓したのである。しかしそれでも、週に一回の放送を進めていくには、大量の画が必要になる。放送が進行していくにしたがって、声優の声を録音する時間はなくなってきた。スタジオで画のできるのを待つほうが長くなってくる。

時間は容赦なく経過していく。スタジオにこもりきりの約二十時間。ついに第一号作は完成した。録音を終えてスタジオの外に出たときは、夜も白々と明けていた。凍てついた人通りの絶えたビル街を歩きながら、「ああ、今は冬なんだな」と思ったことを今でも鮮明に覚えている。

『鉄腕アトム』は、フジテレビで放映されるとたちまちすごい反響を呼び、ついになんと四年間（昭和三十八年一月～四十一年十二月）のロングランになるほどの超人気番組にのし上がってしまったのである。

その多忙の中、慰労のために温泉で一夜を過ごそうということで、伊東温泉へ出かけたときのこと。僕は他局の仕事のため少し遅れて現地へ向かった。僕が到着したときはすでに宴もたけなわ。女中さんはコマネズミのように膳を持って走り回っている。僕は玄関口で、

注118　フルアニメーション方式
一秒間（最大二十四枚中）に、十二枚（一枚を二コマずつ撮影）以上の絵を費やす方式のアニメーション。日本のアニメも創世記にはこの方式を採用していたが、現在はほとんど使われていない。

注119　アニメーションリミテッド方式
フルアニメーション方式に対して新たに誕生したアニメ制作方式。動きを簡略化しセル画の枚数を減らす表現手法として、アメリカで考案された。日本ではテレビアニメ『鉄腕アトム』で初めて採用した。

「ごめんくださーい。虫プロはこちらですねー？」

するとと奥から番頭さんが走り出てきて、

「す、すみません。あの、うち蒸し風呂はないんです。ジャングル風呂では……」

このお話をさっそく、先生に報告。先生は腹をかかえて大笑い。

僕は、手塚先生のニッコリ笑ったあのお顔が大好きである。


アトムといえば清水マリさん。この人と組んで僕は何十年も番組を作ってきたわけだが、嫌な思い出はひとつもない。いつも明るくて大きい声で、スタジオ内を飛び回るようにして演じていた。健康的、不死身、健康優良児。そんな言葉がそっくりそのまま当てはまるという人であった。そのおかげで僕らも元気一杯で毎回楽しく仕事ができた。清水マリさんがアトムであったからこそ、二五〇本もの録音が完成できたといえるだろう。

だが、一度だけ我々をひやりとさせる事件が起きた。

「アトムが妊娠した！」のニュースである。冷静に考えれば驚くほどのこともない。アトムが妊娠したのではない。アトムを演じている清水マリさんが妊娠したのである。

フジテレビの別所孝治プロデューサーのもとに、マリさんから緊急の連絡があって、

「二週間ほどお休みがほしい。理由は妊娠、出産のため」

とのこと。びっくりしたのは別所さん。さっそくスタッフを集めて協議。放送に穴を開けるわけにはいかないので、代役で突破と決まった。といったところで、マリさんほど健康優良児のような女性はそうはいない。そこは別所プロデューサーの腕の見

せどころ。数いる女優さんの中から、代役を見つけ出し、無事難局を乗りきった。

出産直前の収録日。スタジオ内は大騒ぎ。若いスタッフなどがオロオロして、スタジオ内の大掃除。

「あのー、ガーゼとかタオルとか、ビニールシートなんかも買ってきましょうか?」

先輩の技術者さんは、

「うるさい!　お前さんは騒がなくていいの。録音終了まで静かにしててくればいいの」

スタッフもいい人たちばかりでした。

そのあと、マリさんは病院へ。出産は無事終了。元気な赤ちゃんを産んだ。アトムそっくりな元気一杯の赤ちゃんだったという。その赤ちゃんも成長して、今は一児の母になったという話だ。めでたしめでたし。

24　心に残るナレーション

最近テレビを見ていて感じることのひとつに、ナレーションの多用化がある。ナレーションは、ドラマの背景や時代や心理的な変化を克明に伝えるために用いられる演出手段のひとつとして、ラジオの時代から重宝されてきた。

「忘却とは忘れ去ることなり。忘れ得ずして忘却を誓う心の悲しさよ」

有名な『君の名は』の冒頭の名文句。今も多くの人々の記憶に留められている。

テレビの洋画番組『逃亡者』[注120]の冒頭の、

「リチャード・キンブル　職業医師。

正しかるべき正義も、時として盲ることがある。

彼は身に覚えのない妻殺しの罪で死刑を宣告され、
護送の途中、列車事故にあってからくも脱走した。

孤独と絶望の逃亡生活が始まる」

翻訳者・額田やえ子、テレビナレーター・矢島正明[注121]の名文句、名調子は今なお人々の脳裏に深く刻まれている。また、僕の演じたアニメ『サスケ』[注122]のナレーション。

「光ある所に影がある。

まこと栄光の影に数知れぬ忍者の姿があった。

命をかけて歴史を作った影の男達。

だが人よ　名を問うなかれ
闇に生まれ闇に消える　それが忍者の運命《さだめ》なのだ」

これらの名文句はいずれも作者なり翻訳者の手によって作られたものだが、人々の記憶の中に、今も鮮烈に残っているということは、ナレーターの工夫された演技によって得られた成果ともいえるだろう。その言葉の発している雰囲気やエモーションを的確につかみ、伝える努力が重要ということである。名文句は、ナレーターの魂のこもった演技が加わって、言葉の生命を与えられて息づく。

「画龍点睛」という言葉がある。絵に描いた龍に、最後に目を描き入れたところ、さ

注120　逃亡者
一九六三年〜一九六七年までアメリカで放映されたテレビドラマ。妻殺しの濡れ衣を着せられた医師が、真犯人を探して全米を旅する物語。日本では一九六四年〜一九六七年までTBS系列で放映された。

注121　矢島正明
やじままさあき（一九三二年〜）。声優、ナレーター。『0011ナポレオン・ソロ』（ナポレオン・ソロ）、『スター・トレック』（カーク船長）等。

注122　サスケ
一九六八年にTBS系列でテレビアニメ化された、白土三平の忍者漫画。光文社の少年漫画雑誌「少年」に、一九六一年七月号〜一九六六年三月号まで連載された。

ながら生けるがごとく迫ってきて、ついには天に飛び立っていったという故事からきている言葉だが、ナレーションを演ずる人、つまりナレーターとしては、この「画龍点睛」の筆のような働きをしたいものである。といっても、ナレーターは、やたらと派手に表にしゃしゃり出るようなことがあってはならない。

ドラマなどの場合には、登場人物の妨げにならず、側面から進行を助けるように。また、ドキュメンタリータッチのものは、画面や生の音をさえぎることなく、むしろ鮮明に際立たせるように努めることが、ナレーターの心得といえよう。

ナレーションの仕事をするときには、最近の傾向として、オンリー録り（ナレーションのみ別に収録すること）が多い。制作手順の都合によるものだが、そうなると小さなスタジオで、マイクの前で一人で読まなければならない。ディレクターはいるだろうが、国語の教師ではない。隔離されたところで、己一人の力で作品を作り上げていく。そうした逞しい気力と国語力が必要である。

『鉄腕アトム』でいえば、手塚先生がアトムを通して訴えかけてきた世界観、地球観、人間と自然がどう共存していくかといったテーマを、手塚先生に代わってアニメを見ている人たちに伝えられるかどうか。

それらが、我々の手にかかっているのだ。

ＴＢＳのある番組のコーナーで「心に残るナレーション」と題して懐かしのフィルム三本が紹介された。

ひとつが石坂浩二[注123]の『ウルトラＱ』[注124]のナレーション、もうひとつが今は亡き芥川隆[注125]

注123　石坂浩二
いしざかこうじ（一九四一年〜）。俳優、タレント、司会者、画家、作家、翻訳家、作詞家、ナレーターなど、現在に至るまでマルチに活躍。

注124　ウルトラQ
一九六六年一月〜同七月まで放送された、円谷プロダクション制作の特撮番組「ウルトラシリーズ」（空想特撮シリーズ）の第一作。

注125　芥川隆行
あくたがわたかゆき（一九一九年〜一九九〇年）。アナウンサー、ナレーター、司会者。時代劇「必殺シリーズ」、『水戸黄門』のナレーター等。

行の『木枯らし紋次郎』[注126]、そして残るもうひとつが僕の『サスケ』のナレーションであった。

心に残るナレーションということで、僕のかつての作品が取り上げられたことは名誉なことであり光栄なことであるが、自分としては最高の出来であったとは思っていなかったので、いささか気恥ずかしい思いがした。あの表現については、担当ディレクターとひともめあって、意見を戦わすこと三十分、その結果、両者の意見のギリギリのところで調整をして収録されたからだ。

今こうして、心に残るナレーションとして、あれを見ていた人たちの心の内に残っているということを聞くと、「ああ、あれでよかったのかな」と安堵感を覚える。


ある制作関係者から、初めて長文のお手紙をいただいた。文面には「機会があって『鉄腕アトム』の現存フィルム一八〇本を数十回にわたって見ましたが、温かくてユーモアあふれるお茶の水博士のお声がシリーズの支えになっていることに気づきました。博士は手塚先生の分身かもしれません。この業界の人間でありながら本当に今さらのごとくショックを覚えました」とあった。

たしかに言われてみれば、お茶の水博士の声は原作者・手塚先生の心でもあったのだ。博士の心を伝えようと努力した結果、手塚先生の心をも伝えることができたのかもしれないと思うと、感激ひとしおであった。お茶の水博士を演じられたことは、生涯忘れ得ぬ思い出となるだろう。

注126　木枯らし紋次郎
笹沢左保の時代小説及びそれを原作としたテレビドラマ。一九七二年一月〜同五月に第一シーズン、一九七二年十一月〜一九七三年三月に第二シーズンがフジテレビ系列にて放映。

25　ああ、サンキュー会

鮮烈に記憶に残っているスターがいる。声優仲間ではないが、何年たっても忘れられない人。あのとき、もっと親しくしておけばよかったと悔やまれる人。

稽古に入る前、稽古場でプロデューサーから出演者全員が紹介される。早めに楽屋入りしたら、九ちゃんはもう来ていた。

「やぁ、勝田さんお久しぶりです」

「え？　僕は、あの、坂本さんとご一緒するのは初めてですが……何かのお間違いでは……」

「やだなぁ、やっぱり忘れられていたんだ。あのときあんなにおしゃべりして、同盟まで結んだじゃぁありませんか」

「ど、同盟!?」

「ハイ。フタキュー会。二人のキューだから、フタキュー会」

「変な名前だなぁ」

「でしょ。僕も言いました。でも、勝田先輩はこれがいいって言ったんですよ。俳優座にもう一人、横森久[注127]というのがいるから、その彼を入れるとサンキュー会で、素晴らしい名前になるって言ってたでしょう」

注127　横森久
よこもりひさし（一九二八年〜一九八一年）。俳優、声優。映画『二百三高地』、劇場アニメ『太陽の王子　ホルスの冒険』（ホルスの父・トト）等。

「ああ、そういえば……あのときの劇団仲間の坂本重信君の弟さん！」

「はーい。やっとわかってくれましたね。改めてお久しぶりです」

「いやぁ、あの可愛い坊やちゃんが、今やレコード売り上げ一〇〇万枚のスターさんか。どうも、失礼しました」

「いやいや、これから一年間よろしくお願いします」

「こちらこそ」

坂本九[注128]ちゃんである。このドラマの僕の役は、九ちゃんのお姉さんの結婚したての旦那さん。タイトルは『教授と次男坊』[注129]。教授役は有島一郎[注130]さんだった。

本当にびっくりした。人生ってドラマみたいだ。和気あいあいのうちに進行したこのホームドラマは、大成功だった。

だが、サンキュー会はあの事故のため実現することなく潰えてしまった。

九ちゃんは本当のスターになって、お空に舞い上がってしまった。僕は空を見上げて、あのたくさんの星の中のどれが九ちゃんかなと探したものだ。


このとき、僕は勝田話法研究所（のちの勝田声優学院）を開いて三年目くらい。ちょうど経営も軌道に乗ってきたころだった。

サンキュー会、実現させたかったなあ。そうでなくても、九ちゃんが一度でも講師に来てくれたら、楽しいレッスンをしてくれただろうなあと思う。残念でたまらない。

注128　坂本九
さかもときゅう（一九四一年～一九八五年）。歌手、俳優、タレント、司会者。『上を向いて歩こう』は"SUKIYAKI"のタイトルで海外でも大ヒットした。

注129　教授と次男坊
一九六一年～一九六三年に日本テレビ系列で放送されたテレビドラマ。主題歌に坂本九の『明日があるさ』が使われた。

注130　有島一郎
ありしまいちろう（一九一六年～一九八七年）。俳優。映画『若大将シリーズ』、テレビドラマ『暴れん坊将軍』等。

26　ＮＨＫ大河ドラマにも進出

ＮＨＫの大河ドラマ、三谷幸喜[注131]の『真田丸』[注132]が好評のうちに終了した。

真田十勇士の物語は、小学生のころから僕の愛読書。立川文庫の数ある物語のうち、この真田十勇士の話が特にお気に入りで、ボロボロになるまで読み返したものである。ワラ半紙のような紙に講談調でビッシリと難しい文字が印刷されていたが、ありがたいことにルビ（かな）がふってあり、声を張り上げて調子よく読むことができた。そこに親や遊び仲間がいたりすると、得意になって余計に声を張り上げて読んだものである。猿飛佐助、三好清海入道などが登場してくると、それぞれのキャラクターを表現する工夫をしたり……。今回は、十勇士の物語ではないが、豪傑がゾロゾロ出てくる。その大河ドラマ『真田丸』に、僕が指導した勝田声優学院[注133]の卒業生が出演。初めて映像の仕事にチャレンジしたのである。

その男の名は、高木渉[注134]。勝田声優学院の五期生である。『真田丸』での役名は、小山田茂誠《しげまさ》。ヒゲむじゃらの顔で登場してくるが、実に人間的で心やさしい男。それをみごとに演じた。

アニメや洋画の面でも、主役として脇役として活躍している。映像の世界でも、存分に活躍できる男だろう。

注131　三谷幸喜
みたにこうき（一九六一年～）。劇作家、脚本家、演出家、俳優、映画監督。テレビドラマ『古畑任三郎』（脚本）、『新選組！』（同）等。

注132　真田丸
二〇一六年に放映されたＮＨＫ大河ドラマ第55作。脚本は三谷幸喜。

注133　勝田声優学院
一九八二年に開設された勝田久主宰「勝田話法研究所」附属の声優教室が前身の声優訓練所。一九八七年に勝田声優学院に改称。第一線で活躍する声優を多数輩出したが、二〇一五年閉校。

注134　高木渉
たかぎわたる（一九六六年～）。声優、俳優。『名探偵コナン』（小嶋元太、高木刑事）、『連続人形活劇新・三銃士』（ポルトス）等。

五期生というと、森川智之[注135]、三石琴乃[注136]、横山智佐[注137]など威勢のいい連中がいて、いつもレッスン場は賑やかであった。そんな楽しい連中を生み出した勝田声優学院だが、今はない。平成二十七年（二〇一五年）三月をもって、三十三年の歴史を閉じたからだ。なぜやめてしまったのかとお叱りを受けたが、人間は不死身ではない。八十歳になったとき考えた。そろそろ引き時だな、と。そこで決断した。「僕の定年は八十八歳。それまでに学校経営から身を引こう」と。五年ほど前から、毎年大学病院に入退院を繰り返している。このまま日を重ねていったら、病床についたら、多くの人にご迷惑を及ぼすことになると思い、家にいて後輩たちの活躍ぶりを楽しむ道を選んだ。

勝田声優学院の卒業生は三十三年間で約二百名。そのうち約百名は現在も活動しているようだ。嬉しい限りだ。老いたる声優は消えても、新たな活力のある後輩が録音スタジオで活躍してくれている。なんとも頼もしい。

声優をやっていてよかった。養成機関を設け、門戸を開いたのも正解であった。あとは後輩の声優諸君におまかせすることにしよう。

注135　森川智之
もりかわとしゆき（一九六七年〜）。声優、ナレーター、歌手。マーティン・フリーマン、トム・クルーズのアテレコ等。

注136　三石琴乃
みついしことの（一九六七年〜）。声優、ナレーター。『美少女戦士セーラームーン』（月野うさぎ）、『新世紀エヴァンゲリオン』（葛城ミサト）等。

注137　横山智佐
よこやまちさ（一九六九年〜）。声優、女優。『サクラ大戦』（真宮寺さくら）、『クッキングアイ！マイ！まいん！』（ゆりあ社長）等。

エピローグ

手塚治虫先生の『鉄腕アトム』は、十万馬力の勢いに乗って、全世界を駆け巡り飛び回り、たちまち皆の心をつかんでしまった。アニメーション制作の技術の向上も目覚ましく、ファンを拡げていき、日本は世界有数のアニメーション量産国となった。

声優は影の人。映像に顔を出すこともなく、暗いスタジオでコツコツ裏方の仕事を続けている。スタジオは暗いが、仲間は明るい個性的な奴ばかり。スタジオはたちまち明るく楽しい世界となる。

声優はアニメ制作の一部分を担当しているが、フィルムにただ声をぶち込んでいるのではなく、誠心誠意キャラクターを演じ、作者や制作者の意図する時間と空間を創造している。夢のある仕事だ。想像して創造していくのが声優の仕事。

そんな仕事に人生を賭けて、気がついたら、自分が長老となっていた。

「あなたにとって声優とはなんですか」と問われたら、僕の一生でしたと答えよう。

第二部　昭和声優列伝

※本章は、秋田書店発行の『月刊マイアニメ』昭和五十六年四月号から昭和五十九年二月号に連載された「勝田久の日本声優列伝」に、加筆・修正をしたものであり、記事は当時の取材に基づき構成・執筆しております。
※本文中の「今」や「現在」等の表記は、当時の事柄や出来事を表しています。
※本文中の敬称は省略しております。
※本文中の主な映像作品については、P.332から始まる「付録　掲載作品年表」にまとめてあります。

昭和三十年代、アメリカから放映済みのテレビ映画が大量に輸入されてきて、日本のテレビ業界はそのアテレコ版制作に大わらわとなった。当初は西部劇が多かったが、やがて劇場で公開され評判をとった大作も入ってきた。

『ララミー牧場』『OK牧場の決闘』『大脱走』『逃亡者』『雨に唄えば』『兄嫁と七人の木樵たち』『ペリー・メイスン』『007』『シェーン』『風と共に去りぬ』『刑事コロンボ』と枚挙に暇がない。

と同時に、『鉄腕アトム』の大当たりで、アニメーション業界が活発に動き出し、アニメフィルムの大量生産時代を迎えることになる。

そのおかげで、声優は大忙しだ。あのころは僕らパイオニア組を除けば、声優は若い人たちばかり。劇団研究生出身が多かった。徹夜の仕事が続いても、若いだけにがんばりが効く。あのころの青年声優は今どうしているのか。あれから六十年。生きていれば八十歳を超える年齢になっているはずだ。

今、声優を年齢順に数えてみれば、僕は上から二番目か三番目だという。月日の流れは早い。声優生活はあっという間の六十八年となるか。仲間も一人減り、二人減りして、会う機会もめっきり少なくなった。目をつむり、思い出にひたれば、彼らが愛したキャラクターとともに、その笑顔が浮かぶ。

僕の手元に、昭和五十年代に彼らに取材した原稿が残っている。第二部は、その記事を掲載する。今なお多方面で活躍している仲間たちに「がんばれ！」とエールを送る意味で。そして、亡くなった戦友への鎮魂歌ともなれば、筆者最高の喜びである。

富山敬

file No.1

とみやま・けい

1938年10月31日～1995年9月25日。満州国奉天省鞍山生まれ。本名・冨山邦親（とみやま・くにちか）。最終所属事務所・ぷろだくしょんバオバブ。声優初主演作は『佐武と市捕物控』（佐武・初代）。代表作に『タイガーマスク』（伊達直人）、『宇宙戦艦ヤマト』（古代進）、『銀河鉄道９９９』（大山トチロー）、『ゲゲゲの鬼太郎』（ねずみ男・第3作）、『ちびまる子ちゃん』（さくら友蔵・初代）、『銀河英雄伝説』（ヤン・ウェンリー・初代）、『タイムボカンシリーズ』（ナレーターほか）などがある。

代表作

宇宙戦艦ヤマト

古代進

『さらば宇宙戦艦ヤマト 愛の戦士たち』
Blu-ray・DVD発売中
発売／販売：バンダイビジュアル

歓声が一段と激しくなった。観客の叫ぶ声がワーワーとこだまして、劇場内を圧している。

「ケイさーん!」

「トミヤマさーん!」

昭和五十四年四月五日、東京・日劇の広い観客席を埋めつくした二千人の女性の黄色い声が、かたまりとなってステージ上の富山敬を迎える。

五色の紙テープがステージめがけて、あとからあとから投げられる。それが空中に舞ってからみ合い、もつれて観客の頭上を色あざやかに覆った。

連日、日劇を満杯にさせ、興行師を驚かせた[注1]「日劇声優フェスティバル　Voice Voice Voice」の初日、プログラムは進行し、場内は興奮のるつぼと化していた。

熱狂的な歓声に応えて、精一杯歌い終わった彼は、ホッとひと息をいれた。見上げると、巨大なアーク・スポットライトが自分を照らしている。

キラキラと輝いてまばゆい。あの満州で見た夕陽のように、それはゆらゆらと燃えていた。

――あれから、もう三十年の歳月がたった。貧乏神ともすっかり仲良しになっていた俺が、なんで突然、こんな歓声の渦の中に立たされているのだろう――。

この強烈なスポットライトは俺には眩しすぎる――。

――そうだ、あのときも、こんなふうに眩しかった。

――彼の心は富山敬から、富山邦親《くにちか》へと帰っていく。

注1　日劇声優フェスティバル　VoiceVoiceVoice
一九七九年、日本劇場で行われたアニメイベント。「アニメ特集」「バラエティーショー」「シンフォニックドラマ」の三部構成。

――昭和二十年の夏、富山邦親、七歳のとき。

満州（現・中国の東北地区）で、母はわずか三カ月ほどのうちに、事故と病気で二人の子供を亡くした。邦親と母は、頼みとする精鋭関東軍に見捨てられ、敗戦の悲哀を背負い、ただひたすら故国をめざして歩きつづけた。満州の大地に沈む真っ赤な夕陽を彼はよく覚えている。

その後、貨物船の船底に押し込められ、幾昼夜のあと、やっとの思いで祖国・日本にたどり着くことができた。

初めて見る日本。舞鶴港の船上から見上げた、めくるめくような陽の光。

舞鶴からは汽車を乗り継ぎ、宮崎県高岡へ。客車は人であふれ、デッキや機関車にまで復員服姿の男たちがぶらさがっていた。

走りゆく車窓の景色は、満州とはまったく違っていた。緑の谷間を縫い、高原を越えていく。

高岡の駅からバスに揺られて一時間、祖父が待っている神社の森の見える停留所に降りたとき、母はしっかりと彼を抱きしめて泣いた。やっと帰ってきたのだ。

ここが父の生まれた故郷。この森が、この川が、父のふるさとなのだ。

その神社の宮司である祖父が、二人をやさしく迎えてくれた。久しぶりに食べる畳の上での食事のうまさ。

それから二年後、シベリアに抑留されていた父が、毛布を縫い合わせた外套を着て、重い軍靴を引きずるようにして帰ってきた。

敗戦後、やっと富山家にも幸福が訪れた。富山邦親、九歳のときのことだった。一家は、生活を立てなおすために東京へ向かって旅立つ。

そして東京・世田谷での、間借り生活が始まった。正則中学校から高校に進んだころ、彼は演劇に熱中しはじめ、東宝児童劇団に飛び込んだ。兄弟のいない寂しさをまぎらわすためであったのかもしれない。

初舞台は、水沢草田夫作『金のうぐいす』の、海賊クロ次の役。芝居好きな若者たちと舞台を作り上げていく楽しさ。彼は演劇の世界にどっぷりとつかっていく……。大学進学を目指していたが、演劇に熱中したあまり、一浪の身となってしまった。翌年に、日大芸術学部演劇科に入学。彼の演劇熱はますますエスカレートしていく。

昭和三十五年。当時、若手新劇俳優で結成していた劇団葦に研究生として入団。『三文オペラ』の公演で、研究生から抜擢され、与太者の役がついた。

舞台をやったからといって、それで食べていけるわけではない。当時の新劇の公演ではギャランティはもらえない。幹部の人たちは、ラジオやテレビに出演して収入があるが、若手連中や研究生は余暇にアルバイトをしなければ、その日その日を食いつないでいけない。

彼もさまざまなアルバイトをした。バーテン、キャバレーのボーイに客の呼び込み。そしてサンドイッチマン。日銭が得られるものは、なんでもやった。

時給が百二十円で、一日五時間働いて六百円。それでなんとか飯が食えて、タバコが吸えた。

どんなにつらいアルバイトでも、それで芝居が続けられるのなら……と、大学も中退してがんばってきたが、頼りにする劇団は、赤字公演が続いてあっという間につぶれ、解散。研究生は、またたく間に放り出された。

ただただ、食うがためのアルバイトの日々が続く。たとえ飯は食えても、演劇への情熱を絶たれるほうが、ずっとつらいことを彼はこのとき知った。

東京・四谷の喫茶店で、ウェイターをやっていたある日、店へひょっこり入ってきたのが劇団葦の大先輩で、声優としても活躍していた千葉順二[注2]だった。彼も驚いたが、千葉も驚いた。仲間を集めて「河の会」を結成するから君も入らないか……このときの先輩のひと言が、彼をドン底から救い上げてくれた。

この邂逅が、後の声優スター・富山敬を生み出すことになろうとは、そのときの彼自身はもちろん、周囲の誰一人想像することはできなかった。

千葉は当時、すでに外国映画やアニメの声を演じる声優として、売れっ子であった。このとき、昭和四十年。国産テレビアニメ第一号『鉄腕アトム』が放映開始されて三年目、オープニングのテーマソングは街のあちこちで流れ、アニメ人気が高まりつつあった。

河の会のメンバーも、アニメや洋画の声優として活躍していた。『アトム』を追いかけるようにして始まった『鉄人28号』の主役・正太郎は、河の会の高橋和枝が演じていた。

富山敬は、この『鉄人28号』に、初めてセミレギュラーとして出演することになった。とはいっても、通行人Aや警察官Bなど、端役引受人。

しかし、どんな端役でも、出演させてもらえること、役者として仕事ができる喜び

注2　千葉順二
ちばじゅんじ（一九二六年～一九八八年）。声優。『北斗の拳』（リュウケン・初代）、『ジャングル大帝』（ヒゲオヤジ）等。

を感じていた。

俳優になって、初めて定収入が得られるようになった感激を、彼は今でも忘れることはできない。

昭和四十三年九月、彼はついに主役の座をつかんだ。オーディションで数多くの先輩たちに勝って、『佐武と市捕物控』の、佐武役を射止めたのだ。これを機に、二本の主役についた。『男一匹ガキ大将』の万吉と、『タイガーマスク』の伊達直人である。そして『宇宙戦艦ヤマト』の古代進役で、彼の人気は決定的なものとなり、声優・富山敬の名はアニメファンなら誰一人知らぬ者はいないほどになった。

昭和四十八年、劇団の事務員・和江さんと結婚。長女・絵麻に、明彦、裕介の双子の兄弟もでき、幸せな家庭を築いた。

——役者になって、もうかれこれ二十五年。なんとか飯が食えるようになって十五年。気がついてみたら、四十歳を過ぎていた——。

売れっ子となった現在、数多くのアニメ番組、ラジオのＤＪと、休む暇もないが、これからは子供たちと過ごす時間を大切にしたいと彼は言う。

神谷 明

file No.2

かみや・あきら

1946年9月18日～、神奈川県横浜市生まれ。所属事務所・冴羽商事。アニメ声優デビュー作は『魔法のマコちゃん』（千吉）。代表作にアニメ『バビル2世』（73年版・古見浩一／バビル2世）、『勇者ライディーン』（ひびき洸）、『キン肉マン』（キン肉スグル／キン肉マン）、『北斗の拳』（ケンシロウ）、『シティハンター』（冴羽獠）があるほか、洋画の吹き替えではピアース・ブロスナン（『007 ゴールデンアイ』『007 トゥモロー・ネバー・ダイ』／五代目ジェイムズ・ボンド）などの声を当てている。

代表作

バビル2世

バビル2世

『バビル2世 Blu-ray BOX』
38,000円＋税
発売／販売：ポニーキャニオン

交通量の激しい市街地を通り抜けると、急に車の数も信号も減って運転が楽になった。

彼は、ハンドルさばきも軽やかにワゴン車を走らせる。気がついてみたら、瀟洒《しょうしゃ》な住宅の立ち並ぶ横浜郊外の、滑らかに舗装された真新しい道路に出ていた。

気分は最高だ。リラックスした彼の口からは、自分でも驚くほど、次から次へと歌が出る。

『星影のワルツ』に始まり、『小指の思い出』、そして『結婚しようよ』と、ヒットメドレーが続き、それがいつの間にか、『鉄腕アトム』『鉄人28号』『エイトマン』とアニメソングに変わっていった。

あまりにも脈絡のないメドレーに彼、神谷明は自分でもおかしくなった。明日はいよいよ俺の人生を変える日、劇団テアトル・エコー[注1]の研究生採用試験日だ。これでサラリーマン生活ともお別れ、ざまぁ見やがれだ。当面の軍資金は貯えられている。それにしても六年間は長かった——。

化学雑巾リース会社配達員の制帽の下で、彼の顔は、思わずほころんだ。ニッと笑った口元からは、白い八重歯がのぞいていた。

今日、アニメファンなら誰一人知らぬ者はいない神谷明も、最初からアニメスターであったわけではない。アニメの仕事についてから、まだわずか十年しかたっていない。それまでの二十四年間は、苦労の連続であった。

昭和二十一年九月十八日、神谷明は横浜市の妙蓮寺で産声をあげた。父親は家具製

注1　劇団テアトル・エコー
第一部P80脚注91へ

造工場を経営していたが、突然倒産、それがもとで父と母は離別した。母の手に引かれて、住まいを転々とする日々。母は職を求めて、必死に働いた。彼もまた母を助け、買いものはもちろん、お勝手仕事もやった。

学校もずいぶん転々とした。横浜の青木小学校から鶴見の東台小学校、そして東京・大田区の相生小学校へ。

その相生小学校の大先輩に小沢昭一[注2]がいたことが、彼を演劇への道へと向かわせることになった。

その後、御園中学校から都立芝商業高校へ進学。高校時代は演劇部で活躍した。

高校を卒業すると同時に、横浜のアマチュア劇団かに座[注3]へ飛び込んだ。

演劇にどっぷりつかる生活に胸ふくらませたが、アマチュア劇団では思うような演劇活動もできず、それで食えるはずもなかった。そこで彼は、レストランに就職、コックになるべく修業を始める。料理を作るのが得意だったのだ。コックの修業は決して嫌ではなかった。が、見習いの仕事はきつかったし、勤務は長時間で、彼はたちまち身体を壊してしまった。

療養中に、またぞろ演劇の虫が騒ぎ出した。彼は考えた。

——きっと俺は死ぬまで演劇への道を夢見つづけるだろう。よし、プロになろう。なってみせる。そのためには、まず金を貯めよう。軍資金がなくちゃあ、戦はできぬ——。

そんなとき、耳よりな情報が入ってきた。歌手の霧島昇[注4]の付き人（カバン持ち）が師匠のギャラを持ち逃げして雲隠れ、新しい付き人を探しているというのだ。彼は後

注2　小沢昭一
おざわしょういち（一九二九年～二〇一二年）。俳優、タレント、俳人、エッセイスト、芸能研究者。映画『エロ事師たちより 人類学入門』、ラジオ『小沢昭一の小沢昭一的こころ』（パーソナリティ）等。

注3　かに座
一九五〇年結成。横浜市内十数校の高等学校演劇部の卒業生を中心に「神奈川県学生ＯＢ演劇研究会〝かに座〟」として発足。

注4　霧島昇
きりしまのぼる（一九一四年～一九八四年）。歌手。『誰か故郷を想わざる』『リンゴの唄』等。

任の職に就くことになった。

――師匠に歌の勉強をみてもらえれば歌手になれるかも――。そんな淡い期待を抱き、付き人稼業一カ月。大劇場も、テレビ局のスタジオも、見るもの聞くものすべてが、初めてのものばかり。

始めはワクワクしていたが、だんだんと幻滅も感じはじめた。

――歌の世界は、たしかに華やかだが、なんと演劇の世界と異なることか。演劇の世界にはアンサンブルの美しさと楽しさがあるが、歌の世界は一人一人がお山の大将。厳しくもあり、薄情でもある。俺の性には合わぬ――そんなとき、持ち逃げした付き人が戻ってきて一件落着、彼はこの世界から身を退いた。

金を貯めるために、何かせねば……。母と相談して自宅を改造、ラーメン屋を始めた。一カ月間ラーメン屋に勤めて修業、改装も終え、いよいよオープン。

しかし場所が悪かったのか思うようには儲からず、彼は再びサラリーマンへ逆戻り。横浜にある貿易商社に職を得た。配送係の運転手から始まって、商品管理の倉庫番、そして営業事務へと出世はしたが、もっと儲けたくて、彼はその会社を辞めた。

ガバッと儲けてやるぞと、飛び込んだのが、別荘地を売る不動産屋。持ち前のバイタリティで駆けずり回ったが、二十二、三歳の若僧がいくら張り切ってみたところで、「はいよ」と大金はたいてくれるものでもない。それでもやっとのことで一軒売り、彼はここをやめた。

それからは、アイスクリームの配達員、ガス器具販売員、弁当屋……と、職を転々とする。とりわけ弁当屋が一番よかった。二食昼寝付きで、時給五百円。昭和四十三年当時では、かなりの高給だ。これでいくらかの貯えができた。

その後、化学雑巾リース会社の配達員となり、給料をせっせと貯えた。食いたいものも食わず、着たいものも買わずに我慢した。

――俺には目標がある。役者になること、それも大勢の人に喜んでもらえ、それで飯の食える、れっきとしたプロになること、俺にはそれができる――。

彼の信念が実り、テアトル・エコー研究生試験にみごと合格。研究生生活が始まった。劇団は、自分の好きな井上ひさし[注5]の作品を次々と上演している。俺にぴったりの劇団だ。俺の本当の人生が、今日から始まるのだ、と彼は思った。

――昭和四十五年春のことである。


ただ、研究生としての訓練が始まって驚いた。自分は、高校演劇でも活躍していたし、アマチュア劇団でも舞台に立った。いっぱしの役者だと思っていたのに、台詞を言えばひと言ひと言直され、動けば、貴様はロボットか、と怒鳴られる。

先輩の熊倉一雄、納谷悟郎、槐柳二[注6]らの指導は厳しかった。

とりわけ、熊倉一雄の演技指導の厳しさには定評があった。井上ひさしの一連の作品は、運動会といわれるほど台詞も動きも激しい。モタモタしていようものなら、熊倉が小さな身体で矢のように飛んできて、怒鳴られた挙げ句にスリッパで叩かれる。

だが、芝居を離れて劇団近くの飲み屋で一杯やるときの先輩たちは、まるで人が変わったように、やさしかった。後輩の話に親身になって耳を傾けてくれた。

ああ、これが役者なんだ、これが劇団なんだ、と彼はあらためて演劇の世界に身を

注5　井上ひさし
いのうえひさし（一九三四年～二〇一〇年）。小説家、劇作家、放送作家。一九六九年に書き下ろした『日本人のへそ』は、その後、彼が本格的に戯曲の執筆を始める契機となった。

注6　槐柳二
さいかちりゅうじ（一九二八年～）。俳優、声優。『元祖天才バカボン』（レレレのおじさん）、『遊星仮面』（イモシ博士）等。

投じた喜びを噛みしめた。
しかし、喜んでばかりもいられなかった。研究生になって初めてわかったことだが、芝居だけやっていたのでは収入はいつまでたってもゼロなのだ。ラジオやテレビから収入が得られるようにならなければ、俳優としても生活していくことはできない。

幸運にも研究生になってから六カ月目、昭和四十五年の十月、彼は初めてテレビの仕事をもらった。フジテレビの早朝番組で、台詞もない端役だったが、初めてもらったギャラ袋の重みを、彼は今でも忘れることができない。

『魔法のマコちゃん』のいじめっ子役で、初めてアニメの世界へ入った。

彼はスタジオに行き、驚いた。アニメだからといって、気楽にやっていない。みんな真剣そのものだ。彼はたちまちアニメの魅力にとりつかれ、声優という仕事が好きになった。

そして『いなかっぺ大将』での気の弱い二枚目役が、その後の彼の方向性を定めてくれた。笹川ひろし[注7]ディレクターへの恩を、彼は今も忘れてはいない。

研究生生活三年目の昭和四十七年の暮れ、ついに幸運が訪れた。新番組『バビル2世』のオーディションを受け、主役に決定したのだ。初めての主役、彼の声優人生が軌道に乗りはじめた。

『荒野の少年イサム』の主役も決まった。

その後の彼は一潟千里《いっしゃせんり》だ。『闘将ダイモス』の竜崎一矢では、彼の持っている甘くソフトなキャラクターがみごとに生きた。

また、健康的なホームドラマを展開するアニメ番組『ほかほか家族』で共演した縁

注7　笹川ひろし
ささがわひろし（一九三六年〜）。アニメーション監督、漫画家、作家。タツノコプロ顧問。アニメでは、『タイムボカンシリーズ』（総監督）、『平成天才バカボン』（監督）等。

で、戸部光代さんと結婚、家庭を築いた。昭和四十九年十月のことである。

彼は今、数多くのアニメ番組に出演するかたわら、ラジオのパーソナリティーとしても活躍している。

声優として、トップの人気を保つ神谷明は、こうして自らの人生を切り拓いたのである。

井上真樹夫

file No.3

いのうえ・まきお
1938年11月30日～、山梨県出身。所属事務所・青二プロダクション。声優デビュー作は海外テレビシリーズの『ドビーの青春』（ドビー）。アニメ代表作に『ルパン三世』（石川五ェ門・２代目）、『宇宙海賊キャプテンハーロック』（ハーロック）、『巨人の星』（花形満）、『男どアホウ甲子園』（藤村甲子園）、『キャンディ・キャンディ』（アルバート）、『劇場版ガンダムⅡ』（スレッガー・ロウ）があるほか、数多くのナレーションも務める。

代表作

宇宙海賊キャプテンハーロック

ハーロック

麗峰富士を間近に眺め、黒々と高く連なる南アルプス山系を遥かに望む、甲府盆地の南端の田園地帯に、井上真樹夫の生家があった。

田んぼに囲まれた田舎家で、彼は生まれ育った。れんげ畑を渡るやわらかな風に春を知り、小川に泳ぐゲンゴロウやミズスマシを追って夏を送り、秋の夜は、鳴き集《すだ》く虫の声を聞きながら満天の星空を仰ぎ、冬は降り積む雪を炬燵で眺め、幼き日々を、自然の移り変わりとともに過ごした。

小学校二年生、七歳のとき、田んぼの向こうの工場で働く人たちのために、芝居がかかった。兄に手を引かれ、蛙がうるさく鳴き騒ぐ田んぼのあぜ道を歩いてその工場へ行き、彼は初めて芝居というものを見た。

拍子木が鳴って幕が開き、多くの化粧をした人たちが笑ったり怒ったり、怒鳴ってみたり、ささやいたり。見るもの聞くものすべてが初めてで、彼は目をみはった。

やがて劇は進行して、山場となる。可憐な少女が、いかにも憎々しげな継母に、手にした煙管《きせる》で折檻される。少女はのたうちまわり泣き叫ぶ。だが、継母はなおも執拗に苛みつづける。少女はたまらず悲鳴をあげて、髪ふり乱し逃げまどう。

彼は、その恐ろしさにいたたまれず、隣に座る兄の手を振りきると、脱兎のように走り出し、真っ暗な夜道を一目散に逃げ帰った。胸は早鐘のように鼓動を打ち、家にたどり着いてからも、震えが止まらなかった。

これが、井上真樹夫と演劇との出会いであった。

この多感な少年が、一家とともに東京に移住し、中学生になったばかりのころ、演劇との二度目の出会いがあった。学校巡演の移動劇で、『ヘンゼルとグレーテル』であった。童話劇であったが、彼は役者たちの創り出す不思議な世界に、ぐいぐい引き込まれていった。

醜い魔法使いの老婆は、七歳のときに見た村芝居の継母のように思え、グレーテルは、あのときの可憐な少女のイメージと重なり、中学生の彼はたちまち、七歳の少年へと戻っていく……。

劇が終わるまで、彼は怒り、恐れ、胸をときめかせた。幕が下りたとき、彼はどっと疲れていた。だが、なぜかすぐ家に帰る気になれず、観客が去ったあとの会場内をうろつき、ついには幕をまくり上げて、舞台をのぞいた。

彼は驚いた。グレーテルを食べようとしていた、あの魔法使いの婆さんが、ヘンゼルやグレーテルらと一緒に、笑いながら仲良く弁当を食っているではないか。

さっき見たあの世界とはまったく違う、別の世界がそこにあった——。

彼は戸惑いながらも、この不思議な世界の住人たち、役者というものに惹きつけられていった。

その後、東京都立Y高校へ進んだ彼は、受験勉強に明け暮れる友人たちを尻目に、演劇部の活動に熱中した。Y高校は、当時は有名な進学校であり、進学率も高かった。

彼のやっていたことは、演劇の練習と深夜におよぶ道具作り。これで無事でいられるわけがない。ついには先生から、退学処分をほのめかす戒告を受けた。

彼は演劇活動をやめられず、三年生のとき、卒業も間近というのに転校を決意、都立K高校の夜間部へ移った。

彼の演劇熱はますます高まり、日曜日には東京アナウンスアカデミー[注1]に通いはじめ

注1　東京アナウンスアカデミー
一九五一年、NHKのアナウンサー・市原光隆によって設立された、日本初のアナウンサー養成学校。後に声優養成コース等を付加し、二〇一四年、「東京アナウンス・声優アカデミー」に校名変更。

た。発音、アクセント、朗読……と、言語表現の基本を学んだ。

ここで彼は、当時二十九歳の青年講師・勝田久、つまり筆者と出会う。熱心な指導者ではあったが、若すぎて、頼りなかったかもしれない……。

しかし、もう一人の講師・山口純一郎は、キャリア十分の新劇人。その先生の勧めで、北村喜八[注2]が主宰する「北の会」公演『バーナーディーン』に、少年役で出演することになった。

これが、プロの劇団での初舞台となる。井上真樹夫、十八歳のときのことである。

これを機に彼の演技力が認められ、NTV（日本テレビ）の初カラー化連続ドラマ、内村直也[注3]作『花と光と』[注4]に出演。夜間高校に通う苦学生の役であり、実生活そのものということもあり、素直な演技が好評を得た。そのため、一回だけの予定が、レギュラー出演ということになり、毎回役もふくらんでいった。昭和三十四年の秋のこと。

ちょうどそのころ、TBS（東京放送）が外国テレビドラマシリーズ『ドビーの青春』の主人公の声を演じる新人を公募した。

彼は応募し合格、みごとチャンスをつかんだ。これが声優の世界へ入るきっかけとなった。

だが、演じてみて驚いた。一秒間に二十四コマ走るフィルムの速いこと。外国映画に声を当てることの難しさを、このとき彼は嫌というほど思い知らされた。特にこのフィルムはアメリカンコメディ。その台詞の速いのなんの。猛スピードでドラマはどんどん展開していく。懸命に台詞を言ってみても、役者の演技に追いつけない。気ばかりがあせる。

注2　北村喜八
きたむらきはち（一八九八年～一九六〇年）。演出家、劇作家、翻訳家。一九二四年、築地小劇場に参加。戦後は新劇の再建に尽力し、国際演劇協会日本センター初代理事長に就任した。

注3　内村直也
うちむらなおや（一九〇九年～一九八九年）。劇作家。ラジオドラマ『えり子とともに』、テレビドラマ『私は約束を守った』等。

注4　花と光と
一九五九年、日本テレビ系列で放映されたカラー連続ドラマ。

それまで演技に多少の自信があった彼は、すっかり打ちのめされ、アテレコ恐怖症になった。

しかし、彼は諦めなかった。さらに演技力に磨きをかけ、舞台公演にも積極的に参加した。

昭和四十三年三月、その後三年半にわたって放映され、大きな話題を呼んだアニメ番組『巨人の星』が始まった。

彼は、主人公・星飛雄馬の宿命のライバル・花形満役に選ばれた。『巨人の星』のヒットとともに、彼のアニメスターとしての地位は決定的なものになっていった。

その後『佐武と市捕物控』が開始されたが、途中で主役・佐武役の富山敬が喉を痛め、番組を降りなければならなくなってしまった。

彼はそのピンチヒッターとして、佐武を演じることになった。アニメ番組では初めての主人公役になったわけだが、富山敬が佐武になりきっていただけに、代役を演じるのは難しかった。

後に『宇宙海賊キャプテンハーロック』のときに喉を痛め、何回か代役に替わってもらったが、自分がすっかりハーロックになりきっていただけに、歯がゆかった。

昭和四十五年九月に始まった『男どアホウ!甲子園』の藤村甲子園役を皮切りに、翌年十月『原始少年リュウ』、四十八年四月『ミクロイドS』と、立て続けに主役を演じ、『侍ジャイアンツ』『ドカベン』『ルパン三世』でも個性的な脇役を演じ、アニメスターの座を不動のものとした。そして昭和五十三年三月から始まった『宇宙海賊キャプテンハーロック』では、甘くソフトなボイスで、主人公のハーロックを演じ、多くのファンを獲得した。

その活躍はアニメだけにとどまらず、ＮＨＫテレビの『海外ウィークリー』[注5]では、軽妙洒脱なナレーションで若い視聴者を魅了している。

彼は、絵を描き、詩を創る。幼いときから絵は好きでよく描いていたが、詩を創るようになったのは敗戦の混乱時に栄養失調で弟を失ったときからだ。悲しみをいやすために書きつづけたのが、いつしか習慣になっていたのだ。

絵も詩も、実に繊細で、やさしい。彼の心は、クリスタルのように透きとおり、一片の不純さもない。甲府盆地の清らかな水や空気が、育んでくれたのであろうか。

昭和五十六年三月二十九日、早咲きの桜がほころびはじめた春の宵、代々木の森の近く、東京・渋谷公会堂の舞台で、当代人気声優たちが演じる、シンフォニックドラマ[注6]『星のオンディーヌ』が上演された。

ヒロイン、オンディーヌを演じるのは増山江威子[注7]、そしてハンスは、彼、井上真樹夫である。

ハンスがささやく度に、客席からは溜息にも似た歓声があがる。彼の発する言葉のひとつひとつが詩となり、音楽となって、聴く人の心に沁み入っていくからだろうか。

注5　海外ウィークリー
一九八〇年～一九八五年、土曜日の午後七時二十分～八時にＮＨＫで放映された海外トピックを扱ったニュース番組。

注6　シンフォニックドラマ
演劇の一形式。歌、音楽、韻文、仮面、舞踊、パントマイム、演技等、複数の要素を結合した舞台劇。

注7　増山江威子
ますやまえいこ（一九三六年～）。女優、声優、ナレーター。『ルパン三世』（峰不二子・二代目）、『天才バカボン』シリーズ（バカボンのママ）等。

野沢雅子

file No.4

のざわ・まさこ
1936年10月25日〜、東京都荒川区出身。本名・塚田雅子（つかだ・まさこ／旧姓・野沢）。所属事務所・青二プロダクション。劇団ムーンライト主宰。代表作にアニメ『ゲゲゲの鬼太郎』（鬼太郎・初代）、『いなかっぺ大将』（風大左ェ門）、『ど根性ガエル』（ひろし）、『あらいぐまラスカル』（ラスカル）、『銀河鉄道９９９』（星野鉄郎）、『ドラゴンボール』シリーズ（孫悟空、悟飯、悟天ほか）などがあるほか、洋画の吹き替えやテレビのナレーション、ラジオのパーソナリティと幅広く活躍。

代表作

ドラゴンボールシリーズ

孫悟空

『ドラゴンボール超 Blu-ray BOX1』
15,200円＋税
発売／販売：ハピネット

少女は夢を見る。夢を見るから少女なのである。

東京・荒川区の日暮里に生まれた野沢雅子も、少女のころ夢を見た。大きな舞台でスカートをひるがえし、満場の客から割れるような喝采を浴びる。そんな夢。

昭和の初め、人々がまだ映画のことを活動写真と呼んでいたころのこと、松竹映画蒲田撮影所に佐々木清野[注1]という清純スターがいた。

その映画スターを叔母として生まれた野沢雅子は、わずか三歳のときに、もう映画カメラの前に立たされていた。

監督の言うとおりに、カメラの前で笑ってみたり、泣いてみたり、知らず知らずの間に演じる心を身につけていた。

しかし、幼いながらも、ひとコマひとコマ、細切れに演じていくことになんとなく不満を感じ、物心のついたころには、大きな舞台で精一杯演じられたら……と、舞台俳優を夢見るようになっていった。

高校一年の終わりごろ、舞台女優目指して、劇団東芸の研究生となった。

当時東芸では、大塚周夫[注2]、森山周一郎[注3]、富田耕生らが、まだ二十歳台の新人として、汗にまみれて稽古に励んでいた。

女優陣には、テレビの売れっ子もいたし、脇役もいた。まだ高校生の彼女にとって、毎日が発見と吸収のすばらしい日々が続いた。

野沢蓼洲[注4]と号す日本画家の父は、芸術家であっても世の親と同じで、大事な一人娘が演劇に熱中することを好ましく思っていなかった。学業第一が、彼女に課せられた

注1　佐々木清野
ささききよの（一九〇六年～不明）。映画女優。『狼の血』『すね者』等。

注2　大塚周夫
おおつかちかお（一九二九年～二〇一五年）。俳優、声優、ナレーター。『ゲゲゲの鬼太郎』（第一作、第二作・ねずみ男）、『忍たま乱太郎』（山田伝蔵・初代）等。

注3　森山周一郎
もりやましゅういちろう（一九三四年～）。俳優、声優、ナレーター。ジャン・ギャバン、チャールズ・ブロンソン、テリー・サバラスの吹き替え等。

注4　野沢蓼洲
のざわりょうしゅう（一八八九年～一九六四年）。日本画家。「尾瀬の春」「雪の上越連峰」等。

厳命であった。

しかし、彼女は学業に励むかたわら、時間を作っては劇団の稽古場へも通っていた。公演の際にも、舞台に立ちたいという逸《はや》る心を抑えて、小道具作りや、効果音作りなどの裏方の手伝いとして参加した。

週に数日、放課後駆けつける劇団の稽古場では、先輩たちが稽古に励み、演出家が厳しいダメ出しをする。仲間たちが意見を出し合い、創造上の議論をする、そんな稽古場の雰囲気が、たまらなく好きだった。

やがて高校卒業と同時に、ようやく父の許しを得て、彼女はどっぷりと劇団生活につかっていく。

彼女は最年少ということもあって先輩たちに可愛がられ、すぐに娘役として舞台に立つことができた。ラジオやテレビへの出演の機会にも恵まれ、役者として、幸運なスタートを切ることができた。

先輩や仲間は気のいい人ばかり。しかし、みな限りなく貧乏であった。たまのテレビ出演で得る収入だけでは、食べるものにさえ事欠く始末。それでも劇団へ通ってくる。

朝、下宿で目が覚めたら、財布に十円しかない。さて、この十円でコッペパンを買って食べるか、それとも電車賃にして劇団に行くか……ハムレットのように迷いに迷った挙げ句、やっぱり劇団へやってきた、という先輩もいた。

彼女は、ラジオやテレビ出演でもらったギャラをはたいては、パンや弁当をしこたま買い込み、それを抱えて劇団へ通ったものだ。

劇団の連中は、演劇の世界にしか生きられない、世間を上手に渡り歩くことができない芝居バカばかり。そんな不器用な仲間たちが、彼女はたまらなく好きだったし、そんな人間になりたいと思った。

劇団の公演が近づくと、何十枚とチケットの割り当てがあって、それを売ってこなくてはならない。劇団員にとって、一番憂うつな仕事だ。しかし、彼女の場合は、いつもそれを、父が黙って買い上げてくれた。

高校時代には厳しく反対していた父が、今は女優として成長していこうとする自分に力を貸してくれている。そんなやさしい父の心に触れて、涙がこぼれた。

昭和三十二年ごろから、アメリカのテレビ映画が輸入され、日本語版にして放送されるようになった。いわゆるアテレコ番組の誕生である。輸入されるテレビ映画の本数が増えるにしたがって、若い舞台俳優たちも、にわかに忙しくなってきた。一秒間に二十四コマ、あっという間に流れていくフィルムの動きに合わせて、日本語をピタリと当てていく仕事には、鋭い反射神経と演技力、正確な標準語をしゃべることが必要で、若い俳優にはうってつけの仕事だったのだ。

彼女もテレビ局のスタジオに通う日が多くなってきた。そして、若い俳優たちが、次々とこの世界に入ってきた。後に、この俳優たちは声優と呼ばれるようになった。

アテレコ初期の時代には、放送と同時にフィルムに声を当てていく生放送が多かった。録音の場合も、録り直しは容易ではなく、トチリ（失敗）の少ない、演技力のある俳優が要求された。少女役を巧みにこなす演技力のある彼女に場が多く与えられるようになったのは、当然の結果だった。

昭和三十八年、国産テレビアニメ第一号『鉄腕アトム』が誕生し、声優の仕事はアニメへと拡がっていった。彼女も『宇宙パトロールホッパ』『魔法使いサリー』などにレギュラー出演した。そして四十二年の暮、『ゲゲゲの鬼太郎』のオーディションを受け、みごとに主役の鬼太郎を射止めたのである。

『鬼太郎』は大ヒット。彼女は、鬼太郎少年の人気とともに、テレビアニメにおける少年役の声優として、その地位を確立した。

その後も、『いなかっぺ大将』の大ちゃん、『ど根性ガエル』のひろし、『ドロロンえん魔くん』のえん魔くん、『おれは鉄兵』の鉄兵と、主役の少年を演じて大活躍。そして、同時期に『トム・ソーヤーの冒険』『銀河鉄道９９９』『釣りキチ三平』『怪物くん』[注5]の四作品の主役少年を演じるという快挙をやってのけた。今までに出演したアニメは数えきれないほど。しかし、長きにわたるアニメ出演の歴史の中で、少女役を演じたのは『あしたのジョー』の脇役だけ、というのがおもしろい。


カラッとした性格。いつも笑顔で、大きな目を輝かせて、失敗してもクヨクヨせずすぐに立ちなおることのできるバイタリティーと、少年のような機敏な行動力……。そうしたパーソナリティーを持っていたからこそ、少年役を与えられたのだろうし、人々は、その魅力のとりこになったのだ。

野沢雅子の声は、彼女の演じたキャラクターとともに、人々の記憶から消えることはないだろう。

注5　怪物くん
一九八〇年九月〜一九八二年九月までテレビ朝日系列で放映されたカラー版。

アニメにどっぷりつかって十八年、続けられる限りは、この仕事を続けていきたいと、彼女は言う。

しかし、現実はそれほど甘くはない。世間は常に新しいスターの誕生を期待する。

また、彼女の座を奪おうと、日夜練習を続けている若い人たちも大勢いる。

そんな中、彼女もまた、たゆみない努力を続けている。

録音の合間を縫っては、全国各地のイベントに参加し、多忙な毎日を送っているが、舞台への意欲も燃やしつづけ、その灯を決して消そうとはしていない。つい先ごろも、声優仲間が多く参加した舞台『眠れる森のメタモルフォーゼ』で、華麗な演技を見せてくれている。


初めてカメラの前に立ったのが三歳。その長い歩みの中で、彼女はいつも夢を見てきた。少女時代には、華やかな衣装を着て舞台狭しと大活躍するヒロインを夢見て、高校時代には、演技力のある女優を目指した。

彼女はその夢をひとつひとつ実現させ、今、アニメ声優として大活躍している。

十五年前、隣家からのもらい火で、借家と家財を全焼、丸裸にされたこともあったが、持ち前のバイタリティーでそれも克服、現在は、やさしい旦那様（声優・塚田正昭[注6]）とひと粒種の娘・由華との三人で、幸せな家庭を築いている。

自分の歩いてきた道を振り返って、何ひとつ後悔することはない。夢を追いながら精一杯やってきた。そして、それが実現できたことを何よりも幸せだと思っている。

注6　塚田正昭
つかだまさあき（一九三八年～二〇一四年）。俳優、声優。『BLEACH』（山本元柳斎重國総隊長）、『おじゃる丸』（小林茶・初代）等。

肝付兼太

file No.5

きもつき・かねた

1935年11月15日～2016年10月20日。鹿児島県鹿児島市生まれ。本名・肝付兼正（きもつき・かねまさ）。最終所属事務所・81プロデュース。代表作にアニメ『おそ松くん』（イヤミ・第2作）、『怪物くん』（ドラキュラ）、『元祖天才バカボン』（本官さん・第2作）、『それいけ！アンパンマン』（ホラーマン）、『銀河鉄道９９９』（車掌）、『ドカベン』（殿馬一人）、『トムとジェリー』（トム）、『ドラえもん』（剛田武／ジャイアン・日本テレビ版・第1期）、『ドラえもん』（骨川スネ夫・テレビ朝日版・初代）などがある。

代表作

ドラえもん

骨川スネ夫

「太郎は父のふるさとへ。花子は母のふるさとへ」で始まる『父母のこえ』(与田準一・詩)[注1]は、太平洋戦争中に小学生生活を送った者なら、決して忘れることのできない疎開学童の歌である。

肝付兼太はあのときからもう二十年以上たつというのに、今なお、この歌を忘れることができない。〝陽気の塊〟のような彼が、今でもこの歌を耳にすると、たちまち悲しく切なくなり、少年のころの心に戻ってしまうのだ。

昭和十九年の初夏。

東京・板橋第四小学校の二年生の少年少女たちが、背にリュックサックを背負い、手には大きな風呂敷包みを提げ、先生に引率されて上野駅から旅立っていった。その夜汽車を見送るプラットホームの父や母の頬は、みな涙で光っていた。これが今生の別れになるかもしれないからであった。

時あたかも太平洋戦争末期、日本の敗色は濃厚で、日に日に戦線は後退、東京の空はアメリカ空軍爆撃機の跳梁にまかせるばかり、市街は急速に焼土と化しつつあった。

せめて少年少女たちだけでも救おうと、子供たちだけの集団移住が始められた。これがいわゆる学童集団疎開である。列車に乗り込んだ子供たちの中に、兼太(本名・兼正)少年もいた。

群馬県の湯桧曽《ゆびそ》は、谷川と山に囲まれた風光明媚な温泉町。しかし、目に沁みるような若葉の緑も、澄んだ川の流れも、彼の目には、美しいものとして映らなかった。

注1　与田準一
よだじゅんいち(一九〇五年~一九九七年)。児童文学者、詩人。国民歌謡「父母のこえ」は一九四四年発表、作曲は「夕焼小焼」「どこかで春が」の草川信。

からだ。

両親と泣く泣く別れ、汽車に乗せられた光景が、いつまでも彼の脳裏を離れなかった

内向的で気弱な性格の兼太は、着いた夜から、東京の父や母を慕って涙を流した。次の夜も、そしてまた次の夜も。毎夜泣き明かして暮らす彼をもてあまして、ついに、先生は彼を両親の元へ帰した。

やっと東京に戻れた……と思ったら、今度は我が家が過密市街地のために立ち退き命令、強制疎開に引っかかり、今度は山に囲まれた山梨県の竜王に移住させられた。

竜王でも、村の子供たちから〝都会育ちのいじけっ子、泣き虫っ子〟とからかわれ、またまた泣き明かす毎日となった。

しかし、終戦とともに彼の性格は一変する。これには周囲の人たちも驚いた。再び踏む東京の地、懐かしの板橋に帰り着いた途端、陽気で明るい、よくおしゃべりする少年に変わったのだ。

帰ってきたその日から、町中を駆け回り、遊び仲間を集めては、疎開先のラジオで覚えた落語や、街で見かけたＧＩ（アメリカ兵）の真似をしておどけ、みんなを笑わせるようになった。

この変身ぶりを彼はこう分析する。

――やはり都会っ子だったんですね。東京に帰れたことが、ただもう無性に嬉しくて、かつての遊び仲間が同胞のように思え、もう抱きつきたいくらい感激したんです。最高に嬉しかったんでしょうね――と。

自らが明るく振る舞うことで、他人を喜ばせることができるという喜びを、彼は知ったのだ。

その後、帝京中学、同高校へと進むと、野球名門校にいながら、野球には目もくれず演劇部を創設、芝居作りに熱中した。

高校を卒業すると同時に、髙島屋に就職。たちまち陽気な性格が買われて、お得意さん回りの渉外部に配置された。だが、入社六カ月後、彼はサラリーマン生活に別れを告げた。

もともと、やりたかったのは演劇の勉強。六カ月の給料を軍資金にし、新聞広告に掲載されていたプロダクションに飛び込む。ところがなんと、これがインチキプロダクション。入会金やら月謝などを取るだけ取って、あとは何もしてくれない。当時、東京にはこういった類のいかがわしいプロダクションや劇団が多かった。

彼は必死になって、まじめに指導してくれるところはないかと探しに探し、やっといい劇団を見つけた。

その劇団は、主宰者が人格者ではあったが、それだけにいつも財政難で火の車。兼太も、インチキプロに引っかかったあとだから金がない。そこで、無報酬で事務員として働く代わりに、演技の指導をしてもらうことにした。これが、後にプロとして成長していく上での基礎作りとなった。

その後、若手新劇俳優たちで結成していた劇団七曜会の研究生となる。しかし会は間もなく分裂、解散。やむなく若手俳優たちの集団「作品座」に加入する。だがここもまた分裂、解散。彼はそのとき知り合った同輩、青野武とともに演劇界の外に放り出された。

　当時、劇団が分裂、解散することは日常茶飯事であった。劇団の公演は赤字が常識であったし、劇団幹部たちは公演が終われば、その赤字を埋めるためにラジオやテレビの出演に精を出す。

　マスコミ出演に縁のない若手俳優や研究生たちは、収入もないまま置き去りにされたかたちとなり、焦燥感にかられて分裂騒ぎになるのである。

　まだ役者の卵であった兼太も、収入はゼロに近かった。そこで、食うためにいろいろなアルバイトをした。

　十年に及ぶ苦難時代に経験した職種は思い出せないほどだ。変わったところでは、漬物屋の重石役。しかし軽すぎて重石役にはならなかったとか。

　青野武と組んだバーテン稼業は、青野の巧みなシェーカー振りと、兼太の軽妙なジョークが客に受け、絶妙なコンビで大成功した。

　また、昭和三十九年ごろには、仲間を集め自ら旅行社を作り、団体旅行の客を募ってツアーを行っていた。

　彼の役目は、バス添乗員兼宴会の司会者。観光地をバスで走っていても、客は窓外の風景を眺める暇もなく、マイク片手にしゃべりつづける兼太の軽妙な話術に抱腹絶倒、ヒーヒー声をあげて笑い転げた。

　旅館に着いて夕食がすむと、今度は宴会の司会者に早変わり。これまた持ち前のサービス精神を発揮して大活躍。司会だけでなく、歌手や落語家から政治家まで、幅広く物真似を演じ、客を喜ばせた。彼の物真似は、動作、表情に至るまで微に入り細に渡っていたというが、日ごろの観察力と研究熱心さを物語るものである。

現在の彼の独創的な表現、即興的な創造力や軽妙洒脱な演技力は、このときに磨かれたといっていいだろう。


俳優として陽の当たらない道を歩んできた兼太にも、ついに幸運が訪れた。

昭和四十年、『ディズニーランド』でドナルド・ダックの声を担当していた藤岡琢也[注2]が映画やテレビドラマの仕事で忙しくなり、彼が代役を務めることになったのだ。これが運の付き始め、すぐ『レッツゴー・ヘクター』や『バーバパパ』の主役が回ってきた。

その後、『オバケのQ太郎』のオーディションを受けたところ、ガキ大将のゴジラ役に決定。憎たらしいようでいて、憎めない、なんとも愛敬のあるガキ大将を好演した。

役作りで一番苦労したという『ドカベン』の殿馬《とのま》役は、一見ヌケているようでいて、実は大変な秀才という、ユニークな性格に強く惹かれたという。彼の内なる心と共通するものがあったのだろう。

今まで彼が演じてきた役は、ガキ大将、爺さん、婆さんと多岐に渡るが、そのどれを取っても、美形キャラではなく。いわゆる脇役である。

美形キャラを演じる若手声優が騒がれる昨今だが、彼はそんなことにはおかまいなく、今日もスタジオやステージでおどけ、素っ頓狂な声を発し、客を笑わせ、喜ば

注2　藤岡琢也
ふじおかたくや（一九三〇年～二〇〇六年）。俳優、声優。『おやじのヒゲ』シリーズ、『渡る世間は鬼ばかり』シリーズ等。

せ、楽しませることに余念がない。
脇役に徹した人生に、彼は無上の幸せを感じ、それを誇らしく思っているに違いない。

森 功至

file No.6

もり・かつじ

1945年7月10日〜、東京都出身。旧名・田中深雪（たなか・みゆき）、田中雪弥（たなか・せつや）。所属事務所・オフィスもり（兼代表）。代表作にアニメ『マッハGoGoGo』（第1作・三船剛）、『科学忍者隊ガッチャマン』（大鷲の健）、『機動戦士ガンダム』（ガルマ・ザビ）、『銀河英雄伝説』（ウォルフガング・ミッターマイヤー）、『ＲＤ洗脳調査室』（波留真理）、『ガッチャマン クラウズ』（Ｊ・Ｊ・ロビンソン）があるほか、海外ドラマの吹き替え、ナレーションなどでも活躍中。

代表作

科学忍者隊ガッチャマン

大鷲の健

森功至は田中深雪《みゆき》、田中雪弥《せつや》、森功至と、これまで何度か芸名を変えている。彼の人生もまた、同じようにいく度かの変節を経ている。

田中深雪（本名）は昭和二十年七月十日、中国浙江省で生まれた。太平洋戦争が終結を迎える一カ月ほど前のことである。

彼の乳児時代は中国大陸の漂泊の旅であった。父の腕に抱かれ、また、母に背負われ、荒漠たる大陸を南へ東へと移動し、海を渡り、二歳の夏、やっと初めて見る故国・日本の土を踏むことができた。

東京は一面焼け野原、あちこちに赤く焼けただれたトタン板で囲ったバラックが建っていた。日本橋のビルの谷間に建てられたわずか一間の掘っ建て小屋が、日本での初めての我が家となった。

ボロボロの畳の上に転がされたいくつかの風呂敷包みと、何枚かの軍隊毛布、それが田中家の全財産であった。

父は建築関係の仕事を見つけ懸命に働き、やがて、一家は東京・大塚仲町の焼け残った土蔵を買い取り、移り住むことができた。

雨が降っても雨漏りがしない、濡れずに寝られる。それが一家にとっては夢のようだった。

家財も増えた。ラジオも買った。日本国民が総貧乏時代、楽しみといえばラジオから流れてくる音楽やドラマを聴くことぐらい。深雪少年も、毎日やっと聞こえるラジオに耳を押しつけ、音楽やドラマを楽しんだ。

昭和三十一年、ニッポン放送で子供向けの連続ラジオドラマ『少年探偵団』[注1]が放送

注1　少年探偵団
第一部P71脚注75へ

開始。たちまち少年たちの心を捉え、爆発的な人気となった。

明智小五郎や小林少年の活躍ぶりに、彼も胸をワクワクさせ、ラジオにかじりついて聴いた（そのときの明智小五郎役は筆者）。

「いつか、僕もラジオドラマの主役をやるぞっ！」。そんな思いが彼の体内を駆けめぐり、布団に入っても寝つけない夜もあった。

そんなある日、彼は『少年猿飛佐助』という新番組で、主役を演ずる少年を一般募集するというアナウンスをラジオで聞いた。

彼は小躍りして喜んだ。さっそく応募の手紙を出すと、その日から佐助になった気分で、庭の木によじ登ったり、家では鴨居にぶら下がったり、タンスの上から飛び降りたりして、忍者になりきっていた。

だが、夢はあっけなく打ち砕かれた。面接を知らせるハガキが、なんと面接日の翌日に届いたのだ。彼は狂わんばかりに泣き叫び、家中を転げ回り、母を手こずらせた。やさしい母はそんな姿を見て、新聞広告に出ていた児童劇団に入団を申し込んでくれた。

そのころ、ニッポン放送では『少年探偵団』が終わるにあたって、新番組『宇宙人類ノバ』の主役を演じる少年を探していた。

彼はオーディションを受けて合格し、少年スター・田中深雪が誕生した。念願のラジオドラマの主役が、こんなにも早く手に入れられようとは……。

毎日毎日が夢のようであった。しかし、第一回放送の翌日の新聞に書かれた批評は「台詞は棒読み……」と手厳しいものであった。彼は今でもその新聞の切り抜きを大切に保存し、おごる心の戒めとしている。

その後、『テキサス快男児』『ジェロニモ太郎の冒険』のラジオドラマに出演、テレビ映画『怪傑ハリマオ』でも活躍した。

昭和三十七年には外国テレビ映画『ビーバーちゃん』の主役でアテレコを初体験。NHKテレビ初の連続帯ドラマ『黒百合城の兄弟』では少年剣士の役に決まり、長身童顔の美剣士姿でブラウン管に颯爽と登場。当時の少年少女ファンの憧れの的となった。「みゆきという女性が男役を演じているのか」という問い合わせの手紙がNHKに届いたほど、みごとなボーイソプラノであり、美少年ぶりであった。そんなことから、芸名も男らしく田中雪弥と改めた。

まさに栄光の時代であった。が、テレビの世界、芸能の世界は、栄光と凋落が背中合わせ。ふたつの番組が終了すると、栄光は夢幻のごとく露と消え、気がついたときにはなんの仕事もなくなっていた。

仕事の忙しいさ中に高校を中退してしまったことが、今さらのごとく悔やまれた。高校中退の学歴では、まともな就職口があろうはずもなかった。

退くもならず進むもならず、進退きわまったかにみえた。しかし、ときには運命の女神も微笑んでくれるものだ。所属事務所の俳優から、デスク勤務についてみないかと、救いの手が差しのべられたのだ。人気俳優から事務員へ。彼は迷いに迷った。まだ若いし、野望もある。

彼は決断した。決断と同時に新しい仕事に対する闘志も湧いてきた。

「よしっ、新しい人生に挑戦してみよう」

田中雪弥から再び本名の田中深雪に逆戻り。過去の栄光をサラリと捨てて、事務所に毎日出勤。所属俳優すべてのスケジュールを掌握し、まめまめしく面倒を見る。放送局からの出演交渉をまとめるのも仕事だ。

懸命に努力する姿を見て、ひそかな愛情を寄せてくれる女優も現れた。

それから数年、デスク勤務もすっかり板についたある日、ある情報がもたらされた。『ビーバーちゃん』が再開されるというのだ。しかし、今度は放送局がTBS。局が変わればキャスティングも変わるというのが常識。身体の奥底からメラメラと役者魂が蘇ってきた。

「〝ビーバーちゃん〟を他人に渡せるか!」

彼はTBSに駆けつけると、せめてオーディションだけでも、と頼みこんだ。

やはり、〝ビーバーちゃん〟は彼のものであった。主役に決定したのだ。

新たな出発を機に、彼は芸名を森功至と改めた。また、そのときに好意を寄せてくれていた女優と結婚した。まさに両手に花、人生の春であった。運が開きはじめると仕事が続く。アニメの初仕事『マッハGoGoGo』である。

しかし、どうしても画《え》と口が合わない。彼は、「他人より努力しなくては!」と、ディレクターに頼んで一人だけの前日リハーサルをやってもらい、台本が汗でボロボロになるまで稽古した。

その努力が実ったのか、『サイボーグ009』でも主演、さらに、『科学忍者隊ガッチャマン』の主人公・大鷲の健を好演。こうして、森功至の名はアニメの世界に定着していった。

昭和四十九年九月、その『ガッチャマン』が放映を終了。彼は再度、失業俳優の身になってしまう。大鷲の健が消えるとともに、俳優・森功至の生命も絶たれてしまうのか。俳優稼業は浮き草のようなもの、浮いては沈み、沈んでは浮く。、潜在的失業者は常時数千人もいる世界なのだ。

彼は、売れない役者としていつまでもこの世界にしがみついているよりは、今のうちにスッパリ足を洗ってしまおうと決意し、金融会社に就職を決めた。

しかし、勤めた会社がロッキード事件のあおりを食らってあえなく倒産。たった三カ月で役者稼業に逆戻り。それから二、三年、役者として鳴かず飛ばずの月日が続いた。

昭和五十二年十月、ようやくアニメの仕事『無敵超人ザンボット３』の仕事にありつけたが、喜びもつかの間、父がこの世を去り、それから二週間もたたぬうちに、今度は彼が東名高速道路で追突事故。九死に一生を得たが、全治一カ月の重傷を負う。まったく不運の連続であった。

だが、〝禍福は糾える縄のごとし〟とはよく言ったものだ。それからちょうど一年後、『科学忍者隊ガッチャマンⅡ』が始まることになり、彼は大鷲の健で再び登場、ファンを喜ばせた。

このころより、女子高生のアニメファンが急増、世に言うアニメブームが始まった。声優にはファンレターが殺到し、『ガッチャマンⅡ』の録音スタジオに女子学生が見学に押し寄せ、仕事ができなくなる騒ぎもあった。

その後、『はいからさんが通る』『新・エースをねらえ！』と、人気作に出演し、声優としての地位を確立した。

子役としてこの世界に入ってから二十四年、山あり谷あり、いろいろなことがあった。俳優生活でも、私生活でも。

俳優・森功至は突っ走り、落ち込み、迷走する男だが、常に不死鳥のように甦る男なのだ。

池田秀一

file No.7

いけだ・しゅういち

1949年12月2日〜、東京都中野区生まれ。所属事務所・東京俳優生活協同組合。子役としてデビューし、ＮＨＫ『次郎物語』（次郎）などで主演。代表作にアニメ『機動戦士ガンダム』（シャア・アズナブル）、『ONE PIECE』（シャンクス）、『名探偵コナン』（赤井秀一／諸星大）、『HUNTER × HUNTER』（カイト・日本テレビ版）、『るろうに剣心』（比古清十郎）などがあるほか、洋画の吹き替えではジェット・リー、チャーリー・シーンなどの声を当てている。

代表作

機動戦士ガンダム

シャア・アズナブル

『機動戦士ガンダム』（劇場版）
DVD発売中
発売／販売：バンダイビジュアル

池田秀一は、昭和二十四年十二月二日、東京・中野で生まれた。彼が小学校へ入学した年、両親が離婚し、兄や妹とともに母のもとで暮らすことになった。

父親がいないのは淋しいことには違いなかったが、やさしい母や兄妹のおかげで、明るい家庭であった。

小学校三年生のとき、活発でチャンバラ好きの秀一少年を見て、近所の人が児童劇団こまどり[注1]に紹介してくれた。母親は、彼の健やかな成長のためには、劇団に入って伸び伸びと過ごすことがいいのではと考え、それを許した。

入団した彼は、すぐにNHKラジオの『朝の口笛』『おはようトコちゃん』などにレギュラー出演して、好評を得た。

昭和三十八年、中学三年生のときにはフジテレビのドラマ『がしんたれ』で、主人公の和吉を演じたが、どんなにつらいことがあってもじっと耐え忍ぶ、負けん気が強く不撓不屈《ふとうふくつ》の精神を持った菊田一夫[注2]の少年時代をみごとに演じ、視聴者を泣かせた。

当時をよく知る劇団の先輩、声優の辻村真人[注3]は、「目立たない静かな子だったが、当時のこまどりの子たちは、抑えても飛び出してしまう、しゃしゃり出る、といったエネルギーのあり余った活発な子が多かっただけに、かえって強く印象に残っている。役を与えられれば必ず期待に応えた」と語る。

また、マネージャーの薗部光伸は、「うまい子役でしたね。いや、うまいという表現は適切じゃない。与えられた役の、その人物そのものになっちゃうんです。人間をつかんでしまうんですね。ものを見つめる目、人間を見つめる目が鋭くて、確かなんでしょうね。あんな子役は、そうめったには生まれてこないんじゃないですか」と、

注1　こまどり
一九四八年に設立された児童劇団。一九八〇年代に「グループこまどり」と改称し、二〇〇〇年代に解散。

注2　菊田一夫
第一部P31脚注31へ

注3　辻村真人
つじむらまひと（一九三〇年〜）。俳優、声優。『仮面ライダー』で多くの怪人役を演じたほか、『忍たま乱太郎』（大川平次渦正・初代）等。

彼の観察力、洞察力、創造性を高く買っている。

テレビの主演に続いて、東映で映画化された山本有三[注4]原作『路傍の石』の主役・吾一少年に選ばれ、みごとな演技で家城巳代治[注5]監督を驚嘆させた。

NHKテレビ『次郎物語』では、主役・次郎を二年間にわたって好演した。

和吉も、吾一も、次郎も、それぞれ作者が心血を注いで創り上げた人物、名作といわれる作品の登場人物。彼はその人物像を原作以上に生き生きと創り上げた。それは思わず目をみはらせるほどの演技であった。スーッと、ごく自然にその人物になりきってしまうのだ。素直な心でものを見つめる目を持っている人間でなければできないことだ。


高校三年生になったとき、彼は悩んだ。

「自分はドラマを理解して演じているのではなく、ただ、演出者の言うとおりに演じているだけではないか。このまま続けていてはダメになる！」

そして、演劇や映画を基礎から勉強することを決意する。こまどりを退団すると、日大芸術学部映画科を受験、合格した。

だが、彼の子役としての高い評価は制作スタッフの間で衰えることなく、大学へ入ってからも、テレビや映画の仕事があとからあとから飛び込んできた。彼は子役から青年役の俳優として逞しく成長し、内面的演技のできる若手俳優として評価されるようになった。

やがて大学二年生のとき、これ以上は仕事と学業の両立は無理という状態に陥っ

注4　山本有三
やまもとゆうぞう（一八八七年～一九七四年）。小説家、劇作家、政治家。小説『女の一生』、同『真実一路』等。

注5　家城巳代治
いえきみよじ（一九一一年～一九七六年）。映画監督、脚本家。『雲ながるる果てに』（監督・脚本）、『異母兄弟』（監督）等。

た。やはり大学は卒業しておきたい。しかし、俳優の仕事も捨てたくはない。

結論はあっけなく出た。日大は学園紛争に巻き込まれ、学生ストが続き、学園封鎖となったのだ。彼は大学を捨て、俳優業に専念することにした。

名作のドラマ化作品に多く起用されていただけに、その後、『氷点』『越前竹人形』などの文芸路線のテレビドラマへの出演が続いた。

昭和五十二年、初めて外国映画のアテレコをやる。だが、いくらフィルムに合わせようと努力してみても、サッパリ画面の口の動きと台詞が合わない。「こりゃあ、大変な仕事だ。俺にはできっこない。もう、アテレコは嫌だ。もう絶対にやるまい！」と心に決めたが、その後すぐ、『ルーツ』のクンタ・キンテの役がまわってきた。

渡された台本を読んで彼は心を打たれた。クンタ・キンテの心は『がしんたれ』の和吉の心であり、『路傍の石』の吾一の心ではないか。彼の役者魂がメラメラと騒ぎ出し、役を断るどころかいつも以上に演じることに心を燃やして、身体ごと役にぶつかっていった。

『ルーツ』は放映されるやたちまち話題となり、クンタ・キンテの名は大人から子供まで知らぬ者がいないほどの大ブームとなった。

彼の声優としての評価も確かなものとなり、ＮＨＫの外国テレビドラマシリーズ『アトランティスから来た男』に主人公役でレギュラー出演した。

その後、『無敵剛人ダイターン３』で初めてアニメの仕事をすることになった。小学校の先輩であった松浦典良が『ダイターン３』のディレクターで、熱心に出演を勧めてくれたのだ。

だが、実際にやってみると、人が演じる洋画とは違い、アニメはやたらテンポが速い。気持ちをこめて台詞を言おうとするころには、絵のキャラクターはしゃべり終えてしまっている。「やはり、僕には声の仕事は向いていないのだろうか……。ぼくにはとてもできない……」と、諦めかけたとき、またまた、松浦ディレクターから、次のシリーズ作品のオーディションを受けるようにとの連絡が入った。

重い足を引きずりながら、オーディションに出かけていった。そこで見せられたフィルムこそ、あの『機動戦士ガンダム』であった。

彼は、主人公アムロの好敵手、シャア・アズナブルとなった。

『機動戦士ガンダム』は『宇宙戦艦ヤマト』『銀河鉄道９９９』を上回るほどの人気作品になっていった。

彼は、シャア・アズナブルを演じたことで、突然、爆発的な人気声優になったことに驚いている。

「シャアに巡り会えたのは、僕にとって本当にラッキーなことだった。僕にとって取りくみやすい役だったし、やりがいもあった。僕はただシャアの心を捉えて、シャアの絵にそれを吹き込んだだけのこと。シャアの爆発的人気は、すべてキャラクター設定をした安彦良和[注6]さんの功績だ。僕はただ役者として演じただけにすぎない」

いかにも、好漢・池田秀一の言葉らしい。彼は人気におごることなく、今もおのれの足もとをしっかりと見つめ、一歩一歩、俳優としての着実な歩みを進めている。

注6　安彦良和
やすひこよしかず（一九四七年〜）。漫画家、アニメーター、キャラクターデザイナー、アニメ監督、イラストレーター、小説家。『機動戦士ガンダム』（キャラクターデザイン、作画監督）、漫画『機動戦士ガンダムＴＨＥ ＯＲＩＧＩＮ』『ナムジ』等。

山田 康雄

file No.8

やまだ・やすお

1932年9月10日～1995年3月19日。東京都大田区生まれ。最終所属事務所・テアトル・エコー。同劇団の看板俳優として一連の井上ひさし作品に主役級で出演するなど、舞台で活躍する一方で、テレビ番組の司会や、クリント・イーストウッド、ジャン＝ポール・ベルモンドの吹き替えを担当。アニメの代表作には『ルパン三世』シリーズ（ルパン三世）、『宇宙の騎士テッカマン』（アンドロー梅田）などがある。また、『モンティ・パイソン』シリーズではグレアム・チャップマンの声を当てている。

代表作

ルパン三世

ルパン三世

原作：モンキー・パンチ ©TMS

山田康雄、現在、劇団テアトル・エコーの幹部俳優は、昭和七年九月十日、東京の閑静な住宅街、大田区雪ヶ谷で生まれた。父は日本銀行勤務のサラリーマン。後に局長にまでなったが、彼が三歳のとき病で亡くなった。

幼少のころはひ弱で、気の小さなお坊ちゃん。それが小学校三年生のとき、扁桃腺の手術を受けてからコロッと変わった。身体がすっかり丈夫になり、それまで怖かった水がなんともなくなってスイスイ泳げるようになったし、足も速くなってたちまちリレーの選手にもなった。また、それまで姉と一緒に習っていたピアノの稽古が、急につまらなくなって、稽古の日には逃げ回るようになった。いいとこのボンボンから、エネルギーを持て余すいたずら小僧への変貌が始まったのだ。

都立一中に入学したころは、完全に腕白少年になっていた。一中は後に学制改革により日比谷高校となるが、当時、東大進学率全国第一位の名門校であった。

友人の多くは東大に進学したが、彼は国立大を嫌って早稲田大学文学部英文科に進んだ。東大進学、日銀入行、将来は日銀総裁。それが亡き父の願いであったようだが、彼は自由の殿堂・早稲田の大隈講堂で入学式を迎えた。

堅苦しいことは大嫌いでリベラルな人生観が、彼に早稲田を選ばせたようだ。

高校時代、野球部でセカンドとして大活躍していた彼は、大学に入学するとすぐに野球部入りを志した。早大入学の目的のひとつに、WASEDAのユニホームを着て、六大学野球の花形選手として神宮球場の土を踏む、という夢があったのだ。

だが、いそいそと野球部新人歓迎会の合宿に出かけてみて驚いた。見回すと、いずれも地方高校のグラウンドでタップリ鍛え上げてきたような、真っ黒に日焼けした大男ばかり。頑健、屈強そのもの。都会育ちのヒョロヒョロした男は、自分以外には見当たらない。

ガ――ン！　早大入学時の夢はかくして早々にして壊された。合宿を一日で「失礼させていただきまーす」と抜け出して、その足で早大生たちで結成していた劇団自由舞台[注1]に飛び込んだ。

演劇は前々から好きではあったが、あれは女子供のやることと、心中、小馬鹿にしていたところがあった。だが、野球がダメとなると、いささか事情は変わってくる。演劇がにわかに魅力ある存在となって浮かび上がってきたのだ。

ならば、ちょいと演劇とやらをかじらせていただこうと、ごくごく、かるーい気持ちで自由舞台に入り込んだのだ。

それがやってみたらバカバカしくおもしろい。八方破れの無手勝流で演じてみせると、先輩たちがゲラゲラ笑って喜んでくれる。どうやら僕って才能があるみたい。さほど努力しなくっても、なんとか役者になれるんじゃないかしらん――。彼がそんなふうに思ったのは、生来のオプティミスト（楽観主義者）であっただけとも言いきれない。

彼は目にしたもの、耳にしたものを素早く捉える鋭い観察力と、豊かな表現力を持っていた。回転の速い頭脳と、柔軟な肉体、そして並はずれたリズム感が、彼独特の演技を生んだ。彼には才能があったのだ。

芝居の稽古とアルバイトに熱中していたために、気がついてみたらかなりの単位を取りそこなっていた。こいつは留年間違いなしと覚悟したとき、ちょうど劇団民藝[注2]が

注1　劇団自由舞台
演出家・鈴木忠志が、早稲田大学在学中に脱新劇を目指して創立した劇団。大学卒業後、一九六六年に「早稲田小劇場」と改称した。

注2　劇団民藝
一九五〇年、滝沢修、清水将夫、宇野重吉、岡倉士朗らによって創立。前身は一九四七年発足の民衆芸術劇場（＝第一次民藝）。以降、新劇界の中心的役割を果たす劇団として活動。

新人を募集していることを知った。

「よし、一丁受けてやれ！」と、かるーい気持ちで応募してみたら、なんとすんなり合格。早々に大学を中退、民藝演技部研究生の生活が始まった。念願であったプロの俳優としての修業が始まったのだ。

だが、実際に通ってみると、どうもしっくりこない。早い話が、どうも新劇というやつが肌に合わないのだ。新しがっているクセにやることが古めかしい。セクト[注3]的で妙にオツにすましているところも気に入らない。新劇なんて名ばかりだ……。こんな気分でいたときに、日本舞踊の稽古をするから浴衣を持ってらっしゃーい、ときた。とたんに熱が冷めて、もう行く気がまったくしなくなってしまった。そんな調子だから、一年後には首を切られてしまった。

することがなくて困っていたら、大学時代の先輩から新しいグループを結成して演劇活動を始めるから参加しないかと誘いを受け、加入する。そうしてラジオやテレビ局の仕事をするようになった。昭和三十二年ごろのことである。

まだ駆け出しの新人だから、どこへ行っても共演者はこの道の先輩ばかり。その先輩の一人にテアトル・エコーの熊倉一雄がいた。この熊倉先輩が、仕事の帰りによく声をかけてくれて、銀座界隈の高級な店で飲ませてくれた。初めて見る上等のウイスキーを熊倉先輩は軽く空ける。

「俺もいつかはこんな酒を飲めるようになりたい……」

そんなある日、テレビの仕事が終わったあと、例によって、「ヤスベエ、今晩オヒマ!?」と、熊倉先輩にささやかれた。ヤスベエ、いそいそと、「ゼーンゼンヒマ、

注3　セクト
集団。分派。宗派。党派。世俗的には、政治集団やイデオロギー組織として新しく発生した小集団や分離独立した分派をいう。

ナーンニモナイノ」と答えたのが運のツキ。いや、開運となったのだ。

さっそく、熊倉先輩、タクシーを拾うと、ヤスベエを押し込めて出発。「アレレ、今日は方角が違うかな?」と気がついたときには、もう目的地に着いていた。そこはエコーの稽古場。ちょうど舞台稽古の真っ最中であった。

いつの間にか、彼はその舞台に出演する人となってしまったのだ。

こうして、彼のエコー入団が決まった。彼に言わせれば、先輩、熊倉一雄は〝人さらいのクマちゃん〟なのだそうである。しかし、もし彼がこの〝クマちゃん〟に会っていなかったら、山田康雄〝ルパン三世〟は誕生しなかったかもしれない。

エコーに入ってから、『アニーよ銃をとれ』『ローハイド』など、アテレコの仕事をやるようになった。この『ローハイド』では、若き日のクリント・イーストウッド[注4]演じるカウボーイ役にキャスティングされ、名前が新聞に載るようになった。そして、『コンバット』にもレギュラー出演した。

次から次へと打たれる劇団公演にも彼は出演し、エコーの新人として注目を浴びはじめる。彼の演技は一見ハチャメチャだが、スピーディーで他の誰も真似することのできないものだった。

彼の個性を生かしてくれたのが、井上ひさし作品と熊倉一雄の演出であった。

『日本人のへそ』の公演中のことだ。楽屋に日本テレビのディレクターが訪ねてきた。アニメ『ルパン三世』のルパン役を求め探し歩いていたら、ルパンそっくりの役者が舞台いっぱいに跳びはねているではないか。さっそく出演交渉となったというわ

注4　クリント・イーストウッド
一九三〇年〜。アメリカの映画俳優、映画監督、映画プロデューサー、作曲家。『ダーティハリー』シリーズ（主演）、『許されざる者』（監督）等。

けだ。こうして、彼の出演が決まったのだった。

昭和四十六年十月放送開始。しかし、わずか五カ月のはかない生命で『ルパン三世』は消えた。作品が時代を先取りしすぎていたのである。それが、五十二年十月、再び登場すると今度は大当たり。たちまち山田康雄の名は、アニメファンなら誰一人として知らぬ者のないほどになった。まさにドンピシャ、そのものズバリという配役であったからだ。

俳優は誰しも一生に一度でいい、自分を存分にぶつけられる役にめぐり会いたいと願っている。彼はそのチャンスを得て、みごとに大輪の花を咲かせたのだ。山田康雄は本当にラッキーな男である。

野沢 那智

file No.9

のざわ・なち

1938年1月13日〜2010年10月30日。東京都出身。本名・野沢那智（のざわ・やすとも）。オフィスＰＡＣ元代表。『００１１ナポレオン・ソロ』シリーズ（イリヤ・クリヤキン役／デヴィッド・マッカラム）が人気を博し、その後も海外作品の吹き替えで活躍。代表的な吹き替え俳優に、アラン・ドロン、アル・パチーノ、ブルース・ウィリスなどがいる。アニメでは『エースをねらえ！』（宗方仁）、『スペースコブラ』（コブラ）など。一方で、演出家としても手腕を振るった。

代表作

スペースコブラ

コブラ

『コブラ ザ・スペースパイレート Blu-ray BOX』
38,000円＋税
発売／販売：ハピネット

昭和五十六年九月四日の夕刻、東京・水道橋の労音会館の玄関前に、高校生、ＯＬなどの女性を中心とした長い列が続いていた。開場がすでに三十分以上も遅れているため、行列は後ろの人たちに押されて団子のように膨れ上がっていた。

会館ホールでは、この日から始まる劇団薔薇座[注1]公演『グリース』の舞台稽古が続けられていて、この舞台の演出者で、薔薇座の総帥・野沢那智の叱咤する声が場内に響き渡っていた。やがて、ロックンロール・ミュージカル『グリース』が、オープニング・ミュージックも高らかにスタート。期待に胸はずませた若者たちの視線が、一斉に舞台に注がれた。井上和彦[注2]、戸田恵子[注3]らアニメでおなじみの声優たちが、薔薇座の劇団員らとともに激しいロックンロールのリズムに乗って、ステージいっぱいに飛び跳ね、踊り、歌う。観客席いっぱいの若者たちは、三十分もたたぬうちに、手拍子を打ち、身体を前後左右に揺すって、舞台と渾然一体となっていた。

客席最後部にいた野沢那智の握りしめた拳に、知らず知らず力が入っていた。エンディングとなり、割れるような喝采がいつまでもいつまでも続いた。頬を紅潮させ、興奮しながら帰っていく若い観客たちを送り出したあと、彼はポケットからタバコを取り出して大きく一服すると、夜空を仰ぎながら静かにくゆらせた。

「……やっぱり、やってよかった」

煙の行方を見つめていた彼の唇からふと、そんな言葉がもれた。

あれは六年前。アメリカの演劇をこの目でしっかりと見てみたいという、かねてからの念願がかなって、ニューヨーク・ブロードウェイへ旅したときのことだ。

注1　劇団薔薇座
一九六三年、野沢那智が創設した劇団。一九七五年に解散したが、一九七七年に再結成し、ブロードウェイミュージカル作品を上演する路線に変更する。

注2　井上和彦
いのうえかずひこ（一九五四年〜）。声優、俳優、ナレーター、音響監督。『キャンディ・キャンディ』（アンソニー）、『ＮＡＲＵＴＯ-ナルト-』（はたけカカシ）等。

注3　戸田恵子
とだけいこ（一九五七年〜）。女優、声優、ナレーター、歌手、タレント。『ゲゲゲの鬼太郎』（鬼太郎・第三作）、『それいけ！アンパンマン』（アンパンマン）等。

初日に飛び込んだ劇場で上演していたのが、この『グリース』だった。ロックンロールの強烈なリズムに乗って、無名の俳優たちがエネルギッシュに歌い、踊り、そして演じていた。

そのしなやかな肉体、伸び伸びとした歌唱、それでいて的確で豊かな人間の描写。……彼は目をみはった。それは今までに感じたことのない新鮮な驚きであった。

「これが、本物のミュージカルなのか！」

彼はこのとき、この感動をなんとしても日本の若者たちとも分かち合いたい、いつかきっと自分の手でこの『グリース』を東京で上演してみせるぞ！　と、心に誓ったのだった。あれから六年もかかったが、ついに上演権を買い取り、東京での公演にこぎつけたのだ。

「……みんなよくやってくれた……」

ダンスの特訓に歌のレッスン、そして、ドラマの稽古。ムチ打つようにしてやってきたこの三カ月のハードな稽古を振り返ってみて、彼は思わず感傷的な気分になっていた。

「さあ、次だ。次の公演の準備だ！」

彼はそんな感傷を振りきるようにタバコの火をもみ消すと、足早に事務所のほうへ消えていった。

このあと、若手劇団員の研究発表会、そして、十二月にはアトリエ公演[注4]が控えている。彼には片時の暇とてないのだ。

注4　アトリエ公演
本公演とは別に、若手たちが稽古場等の小さな空間で、観客を前に芝居をする勉強会。

野沢那智は、昭和十三年一月十三日、東京は下町の浜町河岸で生まれた。父は大衆小説家、母は小唄のお師匠さんであった。

演劇との最初の出会いは、中学一年生のとき。母に連れられて、自宅近くの明治座[注5]に新国劇[注6]を見にいったときである。

舞台では、新国劇の両雄、島田・辰巳[注7]が熱演していた。……だが、彼が身を乗り出して見入ったのは、役者の演技ではなく大道具の転換であった。一瞬にして屋台崩し（セットが崩れ落ちること）となり、セットが変わり、二重舞台が回り、場面転換、背景が上に跳び（上がり）、左右にはける。たちまちのうちに屋内が屋外に、冬景色が春景色に変わる。まるで大仕掛けのマジックだ。

彼は家に帰るやいなや、さっそくボール紙やベニヤ板、割りばしを使って、今見てきたばかりの舞台のミニチュアを作りはじめた。どん帳（幕）も上げ下げできるように作った。それからの毎日は、まるでとり憑かれたかのように、ミニチュアセットの製作に熱中した。

と同時に、明治座通いが始まった。学校から帰ると、カバンを放り投げるようにして明治座へ直行。母のお弟子さんには役者さんが多かったので、楽屋への出入りは楽にでき、楽屋番のおじさんたちともすぐに仲良くなれた。明治座はたちまち彼の遊び場のようになってしまった。

裏から見る演劇の世界は、客席で見るそれとはまるで違っていた。裏で働く人たちもまた、役者とは違うところで工夫し研究をしていた。そうした裏方の人たちの努力

注5　明治座
東京都中央区日本橋浜町にある劇場。一八七三年に喜昇座（きしょうざ）として創建。その後、焼失・再建を繰り返し、名称を変えながら一八九三年に「明治座」となった。

注6　新国劇
一九一七年に、芸術座（第一次）を脱退した澤田正二郎らによって結成された劇団。一九八七年、解散。

注7　島田・辰巳
島田正吾（しまだしょうご・一九〇五年〜二〇〇四年）。辰巳柳太郎（たつみりゅうたろう・一九〇五年〜一九八九年）。「動の辰巳、静の島田」といわれ、ともに新国劇の大黒柱として活躍。

によって、華やかな舞台が創り出されていくのだ。そうして彼は、舞台装置家になる夢を膨らませていった。

中学を卒業後、都立白鴎高校へと進む。もともとは、良妻賢母教育で有名な女学校で、戦後、男女共学とはなったものの、校風は伝統となって根強く生きつづけていた。生徒数は女子が圧倒的に多く、男子は女子の半数にも満たなかった。

彼は迷わず演劇部へ。ここでも部員はもちろん、女子のほうが多かった。彼は、演出から舞台装置や照明、そして役者と、忙しく駆けずり回った。先生が朝礼の訓辞に、彼のユニークな活動ぶりを取り上げて絶賛したほどであった。

「いやあ、あれがいけなかったんですね……」と、彼は当時を思い出して苦笑する。先生に褒められたばかりに、ますます調子に乗って学業を怠るようになってしまったのだ。午後の物理や数学の授業には出席せず、裁縫室にこもり、裁ち台を舞台にして、演劇の稽古に熱中した。そして『彦市ばなし』などを上演した。

担任の先生もそれを半ば認めて、叱りもせず好きにさせてくれた。彼はそれをいいことにますます授業をサボった。

期末試験。物理、生物、数学は白紙答案。問題そのものがなんのことやらわからないのだから、答えられるはずもなかった。重ね重ねの追試も結果は同じ。好意的だった先生でさえ、あきれはててしまった。

三年生の学園祭でのことだ。クラスで何か派手なことをやろうということになった。彼の発案で、浴衣姿で盆踊りをやろうということに衆議一決。学園祭の前夜、やぐらを組んだ。当朝、出勤してきた校長と教頭は腰が抜けるほど驚いた。真っ白に化粧して、真っ赤な口紅をぬった女生徒たちが、裾から赤い蹴出しをチラチラさせて、浴衣姿でウロウロしているではないか。良妻賢母教育で有名な我が校の伝統を汚す一大事件である。たちまち、やぐらは崩され、生徒たちは制服に着替えさせられてしまった。

一度は、活動的で個性豊かな学生として称賛された彼であったが、今や白紙答案の劣等生で、伝統ある校風を乱す不埒者として、放校に近い退学勧告を受けてしまったのだ。

学校からの呼び出しに、母は驚きもせず、彼を叱ることもなく、すぐに転校先を見つけてくれた。「もう、これ以上おふくろに心配をかけるのはやめにしよう。今度こそ、一生懸命勉強するぞ！」と、心に誓って転校してみたら、新しい高校は何をやってもいっさいお咎めなし、授業はサボるのが当たり前。それどころか、クラスメイトにエスケープしようと誘われて、断ったらブンなぐられた。いつしか誘われるままに授業をサボり、盛り場などをウロつくようになって、補導されるようになった。

「こんなことをやっていたら、俺はダメになる。そうだ！　どこかの劇団に飛び込んで、プロの演出家になる修行をしよう」

折しも受験期、両親は早稲田大学への進学を執拗に勧めるようになってきた。父も兄たちも、早大出身だったからだ。彼は劇団に入ることを主張し、大学進学を拒みつづけたが、両親たちは頑としてそれを認めてくれようとはしなかった。

部屋に閉じ込もり、彼は自問自答した——俺の人生は誰のためにある。俺の人生は俺のものだ。俺の人生は一回限り。俺の人生は俺が決めるのだ。俺から演劇を取り上げたら何が残るだろう。やりたいことをやろう。人間一匹、どうやったって生きていけらあ……。

「母さん、ゴメンよ……」とつぶやくと、ボストンバッグひとつを抱えて、彼は家を飛び出した。

外は凍てつくような寒さだったが、その夜は東京には珍しく、星が降るようにまたたいていた。

昭和三十年のクリスマス、好景気を迎え、街には商品があふれ、札束が飛びかい、日本中が沸き返っていた。人々はこれを神武以来の好景気、〝神武景気〟と呼んだ。

銀座も新宿も渋谷も、東京の盛り場という盛り場は、札束を抱えた人々で賑わい、物は飛ぶように売れ、歓楽街はどこも人でいっぱい。キャバレーでは高額のチップが湯水のようにバラまかれ、ホステスやボーイを喜ばせていた。

新宿にあるキャバレーのバンドでドラムを叩いていた野沢那智の懐も、かなり豊かであった。東京・目黒に借りた三畳一間のアパート暮らしも、住めば都でけっこう楽しかった。

一人暮らしののんきさにひたっていたとき、新宿の街角でバッタリ、白鴎高校時代の友人に出会った。つい懐かしさのあまり、アパートへ連れ帰り、現在の暮らしぶりなどを自慢して聞かせたりした。だが、自慢話はほどほどにするもの。その翌日、噂を聞きつけ駆けつけた二人の兄に、二度と帰るまいと誓った我が家に連れ戻されてしまった。

何もいわずにソッポを向いていた母の目に、涙がキラリと光るのが見えた。心なしか以前よりやつれて見える。その母の横顔を見たとたん、彼はへなへなとその場に座り込んでしまった。

もう、早大の入試は終わっていたので、大学進学だけは免れるだろうと思っていたが、どっこいそうはいかなかった。兄が、まだ入試の終わっていなかった國學院大学の願書を取り寄せており、すぐに提出できるようにしていたのだ。大学に行ったたって、学生として演劇活動はできる、と兄にくどかれ、しぶしぶ受験し、大学生となった。

だが、講義に出席したのは七、八回だけ、あとは演劇部の部屋に入りびたり、結局一年そこそこで中退してしまった。

その後しばらく、アルバイトなどをしてブラブラしていたが、大学の先輩に、劇団[注8]四季の関係者がいて、その研究生にという話がとんとん拍子に進んだ。しかし、ほぼ内定というときに、研究生たちの公演に誘われるままに参加したところ、劇団に無断で行った公演だったため、内定取り消しの処分を受けてしまった。

そのとき知り合った演出家の駒形俊一と彼は、行き場を失ってしまった。「よし！二人で劇団を作ろう！」ということになり、劇団城が結成された。そして、ラシーヌ[注9]とコクトー[注10]の作品で旗揚げをすることになった。

ところが、幕を開けてみたら客席はガラガラ、客の数は出演者の数よりも少なかった。その後も公演を何回か試みたが、いずれも客が入らず、とうとう劇団は解散ということになった。三百万円の借金が、ずしりと彼の肩にのしかかった。野沢那智、二十四歳のときのことである。

二年半にわたる城での苦闘の後、彼は劇団七曜会の演出部に移った。劇団代表の高[注11]

注8　劇団四季
一九五三年、日下武史、浅利慶太、吉井澄雄らによって結成。日本国内に八つの専用劇場を持つ、世界でも最大級の演劇集団。ストレートプレイ（芝居）、オリジナルミュージカル、海外ミュージカル等幅広いレパートリーを上演している。

注9　ラシーヌ
ジャン・ラシーヌ（一六三九年～一六九九年）。フランス古典主義を代表する悲劇作家。『アンドロマック』『フェードル』等。

注10　コクトー
ジャン・コクトー（一八八九年～一九六三年）。フランスの芸術家。詩人、小説家、劇作家、評論家、画家、映画監督、脚本家として、ジャンルを超越して活躍。小説『恐るべき子供たち』、映画『美女と野獣』（監督）等。

注11　高城淳一
たかぎじゅんいち（一九二五年～二〇一一年）。俳優、声優。『西部警察PARTⅡ・Ⅲ』『大都会PARTⅢ』等。

城淳一が彼の苦闘の歴史を知り、迎え入れてくれたのだ。

折しも民放テレビ局が相次いで開局、若い俳優たちの出演の場も広がり、彼もＮＨＫドラマ『事件記者』や『徳川家康』などに、端役で出演できるようになった。

アテレコの仕事が入るようになったのもこのころだ。何をやるのかよくわからないままに、スタジオに行ってみると、真っ暗なスタジオ内で、耳にレシーバーを当て、スクリーンの画《え》を見ながら台詞を当てていく仕事だった。これが役者の仕事なのかと驚いた。

先輩たちの真似をして懸命にやってみるが、どうしてもスクリーンの人物の唇と合っていかない。何度やってみても、出遅れるのだ。見かねて七曜会の先輩の肝付兼太が、肩を叩いて合図をしてくれた。

二年半ほど七曜会に所属したあと、劇団を退団し、城を復活させた。しかし、今回も失敗。しかたなく、ファッション・ショーなどの演出を手がけて、なんとかその日その日を過ごす生活を送った。

そんなある日、街角で、スタジオで顔なじみだった八奈見乗児[注12]に出会った。遊んでいるならアテレコをやらないかと、八奈見は自分の所属する俳協[注13]に紹介してくれた。俳協にも、彼の話は知れ渡っており、「まず借金を返さなくちゃね」と声の仕事をどんどん入れてくれた。朝から真夜中まで働き、わずか半年で三百万円の借金を返済した。

借金が返せたら、またまた芝居の虫が騒ぎだし、おそるおそる演劇にも出たい、と俳協に願い出た。

「ＯＫ。ただし、このオーディションだけは行ってね。どうせもう、この役は

注12　八奈見乗児
やなみじょうじ（一九三一年〜）。声優、俳優、ナレーター。『ヤッターマンシリーズ』（三悪の一人）、『ドラゴンボールシリーズ』（北の界王・ナレーション）等。

注13　俳協（東京俳優生活協同組合）
一九六〇年創立の芸能事務所で、俳優とマネージャーが共同で運営する生活協同組合。

愛川欽也[注14]に決まっているんだけど……、これが最後のご奉公だと思って」

オーディションを受けたところ、彼の顔を一目見るなりディレクターは「君が野沢那智か。うむ、君に決めたよ。新番組『ナポレオン・ソロ』のイリヤ役は君だ。録音は来週からだ……」と告げた。彼は驚いて声も出なかった。俺はからかわれているんだろうか、まだひと言も声を発していないのに、決定だなんて。

　事実、イリヤ役は愛川に内定していたのだが、愛川は裏番組に出演していることがわかり、急きょ配役を変更することになったのだ。その後任の選出を、夜遅く額を突き合わせてやっていたちょうどそのとき、つけっぱなしだったテレビで深夜映画をやっており、聞きなれない声優の声が流れてきた。若々しい二枚目の声である。プロデューサーとディレクターは、思わず顔を見合わせて叫んだ。

「これだ。この声だ！　この声は誰だ、いったい誰の声なんだ!?」

　そして、エンドロールに〝野沢那智〟の名を見つけた。

　彼らは、万歳！　を叫び、深夜のテレビ局で祝杯を上げたという。

『ナポレオン・ソロ』は放映が開始されると、たちまち人気番組となり、彼も、ファンからサイン攻めにあうようになった。昭和四十年のことである。

　翌四十一年十月、NET（現・テレビ朝日）は『日曜洋画劇場』[注15]をスタートさせるにあたり、スターたちの吹き替え声優をフィックス（固定）して、〝声のスター・システム〟[注16]を作ることにした。

　人気俳優アラン・ドロン[注17]役は野沢那智に決定。日本にはアラン・ドロン崇拝者が多かったため、野沢のファンも急激に増えた。アラン・ドロンが野沢那智か野沢那智が

注14　愛川欽也
あいかわきんや（一九三四年〜二〇一五年）。俳優、声優、タレント、司会者、ラジオパーソナリティ、エッセイスト。一九九五年から司会を務めた『出没！　アド街ック天国』では、「世界最高齢の情報番組司会者」として二〇一四年、ギネス世界記録に認定された。

注15　日曜洋画劇場
テレビ朝日系列で日曜夜に放映されている映画番組。一九六七年四月にスタートし、二〇一三年三月までは毎週枠だったが、同四月以後は不定期放映となっている。

注16　声のスターシステム
同じ俳優のアテレコは、作品が変わっても同じ声優に担当させるシステム。

注17　アラン・ドロン
一九三五年〜。フランスの映画俳優。『太陽がいっぱい』『冒険者たち』等。

アラン・ドロンか。この配役はみごととしか言いようがないほどハマった。
そのころ、仕事のギャラでは食ってはいけず、彼がバーテンなどのアルバイトをしていたことを、はたして何人のファンが知っていただろうか。一回の出演で得られるギャラが二千七百円、一カ月手取り一万円にもならぬギャラを前にして、彼は暗澹《あんたん》たる気分になったという。この低賃金は、昭和四十八年の声優ストライキによって出演料が引き上げられるまで続いた。

アニメの初仕事は『狼少年ケン』(昭和三十八年)。このときは動物役であったが、その後、二枚目・野沢那智の評価が高くなるにつれて、アニメでも二枚目役が転がり込むようになってきた。『どろろ』『新・エースをねらえ!』『ベルサイユのばら』などの作品である。『悟空の大冒険』の三蔵法師も、始めは二枚目として登場した。しかし、ある日、この二枚目法師が赤い蹴出しをチラチラさせて駆け出した。そこで思わず「あら、イヤ~~」とアドリブを演じたところ、それが意外に受け、三蔵法師は三枚目役になってしまったという。

どれほど声優の仕事が忙しくても、彼の心はいつも舞台へと駆り立てられている。今、彼が目指しているのは、ミュージカルを日本に定着させること、そして彼の率いる薔薇座を一流の劇団に育て上げること。
それが演劇青年・野沢那智の夢である。

大山のぶ代

file No.10

おおやま・のぶよ
1933年10月16日～、東京都生まれ。所属事務所・アクターズセブン。テレビ朝日版『ドラえもん』で、1979年4月から2005年3月までの26年間、ドラえもん役を担当。そのほかの代表作に、海外ドラマ『名犬ラッシー』（ポーキー）、NHK人形劇『ブーフーウー』（ブー）、アニメ『ハリスの旋風』（石田国松）、『無敵超人ザンボット3』（神勝平）、『ダンガンロンパ』シリーズ（モノクマ・初代）などがある。

代表作

ドラえもん

ドラえもん

声優には美声の持ち主が多い。しかし、そうでない人もいる。その代表ともいえるのが、大山のぶ代である。

美男美女ばかりがゾロゾロ登場してきたのでは、ドラマは作れない。アニメだって同じこと。さまざまなキャラクターが、さまざまな声を発して登場してこそおもしろいのである。

初代ドラえもんのあのキャラが、もし、鈴を転がすような美声で演じられていたとしたらどうだろう。あれほどの人気は出なかったに違いない。なんとも愛敬のあるハスキーな声であったからこそ、人々の心を捉えることができたのだ。

大山のぶ代は生まれながらにしてドラ声であった。幼稚園の入園式のとき、「オオヤマノブヨさーん」と呼ばれて、「ハ～イ！」と返事をしたら、並みいるお母さんたちが一斉に立ち上がり、彼女に視線を注ぎ、「やっぱり女の子なんだわ……」と思わず驚きの声をあげたというほどの、アッパレなドラ声であった。

ドラ声のぶ代ちゃんはそんなことにはまったく無頓着、小学校に入ってからもドラ声をはりあげ、校庭を駆け回っていた。二年生に上がったとき、日本の敗色が濃くなり、都会の児童たちは山村地帯に疎開させられることになった。彼女も福島の親戚のところに疎開することになり、生まれ故郷・東京を離れた。

疎開者に与えられる食料はわずか。毎日毎日が空腹を抱えての生活。特に甘いものには事欠いた。お菓子屋さんの店頭に賑やかに並ぶアンパンも、キャラメルも、チョコレートも、都会ですら手にすることはおろか、見ることさえできなくなっていた時代、のぶ代ちゃんは毎日、どんなにか甘いものに憧れたことか。

山村で見る夜空はきれいであった。見上げれば雲ひとつない夜空に、無数の星がまたたいていた。ひとつ、ふたつと流れ星……。流れ星を見たら、その光の消えぬうちに、三つの願いを三回唱えるとかなえられるという。そうお姉ちゃんから聞いたのぶ代ちゃんは、必死に叫んだ。

「アンパン、キャラメル、チョコレート。アンパン、キャラメル……」

いくらやっても、二回半くらいのところで、その光は消えた。ものすごく悲しかった。

アンパンもキャラメルもチョコレートも、とうとう手にすることはできなかった。

ドラ声ののぶ代ちゃんは、中学校に入ったころ、自分の声が周囲の友達とあまりにも違うことに気づき、愕然とした。

女の子らしくない声……。何もしゃべろうとしなくなってしまい、みんなを驚かせた。しかし、そんな彼女を見て、明るく言ってくれた母のひと言で、彼女は立ちなおった。

「声なんか気にしないで、どんどん使ってごらんなさい。声が悪いからってだまってばかりいたら、しまいに出なくなっちゃうわよ」

この母の言葉がなかったら、今日の大山のぶ代は存在しなかったろう。

立ちなおった彼女は、放送研究部、演劇部に籍を置き、思う存分に声をはりあげ、明るく元気に中学、高校時代を過ごした。友達相手によくおしゃべりもした。いくらがんばってみても、ドラ声は美声にはならなかったが、陽気に朗らかにゲラゲラ笑う、誰からも好かれるのぶ代ちゃんとなっていった。母のおかげである。

そのやさしい母が、彼女が高校二年生のとき病を患い、わずか数カ月後に、この世を去った。ガンに侵されていたのである。まだ四十二歳の若さであった。

　高校生の彼女にとって、それはあまりにも大きな衝撃であった。

「ガンは遺伝しますか？」と、涙を押さえつつ聞いた彼女の問いに、主治医は戸惑いながらもこう答えた。

「ガンそのものが遺伝するということはありません。しかし、ガンにかかりやすい体質が遺伝するということは考えられますね」

　この言葉を聞いたとき、彼女はこれからの自分の生きる道を考えた。この悲しみを自分の子には味わわせたくない。私は一生、結婚すまい。私は一人で生きていこう。自立できる人間になろうと。さて、自立してやっていける職業は何か。少女は、知恵をふりしぼって考えた。

「私は頭がいいほうじゃないから医者は無理、弁護士も無理……。そうだ！　女優になろう。女優なら一生続けられる仕事だし、今すぐにでもその世界に飛び込むことができる……」

　しかし、そこで考え込んだ。

「映画女優になるには、ニューフェイス[注1]の試験を受けなくてはならない。私は美人ではないし、ラジオに出るには声がよくなくてはダメだし、やっぱし、女優には……」

　だが、ある人に連れられていった新劇の舞台を見て、一度にその心配は吹っ飛んだ。舞台の上で、さほど美人というわけでもない女優さんが大活躍をしていたからだ。

「よし、これだ！」というわけで、高校三年の春、募集していた俳優座養成所を受験

注1　ニューフェイス
一九五〇年代～一九六〇年代にかけて、日本の映画会社が新たな俳優を発掘するために開催していたオーディション。「東宝ニューフェイス」「東映ニューフェイス」等。

した。面接で高校を卒業してからと言われたが、彼女はねばりにねばって、学業と演劇を両立させることを条件に入所を許された。

養成所六期生としての生活が始まる。しかし、両立させることは難しく、とても苦労した。

高校卒業後、晴れて養成所活動一本に打ち込めるというとき、内緒にしていた女優修行が父親にばれ、家を出ることになり、下宿で一人暮らしをするはめになってしまう。そのとき持って出たのは、亡き母が作ったぬか床だけだった。

雨が降れば部屋中雨漏りで、押し入れの中で寝なければならず、風が吹けばユサユサ揺れて船酔い（？）した。

一人で生活しなければならないとなると、生活費を稼がなければならない。アルバイトならなんでもやった。養成所で「アルバイトをやりたい人……」と募られると、いつも真っ先に「ハイ、ハイ、ハイ」と手を挙げるのが彼女だった。それが自分にできるかどうかわからなくても、とにかく真っ先に手を挙げた。公演のポスターを胸と背にぶら下げて、繁華街をウロウロ歩くサンドイッチマンなどは序の口。先輩女優の和服の着つけ係の募集のときは、引き受けてしまってから途方に暮れた。自分のだって着られやしないのに、舞台に立つ先輩のを着せられるわけがない。彼女は叔母のところに駆けつけ、即席の着つけ教授を受け、なんとかその場をしのいだ。

養成所時代、幸運にもＮＨＫのテレビドラマ『この瞳』にレギュラー出演することができた。このとき、テレビ初出演の冨士眞奈美[注2]と知り合った。仕事の帰りにのぶ代の下宿に立ち寄った眞奈美は居心地がよかったのか、そのまま居候。二人の奇妙な同

注2　冨士眞奈美
ふじまなみ（一九三八年〜）。女優、随筆家、俳人。テレビドラマ『細うで繁盛記』、同『おひかえあそばせ』等。

棲生活が始まった。喧嘩もせずに四年半も続いたというのだから、よほどウマが合ったに違いない。

　もっとも、二人にとって極貧時代。寄り添い、助け合い、励まし合ったからこそ、苦境時代を乗りきれたのかもしれない。大晦日に、借金取りが訪ねてくる声に怯えながら、雨戸を締めきり、息をひそめて元旦を迎えた思い出も、今となっては懐かしい。

　養成所を卒業すると、ＴＢＳの外国テレビドラマ『奥さまは多忙』に声優としてレギュラー出演、『名犬ラッシー』でも、ポーキー少年の声で活躍した。そして、ＮＨＫの人形劇『ブーフーウー』のブー役と、想像もしていなかった声優の仕事が次々と入ってきた。どれも男の子の役ばかり。生来のドラ声のおかげだった。

四十一年の『ハリスの旋風』では、彼女の演ずる国松君のユニークな腕白少年ぶりが大いに話題となり、四十六年に続編が作られるほどの大ヒットとなった。

　彼女の演じる少年がみな、好奇心が強く、活力にあふれているのは、取りも直さず、大山のぶ代自身のパーソナリティーであるといえよう。


　幼少のころのハングリーな生活体験からであろうか、彼女は食べることにも、生きることにも、いや、生活のすべてに対してガムシャラな執着心を持っている。

　それが創造する心を育んだのだろうか、テレビ番組でもアイディアに満ちた珍名珍料理を披露、それを集めた本も出した。

　大山のぶ代は個性的なドラ声を、彼女の持つ豊かな創造性によって料理して、チャーミングなキャラクターを創り上げた。

彼女の成功の鍵はそこにあるのではないだろうか。

彼女はとても子供好きである。昭和三十九年二月に俳優の砂川啓介[注3]と結婚したときも、披露宴は二人で相談して〝お子様連れでどうぞ〟という形式にし、引き出ものをおもちゃにしたほどだ。二人に子供はいないが、ファンの子供たちに囲まれ、幸せな生活を送っている。

注3　砂川啓介
さがわけいすけ（一九三七年〜）。俳優、タレント。NHK「おかあさんといっしょ」の初代〝たいそうのおにいさん〟。「お昼のワイドショー」（司会・一九八〇年四月〜一九八六年三月）等。

富田耕生

file No.11

とみた・こうせい
1936年2月4日〜、東京都出身。本名・富田耕吉（とみた・こうきち）。所属事務所・ぷろだくしょんバオバブ（初代社長を経て現・顧問）。代表作にアニメ『鉄腕アトム』などの手塚治虫原作作品（ヒゲオヤジ）、『マジンガーZ』（Dr. ヘル、ヌケほか）、『ゲッターロボ』（早乙女博士）、『めぞん一刻』（響子の父）、『美味しんぼ』（唐山陶人）、『平成天才バカボン』（バカボンのパパ）などがある。また、海外作品の吹き替えでは、アーネスト・ボーグナイン、リー・J・コッブなどの声を担当している。

代表作

北国の帝王

アーネスト・ボーグナイン

『北国の帝王』
Blu-ray発売中
発売／販売：20世紀フォックス ホーム エンターテイメント ジャパン

昭和五十四年夏のことだ。声優たちをアッと驚かせる事件が起きた。「青二プロダクション[注1]」の分裂である。当時アニメ番組で広範囲にわたって活躍する声優五十余名を擁し、飛ぶ鳥を落とす勢いだった青二プロが、突然分裂、主力メンバーがゴッソリと抜けてしまったのだ。

脱退組は、ただちに新しくプロダクションを結成、名乗りを上げた。それが、「ぷろだくしょんバオバブ[注2]」である。

青二プロはその前年、所属声優総出演による盛大な「創立十周年記念フェスティバル」を東京の九段会館において華々しく開催、二日間にわたり興行を行い、多くの観客を動員した。さらには、五十四年の四月に、芸能人の憧れの殿堂であった東京・有楽町の日劇[注3]で、四日間にわたる「声優フェスティバル　Ｖｏｉｃｅ　Ｖｏｉｃｅ　Ｖｏｉｃｅ」を主催、二千人収容の劇場を連日満杯にし、マスコミを驚かせたばかりだった。

当時、新たに始まるアニメ番組の主な配役は、ほとんどが青二の声優たちによって占められ、「青二プロの声優以外は声優にあらずなのか……」と嘆息させていたほど、その存在は強大かつ絶対のものとなっていた。

その青二が突如分裂したわけだから、業界の人々はさぞ驚いたことであろう。

脱退組は、富山敬、肝付兼太、神谷明、水島裕[注4]、小原乃梨子、野沢雅子、そして富田耕生ら十八名にも及ぶ青二の主勢力であり、今のバオバブのメンバーである。

あれから約三年、バオバブは新参とはいえ、この業界に確固たる地位を確立、アニメの世界に欠くことのできない存在となった。そして、バオバブ誕生のときから今な

注1　青二プロダクション
東京都港区青山二丁目にある声優プロダクション。通称「青二」「青二プロ」。一九六九年、日本で初の声優専門の芸能事務所として設立。

注2　ぷろだくしょんバオバブ
東京都新宿区神楽坂にある声優プロダクション。一九七九年、富田耕生を中心に、富山敬、小原乃梨子等が、青二プロダクションから独立して設立。

注3　日劇
第一部Ｐ３３脚注３３へ

注4　水島裕
みずしまゆう（一九五六年〜）。声優、俳優、タレント、ナレーター、司会者。『六神合体ゴッドマーズ』（明神タケル）、サモ・ハン・キンポーの吹き替え等。

お、リーダー的存在なのが富田耕生である。

富田耕生は、昭和十一年二月四日、東京・王子に、銀行員の子として生まれた。生家は飛鳥山の近くにあった江戸の昔から庶民の行楽地として有名なところで、特に桜のころには人で賑わった。

少年時代、彼は山を駆けめぐり、イチョウの木に登ってはギンナンを集めたり、近くの名主の滝まで足をのばしては、ごうごうと音をたてて落ちる滝に打たれたりして、腕白に遊んだ。

小学校三年生のとき、日本の敗色が濃くなり、敵機の空襲が日増しに激化、都心から離れた王子でも学童疎開が始まった。彼もまた、深夜、親に見送られ、級友とともに群馬県粕川村へと疎開させられた。

千手院というお寺の本堂が宿舎として与えられた。ここでの思い出は、ただいつも腹が減っていたということだけ。農家の人が墓前に供えていったボタモチを我れ先にと奪い合ってむさぼり食ったり、深夜、畑に侵入してイモを掘り、ナマのままかじって空腹を満たしたこともあった。

そうした飢餓を経験したものの、戦後、彼は逞しく育っていった。

都立第四商業高校へ進んだ耕生は、卓球部に入った。彼は抜群の運動神経を持っており、徳島国体にも出場した。「もし、卓球で飯が食えるものなら、卓球の道で生きたかもしれませんね」と、述懐するほどの卓球好きであった。

高校在学中のある日、友人に連れられて観にいったのが、劇団東芸の『青いりんご』の公演。彼は舞台上で躍動する青年の姿を見て、興奮し胸を高鳴らせた。若い劇団研究生たちの生活を描いたドラマであった。どんなに貧乏であろうと、生活が苦しかろうと、ひたすら演劇に打ち込む。そんな若者たちの真摯な姿に強く胸を打たれた。

高校を卒業すると、感動を与えてくれた劇団東芸へ、研究生として飛び込んだ。研究生生活がいかに苦しいものであるかは承知の上であったが、やはり日々が訓練と貧乏との戦いとなった。もちろん、アルバイトも金になることならなんでもやった。サンドイッチマン、新聞配達……。一人で生活するよりはと、今、珍優として親しまれている山谷初男[注5]と、三畳一間を借りて同棲生活を送ったのもこのころだ。

当時、東芸には大塚周夫や森山周一郎が有望な若手として在籍しており、ラジオやテレビの世界でも活躍していた。そんな先輩たちの晴れやかな姿を見るにつけ、「よし！ 俺もきっと飯の食える役者になってみせるぞ！」と、自分を奮い立たせるのだった。

ちょうどそんなとき、アメリカのテレビ映画が日本に上陸、各テレビ局が競って日本語の吹き替え放送を始めた。昭和三十二年ごろのことである。各劇団の台詞の達者な若い俳優たちが多く動員されて、この仕事に当たっていった。もちろん、富田耕生にもしばしば声がかかり、やがて出演が一カ月四十本を超える売れっ子の声優になった。

昭和三十八年、国産テレビアニメ第一号の『鉄腕アトム』が放映されたのに続いて、その年の秋には『鉄人28号』がスタートした。このとき彼は、警察署長の役でレギュラー出演する。

注5　山谷初男
やまやはつお（一九三三年〜）。俳優。映画『裏切りの季節』『火宅の人』『少年H』、舞台『ハムレット』（蜷川幸雄・演出）等。

その後、テレビ界はアニメ量産時代に突入。学者、警察署長、ガンコおやじから泥棒までと、脇役ならどんな役でもこなす彼は貴重な存在となった。

洋画でも彼の演じるスターは、オーソン・ウェルズ[注6]、アーネスト・ボーグナイン[注7]、リー・J・コップ[注8]など、骨太の脇役スターばかりである。まさに実力派声優ナンバーワンということになろうか。

声優の中で一番アニメや洋画に出演しているのは誰だろう？　と聞かれたら、同業者が口をそろえて〝富田耕生〟と答えるほどに、彼は多数の作品に出演している。『鉄人28号』『ゲッターロボ』『サイボーグ００９』などのＳＦもの、『ムーミン』『アンデルセン物語』などのメルヘンもの、『もーれつア太郎』などのギャグもの、そして『まんが 花の係長』などの大人ものと、数えたらきりがないほどだ。

彼は東芸時代に数々の舞台公演にも出演、印象に残る演技を残しているが、最近では劇団がらくた工房[注9]公演の『王様の耳はファンタジー』『眠れる森のメタモルフォーゼ』に出演し、『私はまちがっていたのかもしれない』では、全国十三カ所での公演を行った。

いくらアニメの売れっ子になっても、若き日に情熱を傾けた演劇活動から、なかなか離れることはできない。演劇人は〝雀百まで踊り忘れず〟で、生涯舞台から離れることはできないものなのだろう。

富田耕生は実にタフな男である。疲れというものを知らない怪物である。アニメ出

注6　オーソン・ウェルズ
一九一五年～一九八五年。アメリカの映画監督、脚本家、俳優。『市民ケーン』（製作・監督・脚本・出演）、『第三の男』（出演）等。

注7　アーネスト・ボーグナイン
一九一七年～二〇一二年。アメリカの俳優。『ワイルドバンチ』『ポセイドン・アドベンチャー』等。

注8　リー・J・コッブ
一九一一年～一九七六年。アメリカの俳優。『波止場』『マンハッタン無宿』『十二人の怒れる男』等。

注9　劇団がらくた工房
一九八〇年、ぷろだくしょんバオバブの所属声優たちで結成された劇団。その後、「シアターがらくた」「ザ・がらくた」と名称を変え、一九九〇年からは「劇団すごろく」として活動している。

演を次々とこなし、ＣＭにも出演し、舞台公演にも参加し、バオバブの総帥として後輩たちをぐいぐい引っぱっていく。たいしたエネルギーである。そして、ときには人がアッと驚くようなことをやる。

彼は若かりしころ、劇団の仲間たちが合宿している千葉・館山まで、東京から深夜駆けつけようとしてあまりに急ぎすぎ、車ごと川にダイブして、生命を落としかけたことがある。大事故にもかかわらず、左腕骨折だけで助かった。日ごろから鍛えていた体力と運動神経のおかげだったのだろうか。

彼は、このとき拾った生命《いのち》を仕事にぶつけ、やりたいことを思いきりやって燃焼し尽くそうと、ひそやかに心に決めているようである。

小原乃梨子

file No.12

おはら・のりこ
1935年10月2日〜、東京都出身。本名・戸部法子（とべ・のりこ／旧姓・小原）。所属事務所・ぷろだくしょんバオバブ。代表作はアニメ『海底少年マリン』（マリン）、『アルプスの少女ハイジ』（ペーター）、『うる星やつら』（おユキ）、『超時空要塞マクロス』（クローディア）、『タイムボカンシリーズ』（マージョほか）、『ドラえもん』（野比のび太・テレビ朝日版・初代）、『未来少年コナン』（コナン）など。また、洋画吹き替えでは、ブリジット・バルドー、ジェーン・フォンダなどの声を担当している。

代表作

タイムボカンシリーズ ヤッターマン

ドロンジョ

声優志願の女の子に「どんな声優さんになりたいの？」と聞くと、ほとんどの女の子が、「小原乃梨子さんのようになりたーい！」と言う。その言葉を裏づけるように、雑誌などの声優人気投票でも、必ずといっていいほど、上位に小原乃梨子の名はある。それほどまでに小原乃梨子はアニメファンに親しまれ、憧れの存在となっている。

『海底少年マリン』『未来少年コナン』では颯爽たるヒーローを演じ、『ドラえもん』ではおっとり坊や〝のび太くん〟を演じ、『タイムボカンシリーズ』ではマージョ、ムージョ、アターシャ、ミレンジョ……と、六年にもわたって華麗かつ艶やかな悪女を演じつづけ、また、『SF西遊記スタージンガー』や『宇宙大帝ゴッドシグマ』などでは男装の麗人を演ずるなど、その活躍ぶりはまさに八面六臂《はちめんろっぴ》だ。いずれの作品においても、彼女は視聴者を興奮させ、多くのファンの心を捉えている。

さらに、外国映画のアテレコでは、[注1]ブリジット・バルドー、[注2]クラウディア・カルディナーレ、[注3]シャーリー・マクレーン、[注4]ジェーン・フォンダ、[注5]ダイアン・キートンなど、数多くのスターの声を演じる。小原乃梨子は、かつての映画スターの持つ華やかさを、みごとに表現できる数少ない声優の一人であるといえるだろう。

彼女に憧れるのはファンばかりではない。新人声優の多くが、共演できる日を心待ちにしている。休憩時間に彼女とお茶をともにしたデビューしたての新人が、ガタガタと震え、「夢のよう……」と興奮しているのを見たことがある。まさに教祖に対面した信者のようであったが、ここまで思慕される魅力とは、いったいなんなのだろう。

小原乃梨子は、昭和十年十月二日、東京・池袋に生まれた。父親は弁護士であっ

注1　ブリジット・バルドー　一九三四年〜。フランスの女優、ファッションモデル、歌手。愛称は「BB」。映画『素直な悪女』、歌手としては「ジュ・テーム・モワ・ノン・プリュ」等。

注2　クラウディア・カルディナーレ　一九三八年〜。イタリアの女優。愛称は「CC」。『ブーベの恋人』『山猫』等。

注3　シャーリー・マクレーン　一九三四年〜。アメリカの女優。『アパートの鍵貸します』『愛と追憶の日々』等。

注4　ジェーン・フォンダ　一九三七年〜。アメリカの女優。『コールガール』『帰郷』『チャイナ・シンドローム』等。

注5　ダイアン・キートン　一九四六年〜。アメリカの女優、映画監督、映画プロデューサー、脚本家。『ゴッドファーザー』『アニー・ホール』等。

た。その父親は彼女が二十一歳のとき亡くなったが、舶来のスーツを着こなし、舶来のコロンを愛用する、ダンディーな人だった。

太平洋戦争中、戦火を逃れ、家族は埼玉県の所沢に疎開した。物資が日に日に乏しくなり、国民の心がトゲトゲしく苛立っているころ、父は彼女にオルガンを弾かせ、それを楽しんでいたという。「非常時なのに」と言う近隣の声をよそに、ゆうゆうと生活していたが、その反面、しつけは厳しく、彼女は欧米流のマナーを叩き込まれた。

母親は敬虔なクリスチャンで、毎週日曜日には家族揃って教会に出かけ、彼女も礼拝を欠かさなかった。

小学校五年生のとき、近所の遊び友達に誘われるまま、児童劇団虹の橋に入る。ここで彼女は演劇の楽しさを知り、演劇の道へと進むことになる。

小学校を卒業すると、跡見女子学園へと進んだ。高等部時代、彼女は演劇部の活動に熱中。ここに演劇通の先生がいて、彼女の才能を伸ばしてくれた。三年生のときに演じた『エピローグとプロローグのある一幕』が高校演劇コンクールで入賞、仲間たちと手を取り合って泣いたのが、つい昨日のことのように思い出せるという。

以来、彼女の演劇生活は三十数年、今日まで連綿と続くわけだが、〝演劇をやっていたため食うや食わずの生活であった〟ということはなかった。この点が、今日、声優として活躍している多くの人たちと異なるところだ。若き日に、演技研鑽のために、その持てるすべてのエネルギーを投入することができたのだ。これは彼女にとってとても幸運なことだった。

子役として舞台に立ち、ラジオに出演しているうちに、演じるということは何をすることなのか、おぼろげながらわかりかけてきた。そんなころ、テレビ放映も始まった。

彼女は、たちまち可憐な少女役としてひっぱりだこになった。日本テレビの開局番組『横丁日記』や『轟先生』など、各民放テレビ局の開局番組の多くに出演した。

やがて自己流で演じつづけることに疑問と不安を感じるようになり、劇団の研究生になり、基礎から学びなおしたいと思うようになったが、仕事が次から次へと入ってくるため、その夢がかなうことはなかった。

しかし、幸運にも当時ベテラン女優たちが作っていた「女優座」に最年少座員として加入でき、数々の舞台公演を経験することができた。「今思うと、ベテラン先輩たちの中に投げ込まれ、もまれたことが、滑舌法の練習をするより数倍の収穫があったように思える」と、彼女は述懐している。

その伸びやかで天真爛漫な性格は、誰からも愛され、彼女は明るく大らかな女優に成長していく。各テレビ局で出演の機会が増え、フジテレビ『おまわりさんに乾杯』、日本テレビ『夫婦百景』、ＮＨＫ『お笑い三人組』など、天衣無縫、底ぬけに明るい演技で、スタッフたちを大いに喜ばせた。

やがて、昭和三十二年ごろになると、アメリカ製作のテレビ映画が日本のテレビ界に上陸。演技力が確かで、台詞回しが巧みな彼女は、たちまち多くの作品の日本語版の声優として起用された。

そのころは、台詞をトチったら（間違えたら）、始めから録音をやり直すという時代。フィルムがスタートしてから終わるまで、声優は緊張のしっぱなしであった。そんな過酷な録音方式がとられていたアテレコ創成期のころから、彼女はトチりや出トチ（出遅れ）をすることが少なかった。それは、怖いもの知らずの度胸と、運動神経、特に反射神経の鋭さのおかげといえるかもしれない。

彼女はたいへんなスポーツ好きで、水泳、乗馬、ゴルフ……、目に入ったスポーツにはなんでも興味を抱き、自分のものにしてしまう。「私って、野次馬根性が旺盛だから」と、彼女は笑って言うが、いずれもなかなかの腕前と評判である。

仕事にもスポーツにも、旺盛な好奇心をもって挑み、貪欲に吸収し、たちまち消化して自分の血とし肉としてしまう、恐るべきバイタリティーの持ち主である。

これまでに演じてきた役どころを見ても、可憐な少女、甘ったれ少女、スーパーヒーロー、いじけ少年、色っぽい悪女……と、実に幅が広い。これは彼女がいかに柔軟で、豊かな創造力と表現力を持っているかということを示している。

二十年ほど前に、広告代理店勤務のハンサムな青年と結婚。以来、声優として目の回るような日々を送りながら、子育ても立派にやってのけ、円満な家庭を築き上げた。「私一人だったら、今日まで女優稼業はやってこられなかったでしょうねぇ。主人、母、子供、みんなが周りから力を貸してくれたから。すべて周囲の人のおかげ……」と、彼女は笑って言うが、もちろんそれなりの悩みと苦労はあったはずである。

そうした苦労も見せず、声優としてフル回転の操業を続けている小原乃梨子なる人物のバイタリティーには、目を見はらざるを得ない。小原乃梨子は、まさに現代が生んだテレビ育ちのマルチ人間、マルチレディといえるのではないだろうか。

広川太一郎

file No.13

ひろかわ・たいちろう
1939年2月15日～2008年3月3日。東京都出身。本名・広川謀次郎（ひろかわ・しんじろう）。所属事務所はなく生涯フリー。代表作にアニメ『宇宙戦艦ヤマト』（古代守）、『ムーミン』（スノーク）、『あしたのジョー』（カーロス・リベラ・初代）、『名探偵ホームズ』（ホームズ）などが、また、海外作品の吹き替えでは、『モンティ・パイソン』のエリック・アイドル、『００７』シリーズのロジャー・ムーア、トニー・カーティスなどの声を担当。テレビのナレーションや司会、ラジオのＤＪも務めた。

代表作

空飛ぶモンティ・パイソン

エリック・アイドル

『空飛ぶモンティ・パイソン』
"日本語吹替復活" DVD BOX
29,800円+税
発売／販売：ソニー・ピクチャーズ エンタテインメント

声優には演じるキャラクターにまるでそっくり、という人もいれば、まったく異なる性格の人もいる。

広川太一郎は、後者に属する声優といえるだろう。『ムーミン』のスノークとも、『キャプテン・フューチャー』のカーティス・ニュートン[注1]とも似ていないし、洋画での彼のはまり役、トニー・カーティス[注2]の雰囲気でもない。

素顔の彼は、もっともっと厳しいものを内に秘めている。心の奥底で常に何かと対決し、闘っている。そんな張りつめたものを、相対した者に感じさせるのである。ときには、哲学者・広川太一郎を感じさせることさえある。彼は、日々いかに生きるべきか、いかにしたら悔いのない人生を送ることができるか……といった、生活を送っていく上でもっとも核となることについて、自らに問いかけながら、その日その日を真剣に生きているように思えるのである。彼のそうした生活態度は、はたしてどこから生まれてきたものなのだろうか。

広川太一郎は、昭和十四年二月十五日、東京・豊島区の巣鴨で生まれた。父はフリーのムービー・カメラマンであった。中野区立第九中学校から都立武蔵丘高校、日大芸術学部演劇科へと進んだ。

中学時代に、将来は教師か、ジャーナリストか、演劇人になろうと決意した。子供心にカッコよく思えたからだ。高校に入って、たまたま演劇部に籍を置いたことから、自然と演劇人としての道を歩みはじめることになってしまったのだ、と彼は述懐する。

注1　カーティス・ニュートン　エドモンド・ハミルトン原作のスペースオペラシリーズ『キャプテン・フューチャー』の主人公・キャプテン・フューチャーの本名。一九七〇年代にテレビアニメ化された。

注2　トニー・カーティス　一九二五年〜二〇一〇年。アメリカの俳優、映画プロデューサー、画家。『手錠のまゝの脱獄』（主演）『お熱いのがお好き』（同）等。

演劇活動に明け暮れた大学生活、卒業後は友人たちは放送局、制作会社などに就職したり、劇団の養成所などへ入っていった。だが、彼は就職もせず、かといって劇団にも入らなかった。

「俺は大学で十分に演劇について学んだ。今さら、劇団に入って研究生生活なんてやる必要はない。俺は一人で歩いていける」

実に大胆な発想である。彼は一匹狼のサムライとして、先輩たちのひしめく放送の世界に足を踏み入れたのだ。いや、殴り込みをかけた――と言ったほうが正しいかもしれない。

幸い、外国映画の日本語版を制作している東北新社[注3]に大学の先輩がいて、アテレコの仕事をやってみないかと声をかけてくれた。ちょうど外国映画が大量に輸入されていた時代だった。そうこうしているうちに、ＮＨＫテレビ大阪放送局の『子供の時間』のプロデューサーから、出演交渉があった。近く放送開始予定の柔道もののドラマ『星光る』の主役の候補に挙がったのである。ＮＨＫに入った大学の同窓生の推挙によるものであった。

彼はただちに大阪へ飛んだ。そして幸運にも、いきなり主役としてデビューすることになった。それまで柔道をやったことはなかったが、中学・高校を通して陸上競技に励み、中でも跳躍を得意としていたので敏捷に動くことができ、この初の大役・青年柔道家をみごとに演じ遂げた。

その後、松竹制作の何本かのテレビ映画に出演。やがて、松竹の新人群の一人として複数契約を結ぼうという話になり、劇場用映画の主演契約を結ぶ。だが、実際には

注3　東北新社
一九六一年、植村伴次郎が設立し、テレビ映画の日本語版吹き替え事業をスタート。現在は映画やテレビ番組の製作、洋画や海外テレビ映画の輸入配給等を行っている。

『夜の熱帯魚』『殺すまで追え 新宿25時』など数本に出演したのみで、映画俳優生活とは別れを告げた。

このころには、洋画の吹き替えの仕事がかなり増え、主役も与えられるようになっていた。トニー・カーティスが彼の持ち役となり、彼の名は、声優として高まっていた。

声の仕事と撮影の仕事は両立しにくい。撮影の仕事は、突然、スケジュールが組まれ、毎週決まった日に収録のあるテレビの仕事と両立させるのはなかなか難しいことだった。

彼は声の仕事に専念することを決意する。やればやるほど言葉のおもしろさがわかってくる。より的確な表現にアレンジできる。作品によっては、アドリブをバンバン入れることも許された。『ムーミン』でも『モンティ・パイソン』でも、その言葉の実験をどんどん試みた。彼は人の何倍も脚本を読み、時間をかけて役作りに励んだ。そういうことがとても楽しかった。

舞台やカメラの前で演技する役者やタレントといわれる人々とは、少しばかり違う生き方を自分は目指している——そう自覚しはじめるようになった。マイクの前で自分の言葉でしゃべる。包丁一本の板前じゃないが、声を懐に忍ばせて、マイクのあるところ、どこへでも出かけていき、自分を精一杯表現してみよう。どこのプロダクションに身を置いているわけでもない。一匹狼で、この放送界の荒波の中に泳ぎ出した以上は、これしか俺の生き方はない——と、そんな哲学を持つようになった。

自分なりの哲学を持つようになったら、広川太一郎でなくては、という仕事が次々と入ってくるようになった。ラジオやテレビCMのナレーションの仕事などもそのひとつといえるだろう。彼のCMには独特の世界がある。一見まじめなようでいて、とぼけたところもある。実にたくさんのCMに声を入れているが、全国に俺の声を知らない人はいないというくらいまで、彼はCMの仕事をやりつづけたいと言う。CMという仕事は三十秒、十五秒という、きわめて短い時間にたくさんの内容を盛り込んだ仕事だ。それだけにやり甲斐があるのだ。

声優の中にはCMの仕事を好まない人もいる。しかし彼は、どんな仕事でも常に全力投球をすることを心がけている。その姿勢が、彼の仕事を増やしているのかもしれない。

つい最近まで、自分自身がスポンサーになって、ラジオの深夜放送番組[注4]も持っていた。その時間の電波を自費で買って、八年間も続けていたのである。投じた費用は、軽く見積もっても、数千万円に達するはずである。

CMで稼いだ金を、道楽につぎ込んでいたのさ——と皮相的な見方をする同業者もいる。しかし、彼の真意はそんなところにはないのだ。

彼は、声の仕事を続けていくために、さまざまなチャレンジをしているが、ラジオの深夜番組もそのひとつなのだ。

当時、深夜放送は悩める若者たちの相談室のようになっていた。パーソナリティーは、さながら人生のカウンセラーといったところだ。

「本当に人間と人間とが触れ合える、本音をぶつけて話し合える、そんなパーソナリティー、兄貴になろう。おためごかしの人生相談のカウンセラーでなく、ともに悩

注4　ラジオの深夜放送番組「男たちの夜…かな!?」のこと。ラジオ関東（現・アール・エフ・ラジオ日本）で一九七三年～一九八一年まで放送された。

み、ともに苦しむ、そんな兄貴に。それが自分を成長させることにも繋がるのではないか――」

彼はラジオのパーソナリティーという仕事を通して、心やさしく強い人間になろうと決心したのだ。やさしさのない強さなんてない。強さのないやさしさなんてあろうはずがない。やさしくて強い、そんな人間に自分はなりたいと。

八年間続いた放送期間中、どれほど多くの若者と話し合い、ともに人生について論じあったことか――。今、その仕事をやり終えて彼は思う。

「俺はいつまでたっても学生気分の抜けきれない、青くさいバカな男だ」

しかし、それこそが少年時代に夢見た演劇人、ジャーナリスト、教師をミックスした彼の理想の存在なのかもしれない。

広川太一郎は、後ろを振り返らない男である。また、何事に対しても常に全力投球で挑む男である。たとえ、それによって足をすくわれるかもしれないとわかっていたとしても……。相手の振りおろした白刃を、素手で受けとめる、真剣白刃取りをも恐れずにやってのける、命知らずの一匹狼とでもいおうか。

滝口 順平

file No.14

たきぐち・じゅんぺい

1931年4月17日〜2011年8月29日。千葉県船橋市生まれ。本名・滝口幸平（たきぐち・こうへい／旧芸名）。晩年は事務所に所属せずフリー。日本初の吹き替え放送を担い、民間放送初の声優でもある。代表作にアニメ『ルパン三世』シリーズ（ミスターX）、『タイムボカンシリーズ』（ドクロベエ、ペラ助ほか）、『マジンガーZ』（ブロッケン伯爵）、バラエティ番組『ぶらり途中下車の旅』（ナレーション）、『ぴったんこカン・カン』（ロケコーナー ナレーション）など。

代表作

タイムボカンシリーズ ヤッターマン

ドクロベエ

昭和三十一年の冬のこと、東京放送テレビ（ＴＢＳテレビ）で、初めてアメリカ映画が日本語で放映された。『カウボーイＧメン』である。といっても、今日の洋画放映のように俳優の口に合わせて日本語の台詞を当てていく、いわゆるアテレコ放映ではない。原音の英語はそのまま流れ、声優はそれを追いかけるようにして、つまり同時通訳のように日本語の台詞をペラペラとやっていく。あちらの俳優が何人登場しようとも、日本語をしゃべっているのはただ一人、三十分間一人でしゃべりつづける。それをやったのが、当時ＴＢＳの専属声優であった滝口順平である。続いて、一年間にわたって放映された『シスコ・キッド』では、メインの俳優一人一人をそれぞれ違う声優が担当することになったが、その主役の声を演じたのもまた彼である。「いずれも二枚目でした、へへへ……」と、昔を偲《しの》んで、筋のように細い目をより細めて照れ笑いする。

彼の放送経歴は長い。昭和六年、千葉県船橋市で生まれた彼は、二十四年、県立市川工業高校機械科を首席で卒業、地元の工場に就職した。そのとき、高校時代に放送部で鍛えた〝朗読〟をひっさげ、当時ＮＨＫの人気番組『のど自慢』[注1]に出場、みごとカンカンカンと鐘三つを鳴らして合格した。出場者はほとんどが歌唱であったから、朗読での鐘三つは大変珍しがられたものだ。滝口順平の放送人生の歩みは、このときから始まった。

その後、彼の近くに居をかまえていた声優・小山源喜[注2]の主宰する「キリン座」に入団、声優修業に入る。小山源喜は、当時のＮＨＫの人気ラジオドラマ『鐘の鳴る丘』

注1　のど自慢（＝ＮＨＫのど自慢）
ＮＨＫの視聴者参加型生放送番組。アマチュアの出場者が持ち歌を歌い、審査されて競う。一九四六年の放映開始以来、現在も続く長寿番組。

注2　小山源喜
こやまげんき（一九一五年〜一九九一年）。俳優、声優、演出家。ＮＨＫラジオドラマ『東の国にて』、同『激流』等。

の主人公、修平を演じていて、老人から子供までたくさんのファンがいた。

キリン座のメンバーは、小山の力もあって、やがて声優としてNHKの数々のラジオドラマに出演するようになった。とはいっても、役どころは通行人Aとか警官Bとか子分Cといったところ。

滝口の同輩には、現在、声優であり、またアニメなどの音響監督でもある千葉耕市、そして『超電磁マシーン ボルテスV』や『闘将ダイモス』など多くのアニメ作品のディレクターとして有名な長浜忠夫[注3]らがいて、ガヤガヤと群衆の声などをよくやっていたものだ。

そのころ、NHK放送劇団員だった筆者は、彼のこんな姿を目撃したことがある。『ラジオ小劇場』という三十分ドラマのときであった。当時は生放送だから、放送前に入念なリハーサルを何回も繰り返す。彼に与えられた台詞は「OK！」のただひと言。ところが、その台詞回しをディレクターが気に入らず、たったひと言を何十回、いや何百回とやりなおしさせられていたのである。何もそこまでやることはないのに——。はたで見ていた多くの人が、そのディレクターの執拗さにいささか腹を立てたものだ。だが、当の本人は、逆らいもせず、ディレクターの演出どおりにやろうと、必死でその「OK！」を繰り返していたのである。

昭和二十六年、東京で初の民間放送局、ラジオ東京（現・TBSラジオ）が開局した。NHKにならって専属声優を抱えることになり、彼は千葉耕市とともに応募、二人とも二千人の応募の中から選ばれて合格した。

十五名のラジオ東京放送劇団員が誕生し、民放育ちの初の声優としての華々しい活

注3　長浜忠夫
ながはまただお（一九三二年〜一九八〇年）。アニメ・人形劇の監督、演出家、脚本家、作詞家。テレビ人形劇『ひょっこりひょうたん島』（人形演技監督）、アニメ『超電磁ロボ コンバトラーV』（総監督）等。

躍が始まった。

その後、ラジオドラマブームに乗ってラジオ全盛時代が到来。彼は人気番組『チャッカリ夫人とウッカリ夫人』に、主人公の旦那役としてレギュラー出演、その他数々のＴＢＳのラジオドラマに出演した。

昭和三十二年二月、彼は、己の声優としての真価をもっと広い世界で問うてみたいとＴＢＳを去った。その後の活躍ぶりは、ニッポン放送の『怪傑黒頭巾』『アッちゃん』、文化放送の『高丸菊丸』等々、以前にも増して華々しい。

やがて、ラジオからテレビの時代へ移り、テレビの世界ではアメリカ映画が大量に日本に上陸、日本のテレビ番組を埋め尽くして高視聴率を稼ぎはじめた。ラジオ育ちの声優たちは、連日あちこちの局のアテレコ制作に駆り出された。もちろん、彼も当時多忙をきわめた一人である。『西部の王者キット・カースン』『ジャングルおじさん』『アイ・ラブ・ルーシー』、アメリカアニメ『クマゴロー』『珍犬ハックル』『早射ちマック』などの数々の作品に出演した。中でも、『クマゴロー』は、原題は『ヨギ・ベア』だったが、日本風に『クマゴロー』とネーミングして放映され、彼の演じるとぼけた〝クマちゃん〟の活躍ぶりは、全国の少年少女を喜ばせた。

やがて、『鉄腕アトム』が誕生し、彼は手塚治虫の名キャラクター・金三角を演じる。その後、国産アニメが続々誕生。『悟空の大冒険』の猪八戒、『勇者ライディーン』のバラオ、『タイムボカンシリーズ』などの多くの作品に出演、現在の『ドン・ドラキュラ』のヘルシング教授に至るまで、その出演本数は膨大な数にのぼる。

彼の演じるキャラクターは、好人物、敵役、おトボケ役と一様ではない。しかし、どんな役を与えられても、印象的なキャラクターに創り上げる。ＮＨＫの人形劇『ひょっこりひょうたん島』のライオン王子や『プリンプリン物語』の怪人ランカーなども、彼の声、彼の役作りなしには考えられない強烈なキャラクターだ。

外国映画のアテレコでも、フランスの喜劇王ルイ・ド・フュネス[注4]や、マカロニ・ウエスタンの悪役スター、フェルナンド・サンチョ[注5]など、数々の役を演じているが、いずれも彼独特の役作りで自分のものにしてしまうのだ。

またＣＭでは、ブタやらカエルなどのキャラクターを、トボけた声を張り上げて演じ、パンチのあるナレーションで、驚異的な商品売り上げを達成、スポンサーを大喜びさせている。愛嬌があり、しかも強烈な説得力を持ったＣＭを創り上げてしまう人なのである。

昭和四十九年から五十六年までの七年間近く、ＮＨＫの『おかあさんといっしょ』に出演していたが、どんな歌でも初見で歌えるようにと、先生についてレッスンを受け、コールユーブンゲン[注6]、コンコーネを読み上げ、カンツォーネも習い、抜群の歌唱力を持つに至った。「本当は、僕は演歌が好きなんですけどね、へへ……」と、照れながら言う。

役者を志す者なら誰でも一度は取り組む教本に『外郎売[注7]』というのがあるが、彼は実に滑らかに、頭から終わりまで一気に、台本なしで諳《そら》んじてみせる。現在、彼ほどみごとに表現できる人は数少ない。

工業高校をトップで卒業しながらも、放送の世界で生きる道を選んだ。高校時代か

注4　ルイ・ド・フュネス
一九一四年～一九八三年。フランスの喜劇俳優。『ルイ・ド・フュネスのサントロペ』シリーズ、『ファントマ』シリーズ等。

注5　フェルナンド・サンチョ
一九一六年～一九九〇年。スペインの俳優。『復習のガンマン』『南から来た用心棒』等。

注6　コールユーブンゲン
第一部Ｐ４３脚注４５へ

注7　外郎売
ういろううり。一七一八年に二代目市川團十郎によって初演された歌舞伎十八番のひとつ。現代では、その劇中に出てくる外郎売の長科白を指すことが多く、俳優や声優、アナウンサー等の発声練習や滑舌の練習に使われる。

ら〝玄人はだし〟と褒められ、『のど自慢』で鐘を鳴らされるほどの喉を持っていたことに違いはないが、彼が声優としてその世界で成功できたのは、一徹な芸への取り組みのたまものであろう。

彼の父は、定職を持たず、あれこれ手を出しては、失敗を繰り返していたという。そのため家族はいつも貧乏のどん底、悲惨な生活を強いられたとか。そんな少年時代を経験しているせいか、心の奥底で、「ひとつのことをコツコツ続けるのだ、いや続けなくてはならないのだ……」と叫びつづけている声があるという。

頑固一徹で職人気質。まさにそこ気質こそが、声優・滝口順平を、今日存在たらしめているといえるだろう。

田の中 勇

file No.15

たのなか・いさむ
1932年7月19日～2010年1月13日。東京都台東区生まれ。本名・田野中勇（読み・同）。最終所属事務所・青二プロダクション。代表作に『ゲゲゲの鬼太郎』シリーズ（目玉おやじ）、アニメ『天才バカボン』（本官さん・第1作）、『デジモンアドベンチャー』（ピッコロモン）、『マジンガーZ』（ムチャ）、『ポールのミラクル大作戦』（ドッペ）などがあるほか、洋画では『スター・ウォーズ』シリーズのジャー・ジャー・ビンクスなどの声を務めた。

代表作

ゲゲゲの鬼太郎

目玉おやじ

♪ゲッ、ゲッ、ゲゲゲのゲー……

『ゲゲゲの鬼太郎』のオープニング主題歌は、なんともいえず不気味で、それでいて大声を出して歌うとなんとも痛快であった。当時の子供たちはこの歌が大好きで、よく歌った。

この『鬼太郎』で思い出すのが、まず主人公の鬼太郎とねずみ男、しかし忘れてならないのが、奇妙な声を発する〝目玉おやじ〟。そのキャラクターを演じていたのが、田の中勇である。この田の中、妖怪ではないが、しかし、ちょっぴり変わったところがある人である。

進学した高校の同級生の中に、ホッソリとした二人の少年がいた。現在、劇団四季の幹部俳優となっている日下武史[注1]と、俳優としても大活躍の作曲家・小林亜星[注2]である。もっとも亜星のほうは、その後突然モコモコッと太ってしまったが……。三人はコーラス部で一緒によく歌ったそうである。年末の『第九』千人大合唱に参加するため練習に励んだこともあった。田の中のパートはテノール、それもボーイソプラノともいえるほど高い声で、澄んだ張りのある音色はきわ立っていた。

高校を卒業すると大学へは進まず、「国際芸術総合研究所」なるところへ、新聞広告を見て入った。何が国際なのかよくわからなかったが、とにかく講師陣には一流の放送人が顔をそろえており、今は亡き声優の木崎豊も指導に来ていた。ここで彼は発音、発声、ラジオ演技に至るまで学んだ。

ちょうど基本をひと通り学び終わったころ、研究所の友人に誘われるまま、新しく

注1　日下武史
くさかたけし（一九三一年〜）。俳優、声優。劇団四季の創立メンバーの一人。海外テレビドラマ『アンタッチャブル』（エリオット・ネス役）、映画『アマデウス』（アントニオ・サリエリ役）等。

注2　小林亜星
こばやしあせい（一九三二年〜）。作曲家。ほかに、作詞家、俳優、タレント、歌手としての顔もある。アニメでは『科学忍者隊ガッチャマン』『ひみつのアッコちゃん』等のオープニング、エンディング曲を作曲。

結成された劇団こだま座へ入る。昭和二十七年のことである。

両親も、彼が芸能界に入ることに反対はせず、むしろ己の生きる道を模索し奮闘している彼に、励ましの声を送ってくれていた。

歌うことが好きであった音楽青年は、気がついてみたら、いつの間にか舞台で演技をしていた。人一倍好奇心旺盛だったからかもしれない。彼は、この修業が芸域、音域を拡げることに結びついたと語っている。

二十八年、「化粧座」に移る。そこには、甘い低音で多くの女性たちを魅了していた城達也[注3]、また研究生として小林修[注4]がいた。城はまだ早稲田大学の学生で、小林はヘビー級のボクサーのようなひときわ体格のよい青年であった。

三十年、当時もっとも活発な公演活動を続けていた劇団のひとつであった「東芸」に移り、そこで彼は『青いりんご』『警察日記』……と、立て続けに舞台に立った。また、劇団の先輩である森山周一郎、大塚周夫らが、よくラジオやテレビの放送に出演していたことから、研究生だった彼らにもしばしば出演の機会が与えられ、研究生仲間の富田耕生とともに、ラジオにも出られるようになった。

ちょうどラジオドラマが全盛時代を迎え、出演の機会は急速に増え、在京の各ラジオ局をまたにかけ、一日中、飛び回るほどに忙しくなってきた。筆者が明智小五郎役で出ていた人気番組『少年探偵団』や、上田みゆき[注5]主演の『ポッポちゃん』にもセミレギュラーで出演していた。

その後、テレビの時代になると、彼にもアテレコの仕事が入るようになった。彼が初めてやったアテレコは『ライフルマン』で、奇妙な声を出す男の役を好演した。

注3　城達也
第一部P86脚注108へ

注4　小林修
こばやしおさむ（一九三四年〜二〇一一年）。声優、俳優、ナレーター。『宇宙戦艦ヤマト』（ドメルほか）、ユル・ブリンナー（『王様と私』『荒野の七人』）の吹き替え等。

注5　上田みゆき
うえだみゆき（一九四四年〜）。女優、声優。ラジオドラマ『ポッポちゃん』（千代田ハト子）、アニメ『宇宙の騎士テッカマン』（天地ひろみ）等。

そのひときわ甲高い奇妙な声が、さらに役立つときがきた。ハンナ&バーベラ・プロ[注6]の傑作アニメ『強妻天国』が輸入されてきたからだ。いつもコワ～い奥さんに追いまくられている気の弱い旦那のバーニィ役にと、白羽の矢が立ったのだ。この役は、彼のいかにも気の弱そうなキャラクターとピッタリ合って、大好評だった。また、特異なキャラクターが買われて、この番組の中で流すCMに、愛川欽也、小林修と組んで出演した。三人組のカウボーイに扮して、毎週、おかしなことをやって視聴者を笑わせた。生放送だったので、時間ギリギリで〝オチ〟に持ち込まなければならず、そのタイミングをつかむのに苦労したという。

その後、「土の会」を経て、「東京アクターズプロ」に移ったころ、アニメ興隆期がやってきた。

『オバケのQ太郎』が製作開始となり、オーディションを受けたときのことである。録音直前まで、Q太郎の役を田の中にするか曽我町子[注7]にするか、スタッフは大いに迷っていたという。あのオバQの声は甲高い声なのか、低いガサガサした声なのか、担当者ならずとも、誰だって迷うに違いない。結局のところ、曽我に決定したわけだが、彼にとっては惜しいチャンスを逃したといえるだろう。

彼はその直後、またしてもチャンスを逃す。日本テレビが『おはよう！こどもショー』[注8]を開始することになったときのことである。彼はその奇声を買われて、この番組のマスコットのロバさん役に決定した。ロバのぬいぐるみを着て登場、奇声でしゃべり、愛嬌をふりまき子供たちのアイドルとなるはずであった。

ところが収録の直前、無類の登山好きの彼は、毎朝のレギュラー出演ということに

注6　ハンナ&バーベラ・プロ
第一部P75脚注83へ

注7　曽我町子
そがまちこ（一九三八年～二〇〇六年）。女優、声優。アニメ『オバケのQ太郎』（Q太郎・初代）、スーパー戦隊シリーズ『恐竜戦隊ジュウレンジャー』（魔女バンドーラ）等。

注8　おはよう！こどもショー
一九六五年十一月より日本テレビ系列で毎週月曜日～日曜日の早朝に放映されていた子供向け番組。平日版は一九七九年三月に終了、土日版は一部ネット局で放送され一九八〇年九月に終了。

なると当分は山登りもできまいと、ザックにピッケルやらザイルをつめこんで、横須賀沖の猿島に出かけていった。そこにロック・クライミングに格好の岩壁があったのだ。だが、生い茂った夏草を踏み分け、やっとその岩壁を目にしたとたん、彼は天地が逆になるのを感じた。深い穴に転落したのだ。

大腿部骨折の重傷。何カ月かの入院生活を送るハメになってしまった。ロバさん役は、急きょ、愛川欽也に変更となり、愛川はたちまち子供たちのアイドルとなった。田の中は、またしても大きなチャンスを逃してしまった。しかし、彼が我が身の不運を嘆く言葉を漏らすのを、一度たりとも聞いたことがない。彼の人生観であろうか。

二度の大きなチャンスを逃したあと、彼の名をこの世界に位置づけることになったキャラクター〝目玉おやじ〟にめぐり会う。三度目の正直であった。そして、コーラス部時代に培った高い声でみごとに演じ、人気者となったのだ。

『Dr.スランプ』のガラ、『魔法のプリンセス ミンキーモモ』のシンドブック……と、本業での活躍ぶりも目ざましいが、彼の私生活もまたユニークである。

東京・世田谷の高層アパートで悠然と一人暮らしを続け、エレクトーンを演奏し、料理を作り、楽しむ。彼の演奏の腕はプロ並みであり、料理のほうも料理人が舌を巻くほどの腕前である。彼の作った幕の内弁当を見た者は、誰しも驚嘆の声をあげる。一流の料理店の弁当にも負けないほど品数は豊富で、色あざやかで美しいからだ。もちろん味も超一流だと、食通仲間は語る。

田の中勇はいつ見ても若い。もう五十に手も届こうというのに、いつも若さであふれている。コセコセせず、焦らず、ブツブツ言わず、何にも惑わされず、ただコツコツとマイペースで歩きつづける。そんな無欲な生き方が、彼の若々しさの秘訣なのだろうか。

夏山のシーズンを迎えると、地図を広げては、胸をワクワクさせて、どこの山へ登ろうかと、計画を練る。「あの残雪をいただいた頂上を征服したときの爽快感、山男でなければわかるまい」と彼は言う。

田の中勇は、世知辛く競争の激しい現代社会で日夜闘いながらも、いつまでも少年のような心を失わない純な男である。

古川登志夫

file No.16

ふるかわ・としお
1946年7月16日～、栃木県栃木市生まれ。本名・古川利夫（読み・同）。所属事務所・青二プロダクション。声優初出演作は『ＦＢＩアメリカ連邦警察』、初レギュラー作品は『大草原の小さな家』。代表作に海外ドラマの『白バイ野郎ジョン＆パンチ』（パンチ）、アニメ『マグネロボ ガ・キーン』（北条猛）、『うる星やつら』（諸星あたる）、『ドラゴンボール』（ピッコロ）、『Dr.スランプ アラレちゃん』（空豆タロウ）、『機動戦士ガンダム』シリーズ（カイ・シデン）などがある。

代表作

うる星やつら

諸星あたる

『TVアニメーション うる星やつら』
Blu-ray BOX 1
38,400円+税
発売／販売：ワーナー・ブラザース ホームエンターテイメント

古川登志夫には、驚くほどたくさんのファンがいる。彼の劇団[注1]青杜《せいとう》の舞台公演のときや、〝スラップスティック〟[注2]のコンサートのときなどに、どっと押し寄せてくる。

彼をひと言で説明するならば、純粋で心のやさしいお兄さん、である。彼には、気取りとか、ハッタリといったところが微塵もない。ほんのり紅をぬったようなホッペにエクボをつくり、いつもニコニコと笑みを浮かべて、誰とでも気さくに話をする。やさしさをたたえた下がり気味の目（早くいえばタレ目）、人懐こそうな口もと……。その純朴そのものという表情が、会う人の心を捉えてしまう。

彼は昭和二十一年七月十六日、栃木県下都賀郡の大平町で、農家の十五番目の子、十男五女の末っ子として生まれ育った。「僕ぁ、田舎育ちで……」と、彼は声優界の千昌夫を自認する。その気取らないところが、人間味あふれていて人を魅きつけるのである。

農家では長男が家を継ぎ、次男以下は外に新天地を求めて出ていくのがならわし。まして十五番目の子ともなれば、どんな道に進もうとまったく本人の自由。親はただ、他人様《ひとさま》に迷惑をかけぬ人間であってほしいと願うのみ。彼も小学校を卒業すると、早くも兄を頼って上京、その兄の勤務地が変わる度に転校し、東京、千葉の四つの中学を転々とした。

彼は小学生時代から、なぜか漠然と俳優になってみようと考えていたという。お金儲けができて、早く親を安心させることができる、と思ったからかもしれない。

そんな彼をよく理解していた兄が、劇団日本児童[注3]へ通わせてくれた。結婚式など親

注1　劇団青杜
古川登志夫が代表となり、一九八〇年に創立した劇団。「テーマ主義に立脚したオリジナル作品の上演」を目差した。二〇〇三年に解散。

注2　スラップスティック
一九七七年～一九八六年に活動したバンド。野島昭生、曽我部和行、古川登志夫、古谷徹、神谷明の声優五人によって結成された。『意地悪ばあさんのテーマ』、『クックロビン音頭』（『ぼくパタリロ！』エンディングテーマ）等で知られる。

注3　劇団日本児童
一九五八年設立。芸能事務所・山王プロダクションの児童劇団部門。

戚一同が集まるときには、いつも、「どじょうすくい」を踊ったり、「八木節」を歌ったりする姿を見て、タレント性十分と見抜いたからであろう。

この兄の予感は的中した。日曜日ごとのレッスンが楽しくてたまらず、彼は栃木から休むことなく東京都内にあった児童劇団まで通った。その熱意にほだされて、兄は彼を東京に引き取ったのである。

テレビ映画などにもちょこちょこ出られるようになり、俳優としての素質が日に日に芽吹いていった。劇団仲間には、山田俊司[注4]や岡田可愛[注5]らがいた。

中学を卒業、東京都立四谷商業高校へ進む。俳優への道は険しく、一人前になるまでには数年かかることを知っていたからだ。プロになれる日まで、なんとしてでも食っていかなくてはならない。そのためには商業科で簿記などの実務を習っておいたほうが得策と考えた。利口な少年であった。

そして、クラブ活動は演劇部と決め、ここで演技の勉強をすることにした。

四商の演劇部は、当時活動が活発なことで知られていた。先輩には富田耕生、俳優座の小笠原良知[注6]、東京放送劇団の関根信昭[注7]らが名を連ねていた。

OB・先輩らにしごかれて、彼の演劇への目は次第に開かれていく。ある日、先輩に連れられて、新劇[注8]というものを初めて観た。彼はど肝を抜かれた。役者が演じているというより、本当にさまざまな人間が、舞台の上で生きているようであったからだ。ゴーリキーの『どん底』の公演だった。〽明けても暮れても、牢屋は暗い……。地の底から響いてくるようなコーラスとともに幕が開き、社会の底辺で、明日を夢見つつうごめくさまざまな人間模様が展開されていく。

注4　山田俊司（現・キートン山田）
やまだしゅんじ（一九四五年十月〜）。声優、俳優、ナレーター。一九八三年に芸名をキートン山田に改名。『宇宙海賊キャプテンハーロック』（大山トチロー）、『ちびまる子ちゃん』（ナレーション）等。

注5　岡田可愛
おかだかわい（一九四八年〜）。女優。森繁久彌主演の映画『社長』シリーズ、テレビドラマ『青春とはなんだ』等。

注6　小笠原良知
おがさわらりょうち（一九三三年〜）。俳優。俳優座公演のほか、テレビドラマ『水戸黄門』、『暴れん坊将軍』シリーズ等。

注7　関根信昭
せきねのぶあき（一九三四年〜）。俳優、声優、ナレーター。テレビアニメ『ジャングル大帝』（ケン一）、『サラリーマン金太郎』（水木衛）等。

注8　新劇
第一部P33脚注34へ

興奮して、その晩はなかなか寝つけなかった……。

「よし、俺はなんとしても役者になるぞ……」

彼の演劇への志向は、このとき決定的なものとなった。

高校を卒業すると、彼は迷わず日本大学芸術学部演劇科へ進む。昭和四十年のことだ。役者志望と聞いて高校の先生も驚いたが、それ以上に故郷の父親が目を丸くしたという。

学生時代は、仲間と組んでコンビやトリオで、キャバレーのフロアショーに出演、小遣いや学費を稼ぎ出した。「チャンバラトリオ[注9]のようなショーをストリップショーの合間にやりましたねぇ……」と、照れながら笑う。刀や槍などの小道具は大学からちょいちょい無断借用させてもらったとか。そのショーの台本はいつも彼が書いた。興がのるとひと晩に何本も書いた。劇作家・古川登志夫の才能は、このとき芽生え、磨かれたといえるだろう。

新劇俳優を目指していた彼にチャンスが来た。大学三年のとき、友人に紹介されて、旗揚げしたばかりの、中田浩二[注10]主催、劇団現代に研究生として入ることができたのである。しかし、それは同時に、新劇人にはつきものの、貧乏生活のスタートでもあった。

食うのに困るほどの金のない毎日。新劇青年のお決まりコース、ウェイター、バーテン……と、思い出せないくらいあらゆるバイトをやった。高校時代にクラシックギターの手ほどきを受けたことがあると聞いた友人が、東京・新橋のバーの弾き語りの仕事を見つけてくれた。ありがたかった。毎夜、深夜までギターをつま弾きながら、

注9　チャンバラトリオ
日本のお笑い芸人グループ。チャンバラをテーマに、体を張ったネタを披露した。結成時は三人組だったため芸名にトリオを冠したが、メンバーが四人組だった時期もある。二〇一五年、五十二年続いたグループの解散を発表。

注10　中田浩二
なかたこうじ（一九三九年～）。俳優、声優、ナレーター。劇団櫂主宰。『忍風カムイ外伝』（カムイ）、『エースをねらえ！』（宗形仁）等。

知っている限りの曲を歌った。即興で自分の曲も歌った。これが後に、スラップスティックの一員として活動できる力をつけてくれることになろうとは、このときは夢にも思っていなかった。

　昭和五十一年、劇団現代から中田を追って、劇団櫂《かい》[注11]の結成に加わる。このときから正式な劇団員となった。それからの三年間は、次々に打たれる劇団櫂の公演活動に参加、舞台公演や、その稽古に励んだ。創作劇をたずさえて地方へもよく出かけた。カエルの鳴く田んぼの真ん中で、わずかな観客を相手に演じたこともあった。

　彼が声優への道を歩みはじめたのも、劇団櫂参加と同じ時期である。貧乏神とすっかり仲良しになりきっていたとき、ひょっこり幸運が訪れた。新しく始まるテレビアニメ『マグネロボ ガ・キーン』の主役・北条猛の役が降ってきたのである。あまりにも突然のことで夢かとさえ思った。それは、彼の誠実な人柄と、演技に対するひたむきな研究態度に惚れ、いつかはチャンスをと考えていた青二プロのマネージャー・古市利雄の推挙によるものであった。これが、後に彼が青二に移るきっかけともなった。

　それまでにも、洋画の『FBIアメリカ連邦警察』、テレビアニメの『勇者ライディーン』『ゼロテスター』にチョイ役でひと言ふた言のアテレコ仕事はやっていたが、いつも精一杯演じるよう心がけていた。その熱意が買われたのだ。

　北条猛役は好評で、彼はたちまち声のスターへと駆け上がっていった。『惑星ロボ ダンガードA』の大星秀人、『ガンダム』のカイ・シデン、洋画では『白バイ野郎ジョン&パンチ』『Dr.刑事クインシー』……と、多くのレギュラー出演を続け、『う

注11　劇団櫂
一九七六年に中田浩二が主宰し創立した劇団。創作劇を基本に公演活動を行う。一九八二年、『黒念仏殺人事件』で文化庁芸術祭優秀賞を受賞。

る星やつら』の諸星あたる、『戦闘メカ ザブングル』のブルメなど、今では五本のレギュラーを抱え大忙しである。

　声優としての仕事に加え、自らがリーダーとなっている青杜の公演活動もある。その台本のほとんどを書き、演出も行い、劇作家・古川登志夫としても知られている。

　彼はまた、スラップスティックの重要なメンバーでもある。『ダンガードA』に出演していたとき、主演をやっていた神谷明から声をかけられた

「我々若手声優が集まって時折練習しているグループサウンズがある。一度遊びにこないか」

　誘われるままに練習場に行って驚いた。みんながあまりにも上手かったからだ。野島昭生[注12]、古谷徹[注13]、曽我部和行[注14]らが顔をそろえていたが、すぐに意気投合。たちまち仲間に引きずり込まれてしまった。古谷が愛用のギターを安く譲ってくれて、彼はその日からスラップスティックに参加した。その後、神谷から三ツ矢雄二[注15]へとメンバー・チェンジがあったが、今でも活動は活発に続けられ、ミュージシャン・古川登志夫としても活躍中だ。

　どんな境遇に生まれ育っても、夢を掴みとることができると、彼は証明している。古川登志夫はまだまだ大きく飛躍する男である。

注12　野島昭生
のじまあきお（一九四五年〜）。声優、俳優、ナレーター。一九七七年〜一九八六年にかけて、スラップスティックのリーダー、ギター、ベーシストとしても活躍。海外テレビドラマ『ナイトライダー』シリーズ（K.I.T.T.／ナイト2000・ナイト3000役）等。

注13　古谷徹
ふるやとおる（一九五三年〜）。声優、俳優、ナレーター。スラップスティックではドラム担当。『巨人の星』（星飛雄馬）、『機動戦士ガンダム』（アムロ・レイ）等。

注14　曽我部和行（現・曽我部和恭）
そがべかずゆき（一九四八年〜二〇〇六年）。声優、俳優、ミュージシャン。スラップスティックでリードギター、作詞、作曲を担当。『パタリロ！』（ジャック・バルバロッサ・バンコラン）、テレビアニメ版『聖闘士星矢』（双子座のサガ・カノン）等。

注15　三ツ矢雄二
みつやゆうじ（一九五四年〜）。声優、俳優、音響監督、ナレーター、タレント。『超電磁ロボ コンバトラーV』（葵豹馬）、『タッチ』（上杉達也）、『六神合体ゴッドマーズ』（マーグ、バラの騎士）等。

高橋 和枝

file No.17

たかはし・かずえ
1929年3月20日～1999年3月23日。栃木県大田原市生まれ。本名・大泉和枝（おおいずみ・かずえ）。晩年は事務所に所属せずフリー。代表作にアメリカのコメディ番組『ルーシー・ショー』（ルシル・ボール）、ＮＨＫの人形劇『チロリン村とくるみの木』（バナーナ夫人）、アニメ『鉄人28号』（金田正太郎・初代）、『サザエさん』（磯野カツオ・２代目）、『ドラえもん』（骨川スネ夫のママ・日本テレビ版）、『快獣ブースカ』（ブースカの声、主題歌）などがある。

代表作

鉄人28号

金田正太郎

©光プロダクション・エイケン

**『想い出のアニメライブラリー　第23集
鉄人28号 HDリマスター　DVD-BOX1』
25,000円＋税
発売：ベストフィールド
販売：TCエンタテインメント**

昭和三十五年ごろから数年の間、日本のテレビ界はアメリカのテレビ映画の人気によって繁栄していた。

次から次へとゴールデンタイムに登場する外国映画のアテレコ番組が人気を呼び、一時、ブラウン管は外国映画花ざかりという感さえした。『ローハイド』『ララミー牧場』『サンセット77』等々……。

中でも忘れられないのが、コメディーの『ルーシー・ショー』。十年以上もの間、我々を抱腹絶倒させてくれた。あの大きな目玉の、ルシル・ボール[注1]の派手な演技、機関銃のようにあとからあとからと連射されるハイピッチの台詞。それを巧みな日本語の台詞にし、画面にピタリとマッチさせながら、グイグイと見る者を惹きつけた迫真のアテレコ演技。あのドデカい声が今でも耳の奥に残って離れない。

あの、すさまじいまでのルシルの演技を日本語にして伝えてくれたのが、高橋和枝である。若いアニメファンには『サザエさん』のカツオの声を演じている人と紹介したほうが、早いかもしれないが。

高橋和枝は、昭和四年三月三十日、栃木県那須郡大田原で生まれた。家業の醸造業を継いだ父が事業に失敗したこともあって、一家は住み慣れた地を離れ、東京の東中野に移り住むことになった。

中野区立桃園小学校に入学。四年のとき、初めて演劇というものを観て驚愕した。こんな世界があるのかと、震えが止まらなかったという。劇団東童[注2]の『青い鳥』であった。それ以来、演劇のとりことなる。

注1　ルシル・ボール
一九一一年～一九八九年。アメリカのコメディアン、モデル、女優、映画会社役員。『アイ・ラブ・ルーシー』『ザ・ルーシー・ショー』等。

注2　劇団東童
一九一四年に設立された、日本の児童劇団の草分け的存在。『宝島』『白雪姫』『ピーターパン』『シンデレラ』等を公演。

小学生時代には演劇をやるチャンスはなかったが、雨の日の体操の時間は彼女の独り舞台となった。クラスメイト全員の要望により、高橋和枝独演会となり、彼女の創作話が披露されるのである。その話が毎回紆余曲折があっておもしろいので、雨が降った日は級友たちから続きを催促されたのだ。また、六年生のときに、国語の授業で『リア王』を朗読したことがあった。担当したコーデリア姫の出来が抜群で、彼女の声に酔いしれたクラスの男子たちから胴上げされたそうだ。

都立井草高等女学校に進んで間もなく、太平洋戦争が勃発した。一家は郷里に戻り、彼女は栃木県立大田原高等女学校に転校した。だが、学徒動員令[注3]により女学生は軍需工場に送られ、兵器生産に従事させられることになった。寮に入れられ、明けても暮れてもお国のために、日の丸の鉢巻きしめて、油だらけになって働く日々が続いた。

やがて終戦。演劇への情熱を再び燃やすときが訪れる。高校に演劇部が復活、彼女の大活躍が始まったのである。『安寿と厨子王』では、安寿と母親の二役をみごとに演じて観客の涙を誘い、『滝口入道』では、美女・横笛を演じて観客を感嘆させ、たちまち学校中の人気者となった。

高校を卒業すると再び上京、東京家政学院本科へ進む。当時、花嫁学校として有名な学校であった。そこでも演劇部で大活躍した。

昭和二十三年の卒業間近のある日、演劇部の先生から、突然こんなことを言われた。「あなたは、演劇の方面へ進んだほうがいいんじゃないかしら……」と。彼女は目を丸くして驚いた。世間から、立派な花嫁修行の学校として認められているこの学

注3　学徒動員（＝学徒勤労動員）
第二次世界大戦中に中等学校以上の生徒や学生が、軍需産業や食糧増産に動員されたことをいう。一九三八年から文部省は中等学校以上の学校に対して集団的勤労作業の実施を指令し、一九四一年には学校報国隊を組織して勤労動員が行われた。

校で、先生からそんなことを言われようとは、夢にも思っていなかったからだ。

「あなたにその気があるのなら、おやりなさい。私も精一杯応援するわ……」

先生の言葉に、喜びでいっぱいになったと言う。

先生は、高橋家を訪れ両親を説得し、学校長を口説き、演劇界にも働きかけ、ついには家政学院推薦というかたちで、劇団前進座[注4]に彼女を送りこんだ。花嫁学校として伝統のあった家政学院で、開校以来初めてのケースであった。「このときの宮川先生の励ましがなかったら、今の私はなかったかもしれない」と、彼女は今でも心から感謝している。

前進座へ入ると、すぐに役がついた。『アリババ物語』の中村梅之助[注5]扮するアリババの奥さん役であった。一座とともに日本全国の学校を巡演した。あれほどまでに憧れていた演劇の世界で生きていける幸せ。毎日が本当に夢のようであった。

昭和二十三年、転機が訪れた。放送という仕事に興味を持ちはじめていた彼女は、ラジオドラマを聞く度に、自分もやってみたいという思いを募らせていた。そこで先輩の梅之助に思いきって相談してみたところ、「それはいいことだ」と、賛成してくれたのだ。

ＮＨＫの東京放送劇団第三期生の公募試験を、すでに募集は締め切られてはいたが、梅之助の紹介により、なんとか受けさせてもらえた。千人を超える応募者があったが、彼女はみごと合格。このとき一緒に合格した名古屋章[注6]、勝田久（筆者）とともに特訓を受け、二十四年の四月、ＮＨＫの専属声優となった。デビューは、当時、爆発的な人気のあった連続ラジオドラマ『鐘の鳴る丘』の看護婦役で、台詞は、「ハ

注4　劇団前進座
一九三一年、歌舞伎界の因襲的な制度に反発して松竹を脱退した歌舞伎役者を中心に創立された劇団。古典歌舞伎のほか、現代劇、大衆演劇、児童演劇等多岐にわたる作品を上演。映画制作にも積極的に関わった。

注5　中村梅之助（四代目中村梅之助）
なかむらうめのすけ（一九三〇年～二〇一六年）。歌舞伎役者。屋号は成駒屋。劇団前進座を創設した三代目中村翫右衛門は父にあたる。先代亡きあと、劇団の代表を務めた。『遠山の金さん捕物帳』の金さん役でも知られる。

注6　名古屋章
なごやあきら（一九三〇年～二〇〇三年）。俳優、声優、ナレーター。テレビドラマ『ザ・ガードマン』『俺たちの旅』、人形劇『ひょっこりひょうたん島』（ドン・ガバチョ・二代目）等。

イ」というたったひと言だった。だがスタジオに行ってみると、ディレクターが、「なぜ、新人を起用したんだ、このひと言が大切なんだ……」と、キャスティングしたアシスタントディレクターを怒鳴りつけていた。しかし、彼女は臆せず、その「ハイ」のひと言に挑戦した。何度も何度もやり直しをさせられ、これがプロの仕事なんだと、このとき、その厳しさを知った。

やがて、『鐘の鳴る丘』が終了し、次の連続ドラマ『さくらんぼ大将』が始まった。主演は古川ロッパ[注7]、そして高橋和枝。大抜擢である。彼女の演じるお玉ちゃんは、たちまち子供たちの人気者になった。また、『とんち教室』[注8]の電話問答〝もしもし娘〟にも出演し、毎週かわいい声でレギュラー回答者の相手を務め、ＮＨＫの看板娘とも言われるようになった。

だが、いいことばかりではなかった。あまりにも突然の売れ方に、周囲にねたまれ、意地悪や、嫌がらせが続いた。日に日に高まる人気とは裏腹に、毎日が針のむしろのようであったという。

そんなころ、民間ラジオ局が続々と誕生した。そして、東京での民間放送第一号のラジオ東京（現・ＴＢＳラジオ）から、突然移籍の誘いがきた。彼女は迷いに迷ったが、結局、新しい職場で働くことを決意した。ＮＨＫの職員が移籍に激怒し、彼女を殴打するという事件もあったが、昭和二十七年、ラジオ東京に移った。

ラジオ東京では『花のゆくえ』『リボンの騎士』など、数々のラジオドラマに出演したが、四年間の契約を終えると、ラジオ東京とも別れを告げた。すでにこのころ、放送の世界の中心はラジオからテレビへと移行しつつあった。彼女もラジオからテレ

注7　古川ロッパ（古川緑波）
ふるかわろっぱ（一九〇三年～一九六一年）。コメディアン、俳優、編集者、エッセイスト。一九三五年、「東宝ヴァラエテイ・古川緑波一座」と銘打ち、歌舞伎、新派が基本の喜劇にミュージカル要素をプラスした斬新な公演を行った。

注8　とんち教室
一九四九年～一九六八年まで、ＮＨＫラジオで放送されたバラエティ番組。各界の著名人やお笑いタレントが生徒役として出演し、先生役の青木一雄が出題するお題に珍答を繰り広げる大喜利のはしり的番組。

ビに自分の活躍の場を求めていたのだろう。

折しも、ＮＨＫで人形劇『チロリン村とくるみの木』が始まることになり、それに出演した。

そして、三十八年、後に彼女の声優としての立場を決定的なものにしてくれた『ルーシー・ショー』にめぐり会うことになるのである。今ではルーシー役は高橋和枝以外考えられないが、番組がスタートする前、キャスティングは難航に難航を重ねたという。

おもしろいエピソードがある。黒柳徹子が本場アメリカで『ルーシー』を見て、「違う、違う」と、どうしても納得できなかったそうだ。高橋和枝の声のほうが、本物のルーシーの声のようだというのである。それだけ彼女の演技に、パンチがあったということか。

アニメでも『鉄人28号』（第一作）の正太郎以来、『サザエさん』のカツオ、『ど根性ガエル』の吾郎などを演じ、『とんでモン・ペ』では鎌田夫人として活躍。カツオとは、今年で十三年目のつき合いとなる。

数多くの仕事をこなしている彼女だが、地唄舞[注9]を稽古し、一中節[注10]、富本節[注11]の修行にも余念がない。日本の芸能を学ぶことで、より俳優としての技能向上を心がけているようである。〝役者の修業は死ぬまで…〟という言葉があるが、彼女の生き方はまさにそのとおりだ。芸に対して、この上なく貪欲な人である。

注9　地唄舞
上方で発達した座敷舞踊の総称『上方舞』の中の、特に地唄を地にする演目のこと。江戸時代の御所や茶屋等の室内空間で生まれ進化した。座敷舞、京都で発展した流派は京舞とも呼ばれる。

注10　一中節
いっちゅうぶし。江戸中期に初代都太夫一中が、京都で盛んだったさまざまな三味線音楽を統一させた、江戸浄瑠璃系三味線音楽の源流。

注11　富本節
とみもとぶし。初代富本豊前掾が一七四八年に創始した三味線音楽のひとつで、浄瑠璃の一種。

大竹宏

file No.18

おおたけ・ひろし
1932年3月14日〜、神奈川県出身。所属事務所・81プロデュース。代表作にアニメ『狼少年ケン』（ブラック）、『オバケのQ太郎』（小池さん・ＴＢＳ版）、『パーマン』（ブービー／パーマン２号）、『怪物くん』（ドラキュラ・ＴＢＳ版）、『もーれつア太郎』（ニャロメ・テレビ版第１作）、『Dr.スランプアラレちゃん』（ニコチャン大王）、『アンパンマン』（しぶがきじいさん・２代目）『宇宙海賊キャプテンハーロック』（ヤッタラン、トリさん）などがある。

代表作

パーマン

ブービー／パーマン2号

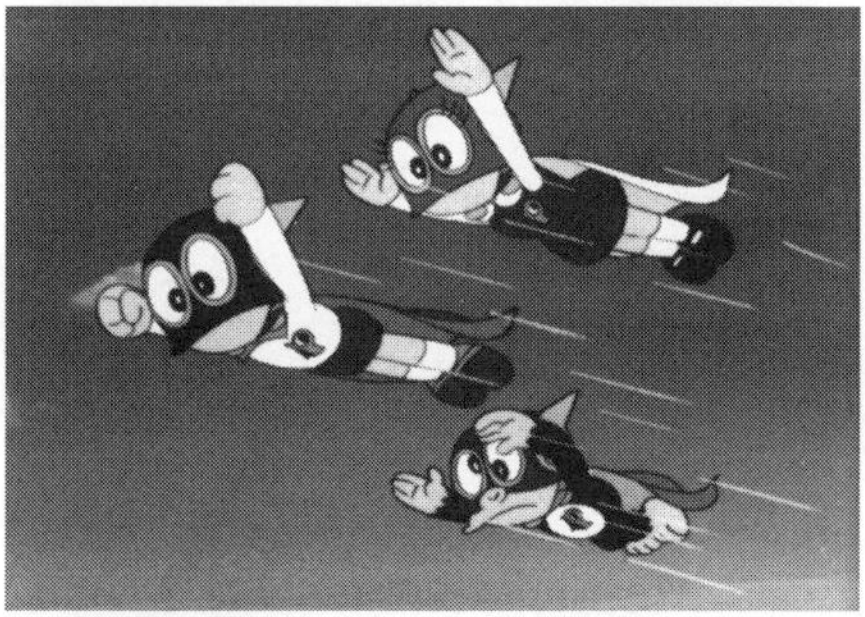

『モノクロ版TVアニメ パーマン』
DVD BOX 上巻・下巻
発売／販売：キングレコード

最近、アニメの録音スタジオで活躍している声優の顔ぶれが、すっかり若返った。二十代、三十代の人が多くなったからである。

つい五、六年前までは、経歴二十年、三十年というベテランたちで固められて、新人の入り込む隙間がなかったものだ。それが、低コストにおさえられているアニメ制作業界の事情もあってか、新しくアニメが制作される度に新人が起用されるようになり、あっという間にスタジオは、新人声優たちの仕事場となってしまった。

そんな中で、孤塁を守り続けて、健闘しているベテランたちもいる。その一人が、脇役専門、声優歴三十年の大竹宏だ。

大竹宏は、昭和七年三月十四日、神奈川県川崎市で生まれた。小学生のとき、東京・神田に一家は移住、以来ずっとここで育ったので、「俺は江戸っ子」だと自認する。

明治大学付属中学、同高校へと進む。生来、手先が器用で、絵画の才能も抜群。瞬時にして望みの絵をサラサラと描き上げる、そんなずば抜けた才能の持ち主だけに、中学、高校とも、美術部に属した。

だが、人前で落語をやったり、ジョークをとばしておしゃべりするのも大好き。これがまたおもしろくて、仲間からは大ウケに受け、高校のとき、演劇部からも引っぱられた。

当時の明大付属高の演劇部は、明大演劇部のOBたちが指導していたこともあって、かなりのハイ・レベル。数々の評判作を生んでいた。彼はその演劇部で、自作、自演、自演出、その上、舞台装置まで自ら手がけて公演をした記録を持つ。『海の底から来た男』『ボチャンスキーとドブンスキーがけんかした話』というユニークなタイトルの作品だった。

昭和二十五年、高校を卒業すると、アルバイトをしながら日本広告美術学校という専門学校へ通った。商業美術の世界を目指したのである。

このころより友人の紹介で児童劇団ちどりの公演を手伝うようになった。そしてそのうち、主催者の助手として子供たちの演技指導もするようになった。

ところがその劇団に入って二年目のこと、主催者が病に倒れ、突然亡くなってしまった。劇団には、これから芸能界へはばたこうという若者たちがたくさんいたが、みな途方に暮れた。そこで二十歳そこそこの彼が、劇団を背負って立つことになった。このとき劇団員には、まだ十代の池田昌子[注1]、菅谷政子[注2]、藤田淑子、三田佳子[注3]らがいた。

その後、ちどりは「こけし座」に併合され、彼は経営者、指導者としての肩の荷を下ろして、いち俳優に戻ることができた。

初めて放送に出演したのは、昭和二十八年のことだ。NHKの公開ラジオ番組『犯人は誰だ』であった。与えられた役はクマ。「ウォーッ！　ウォーッ！」がその台詞。このときから彼の、動物役との長いつき合いが始まった。

そして、そのクマのおかげで、ほどなくしてNHKテレビの人形劇『チロリン村とくるみの木』にレギュラー出演できることになった。

彼の役は、ネズミのタコチュー。またしても動物役であったが、今度は端役ではなかった。モグラのモグモグ（辻村真人）、スカンクのガスパ（八波むと志[注4]）と組んで〝エンガチョ・グループ〟と名乗り、大活躍したのだ。『チロリン村』は、たちまち大

注1　池田昌子
いけだまさこ（一九三九年～）。声優、女優、ナレーター。『銀河鉄道999』（メーテル）、オードリー・ヘプバーンの吹き替え等。

注2　菅谷政子
すがやまさこ（一九三七年～）。声優。『エースをねらえ！』シリーズ（愛川マキ）、『忍者ハットリくん』（ケン一）等。

注3　三田佳子
みたよしこ（一九四一年～）。女優。映画『序の舞』『Wの悲劇』『男はつらいよ 寅次郎サラダ記念日』『極道の妻たち三代目姐』等。

注4　八波むと志
はっぱむとし（一九二六年～一九六四年）。コメディアン、俳優。一九五六年に南利明、由利徹とともに「脱線トリオ」を結成。浅草を中心に舞台、テレビ、ラジオで活躍。映画『クレージー作戦 先手必勝』等。

人気となり、昭和三十九年四月に放映を終えるまで、八年間もの長寿番組となった。その後すぐ、フジテレビで再開、なおもしばらく放映が続けられた。

そのフジテレビで、四十一年十月、子供向けの新番組が始まった。『ピンポンパン』[注5]である。彼は、カッパのカータン役に起用された。もちろん『チロリン村』での活躍が評価されたのである。おかしなカッパのぬいぐるみに入り、奇妙な声を発し、持ち前の絵の特技を活かして、大きな紙に当意即妙、スラスラと筆を走らせ絵を描いて、子供たちを喜ばせた。

『ピンポンパン』は、十六年半ものロングランとなり、〝ピンポンパンのお姉さん〟は、初代の渡辺直子から五人も変わったが、カータン役は一貫して彼が演じ続けたのである。彼に代われる人材が、どこを探しても見当たらなかったということであろう。

『ピンポンパン』の毎日のレギュラーを務めるかたわら、数多くのアニメ作品にも出演した。昭和三十八年、『鉄腕アトム』のあとを追ってスタートした『狼少年ケン』で、狼のブラックと山猫の二役を演じ、アニメでも動物役でスタートした。『パーマン』では、パーマン2号で、これもモンキー。台詞はいつも「ウキー、ウキー」だけ。だが、彼はなんとこのひとつの言葉で、喜びも悲しみも、怒りも驚きも、すべての感情を表現してみせた。これには子供たちだけでなく、我々も大いに驚かされた。

その後も『紅三四郎』では犬のボケ、九官鳥などのユニークな演技、『もーれつア太郎』ではニャロメの迫力ある演技を見せ、〝動物をやらせるなら大竹宏〟〝動物をやらせたら彼の右に出る者はいない〟との定評を得た。

彼は、動物役を演じることを少しも嫌がってはいない。たとえ、それがノミやゴキ

注5　ピンポンパン
一九六六年～一九八二年までフジテレビで放映された子供向け番組。『ママとあそぼう！ピンポンパン』の略称。一九七〇年～一九七一年までは『みんなであそぼう！ピンポンパン』のタイトルで放映された。

ブリの役であろうとも、常にそれに真剣に取り組み、自分のものにしてしまう。

だが、ときには不快な思いをすることもあるという。犬や猫の鳴き声だけをやってくれと言われたときなどである。自分は役者であって、効果音係ではない。「ドラマに登場してくる動物のキャラクターを演じる心は十分に持ち合わせているが、効果音として動物の声を出せといわれても、それに応じることはできない」と彼は言う。これまで怪獣からゴキブリまで数多く演じてきているが、彼は決して動物の声のモノマネ屋さんではないのである。

もちろん、彼が演じるのは動物ばかりではない。動物役では、持ち前のカン高い声を使うが、人間役では野太い声を出して演技をする。『ひみつのアッコちゃん』の大将や『マジンガーZ』のボスなどがそうで、憎々しげで、それでいて愛嬌のあるキャラクターを、みごとに創り上げている。

『まいっちんぐマチコ先生』の校長、『The・かぼちゃワイン』の犬のニタロウとモン太（二役）、『機甲艦隊ダイラガーXV』の長門と出羽（二役）、『おっちゃめ神物語コロコロポロン』のナレーター役のアズマ虫、『Dr.スランプ』のニコちゃん大王と、現在五本（七人）ものレギュラーを抱えているのも、大竹宏なら新しいキャラクターを創造してくれるに違いないと、制作スタッフから期待されているからであろう。

彼は、声優として活躍するかたわら、児童演劇にも情熱を傾けてきた。

こけし座時代には、自作の『ハンス・ブリンカー』を上演し、読売演劇大賞や厚生大臣賞を受賞した。また現在でも、人形劇団の脚本を書いたり、指導もしている。ときには一人で幼稚園などをめぐり、幼児たちにお話をしたり、絵を描いたり、特技の指笛を吹いて楽しませている。

子供に夢や喜びを与えることを、自分の終生の仕事と考えているのであろう。

子供に対してはやさしくニコニコと温和な表情の彼だが、ひと度仕事になると、とたんに厳しい面持ちとなる。己に厳しいが、他人にも厳しい人である。

スタジオ内でタバコを吸う人がいれば、即刻やめさせる。声優同士の取り決めで禁煙だからである。スタジオ内の空気を清浄に保つことは、よりよい演技をするためにも必要なことだが、それ以上に、約束したことは守る——という厳しさが、彼にはあるのだ。

アニメ声優界は、今や二十代、三十代の若い人たちが主流となり、先輩の残した美風はともすれば忘れられがちだが、彼はマナーの点においても、演技の点においても、後輩たちを厳しく指導している。新人たちからは、細かい点までゆき届いた指導がしてもらえると喜ばれているが、中堅どころからは、うるさいオヤジと煙たがられているようだ。

だが、彼はあえてそれをやっている。アニメ声優界で活躍する数少ないベテランとして、後輩たちに先輩たちの遺産を伝えたいと願っているからである。

「俺はアニメ界の〝大久保彦左衛門〟[注6]、若い者に嫌われようと、まだまだ引っこみはしない」と、彼は笑って言う。

注6　大久保彦左衛門
おおくぼひこざえもん。大久保忠教（おおくぼただたか）の通称名。戦国時代から江戸時代前期の武将で江戸幕府旗本。徳川と大久保の歴史と功績を交え、武士の生き方を記した家訓書『三河物語』の著者。

青野 武

file No.19

あおの・たけし

1936年6月19日～2012年4月9日。北海道旭川市生まれ。最終所属事務所・青二プロダクション。海外ドラマ『ブロンコ』の主役タイ・ハーデンの吹き替えをはじめ、海外ドラマや映画、アニメで活躍。代表作に映画『バック・トゥ・ザ・フューチャー』シリーズ（ドク役／クリストファー・ロイド）、『宇宙戦艦ヤマト』（真田志郎）、『ドラゴンボール』シリーズ（ピッコロ大魔王ほか）、『六神合体ゴッドマーズ』（明神博士）、『ONE PIECE』（ジェラキュール・ミホーク・初代）などがある。

代表作

バック・トゥ・ザ・フューチャー

クリストファー・ロイド

『バック・トゥ・ザ・フューチャー』
Blu-ray
1,886円＋税
発売／販売：NBCユニバーサル・エンターテイメント

三月の北海道は、まだ辺り一面雪景色だ。零下三十度という日もあったりする。その銀世界の農道を、オーバーコートのえりを立て、ボストンバッグひとつを手にして彼は駅へ急いだ。

立ち止まって振り返り、空を仰ぐ。雪に覆われた大雪山が、朝日を受けてキラキラと輝いていた。

「これが大雪山の見おさめになるかもしれない……」

瞬間、そんな思いがこみあげてきてあやうく涙がこぼれ落ちそうになった。が、そんな感傷を振り払うように、正面を向くと二度と振り返ろうとはせず、旭川駅へ向かった。昭和三十年三月、青野武十八歳のときのことである。

青野武は旭川で生まれ育った。高校を卒業するまで、旭川からは、ただの一度も一人では出たことがなかった。

その彼が高校卒業の翌日には、俳優修業のために、東京を目指して旅立ったのである。無謀であったが、彼にはそれしか己の生きる道はないと思えた。

彼のふところには、東京では一週間も暮らせないほどのわずかな金しか入っていなかったが、俳優修業を思うと、夢が大きく膨らんで、武者ぶるいが起きるほどであった。故郷を捨てる感傷はあっても、前途の不安を感じる余裕はなかった。彼は新しい人生のスタートラインに立ち、今までの己を捨て去り、新たな青野武として生きることのみを考えつづけていた。

彼の少年時代は、まさに〝悪ガキ〟の一語に尽きた。近所の家のガラスは割る、塀は壊す、小さな子は泣かせる。〝青鬼〟というあだ名をつけられたほどである。
彼の父は建具指物師[注1]であったが、いつも飲んだくれて、母を泣かせていた。家計はいつも苦しく、母と子が、その日その日を暮らしていくのが精一杯だった。雪深い山すそに住みながら、小学校入学のときに買ってもらったスキーは、高校卒業の日まで買い換えてもらえなかった。そんな環境が、彼を悪ガキの道へと向かわせたのかもしれない。

だが、その悪ガキ少年の性格が、ある日突然変わった。小学六年生のときのことである。近所のおせっかい焼きの少年から、自分が〝もらいっ子〟であるということを聞かされたのだ。「そんなバカな！」と彼は怒って、その少年をなぐり倒してしまった。しかしその後、それが真実であることがわかった。その日まで本当の〝ちゃん〟と〝おっかあ〟とばかり思っていたのが、まったく血のつながりのない人たちだとわかったとき、彼は身体中の血がいっときに逆流する思いがしたという。

その日を境にして、彼の性格は暗くなっていった。いつも黙って、ふさぎ込んでいるような少年となっていったのである。

中学に進んでから、彼は野球部に入り練習に熱中した。それは、孤独感や苦しみから抜け出すためであったともいえるだろう。どうせ生みの親から見放された人間なら、一人で立派に生きていけるプロ野球選手になってやろうと思ったのだ。

彼の颯爽たる選手ぶりは学校中の評判となり、演劇部からも誘いの声がかかった。彼の容貌がハンサムだったからである。

野球と演劇に明け暮れた中学生活を終え、旭川東高校へと進む。往年の名選手スタ[注2]

注1　建具指物師
戸、障子、襖をはじめ、たんす、長持、机、箱火鉢等、板を組み合わせて作る木工品の専門職人。

注2　スタルヒン
ヴィクトル・コンスタンチーノヴィチ・スタルヒン（一九一六年〜一九五七年）。ロシア帝国生まれ、北海道育ちのプロ野球選手（投手）。日本プロ野球界初の外国生まれの選手。戦時中は須田博（すたひろし）と改名。通算三〇〇勝を達成。

ルヒンの出身校だ。野球部に入り、彼の心はますますプロ野球の世界へと傾いていく。

だが、ふとしたことから耳を患い、激しいスポーツを禁じられてしまった。はからずも、演劇活動をするグループから誘いがかかり、彼は数々の公演に参加することになる。

一年生のとき参加したサルトル作『出口なき部屋』は、高校演劇コンクール第三位に、二年生のときのイプセン作『幽霊』はなんと第二位に。いつしか彼は演劇のとりことなり、俳優になることを真剣に考えはじめるようになっていった。

ちょうどそんなとき、ふと目にした週刊誌の記事が、彼の心を捉えた。大劇団の俳優養成所は、都会育ちのお坊っちゃんお嬢さんでなければ入れないが、舞台芸術学院[注3]という演劇学校は地方出身の苦学生が多く、みなアルバイトをしながらがんばっている——という内容のものであった。彼の心は決まった。

「よし、俺も高校を卒業したら、そこへ入ろう！　アルバイトをしながら俳優修行をしよう！」


旭川から東京まで二十時間を超える長旅であった。東京に着くと彼は飛ぶようにして東京・池袋にある舞台芸術学院に駆けつけた。

入学の手続きをすませて帰りかけると、受付近くの石段に腰をかけてコッペパンをかじっていた目の鋭い青年が、声をかけてきた。

「ナニ？　北海道から役者志望でやってきた？　帰れ、帰れ、後悔しないうち、さっさと帰ったほうがいいぞ！」

注3　舞台芸術学院
一九四八年に創立された俳優養成の専門学校。卒業生の多くが演劇、ミュージカル、テレビ、映画、アニメ、ゲーム、テーマパーク等の現場で活躍。

青年はそう叫ぶと、ニヤリと笑った。同じ北海道から出てきてアルバイトをしながら苦労して俳優修業をしていた、松山照夫[注4]であった。

彼の入学が決まると、その松山が北海道出身の仲間を集めて、一杯飲み屋で歓迎会を開いてくれた。山田吾一[注5]もいた。見も知らぬ男をこんなにまでして迎えてくれる同郷人の温かい心を知って、彼は嬉し泣きをした。

「よーし、俺はやるぞ！　どんなことがあっても成功するまで故郷には帰らん。立派に俳優になれたら、大雪山に向かって大声で叫んでやる。俺はとうとうやったぞ……」と、泣きながら誓った。

東京での生活が始まった。下宿先を探す前に、彼はアルバイトを探しはじめた。下宿するにしても先立つものは金、その金がなかったからだ。幸い、新宿三越デパート裏のレストラン風月堂が、ボーイとして雇ってくれた。昼間、学院に通い、夕方から仕事、夜は店内にイスを並べてベッド代わりにして寝た。

昼の空いている二、三時間を利用してサンドイッチマンもやった。短期間で結構稼げる、効率のいいアルバイトだったからだ。新宿の雑踏を、広告のプラカードを掲げておどけた格好をしながら歩いていたら、向こうからいかめしい顔をしたサンドイッチマンが近寄ってきた。よく見たら、学院の一年先輩の家弓家正[注6]、ということもあった。

そうこうしているうちに二年が過ぎて卒業・劇団青俳[注7]の研究生となった。だが、幹部たちは毎日映画やテレビの仕事をしており、劇団にさえ現れず、研究生たちは何も指導をしてもらえなかった。彼は名ばかりの劇団研究生という生活が虚しくなり、す

注4　松山照夫
まつやまてるお（一九三一年〜）。俳優。映画『子連れ狼 子を貸し腕貸しつかまつる』『新座頭市物語 折れた杖』、テレビドラマ『大岡越前』『水戸黄門』シリーズ等。

注5　山田吾一
やまだごいち（一九三三年〜二〇一二年）。俳優、声優。テレビドラマ『江戸川乱歩』シリーズ、大河ドラマ『山河燃ゆ』等。

注6　家弓家正
かゆみいえまさ（一九三三年〜二〇一四年）。俳優、声優、ナレーター。テレビドラマ『白い巨塔』（ナレーションほか）、アニメ『鉄腕アトム』（第一作・スカンク草井）、フランク・シナトラ、ドナルド・サザーランドの吹き替え等。

注7　劇団青俳
一九五二年、「青年俳優クラブ」として結成され、一九五四年に劇団青俳に改名。一九七九年、『イカロスの空』上演後、解散。

ぐにそこをやめた。

幸い、若手の演劇人たちで結成していた「七曜会」に入ることができた。入って早々テネシー・ウィリアムズ作『欲望という名の電車』の公演で、スタンリー役にキャスティングされた。憧れていた新劇の舞台で主役を演じることができ、夢見心地だった。その青野の舞台を見て、七曜会に入ってきたのが、野沢那智だった。

舞台で華々しい活動をしていても新劇公演はいつも赤字、劇団員は火の車で、アルバイトに精を出して食いつないでいた。

その後、テレビや映画の仕事がポツポツ入るようになったが、まだそれだけでは食べていけない。劇団仲間の肝付兼太と組んで、スナックでバーテンとして働いた。なぜか肝付とはウマが合い、二人でアドリブを連発し、漫才バーテンと呼ばれて評判となった。

そんなとき、TBSのテレビ西部劇『ブロンコ』の主役が、彼のところに舞い込んだ。まったくの幸運であった。昭和三十六年、二十四歳のときのことである。彼にとって、初めてのアテレコの仕事であった。

『ブロンコ』をきっかけに、アテレコの仕事が少しずつ入るようになった。ところが、それもつかの間、七曜会が経営難で解散、彼はホームグラウンドを失ってしまった。穂積隆信[注8]、佐藤慶[注9]らの劇団新劇場[注10]に籍を置いてはみたが、なじめず一年足らずで辞め、その間にアテレコの仕事も遠のいてしまった。

再び、彼は風月堂に戻り、アルバイト生活を続けることになった。『ブロンコ』出演のころ、学院の一年先輩であった女性と結婚し子供も生まれて、生計を立てていか

注8　穂積隆信
ほづみたかのぶ（一九三一年〜）。俳優、声優。テレビドラマ『ザ・ガードマン』、クリストファー・ロイドの吹き替え等。

注9　佐藤慶
さとうけい（一九二八年〜二〇一〇年）。俳優、ナレーター。大河ドラマ『太閤記』『風林火山』、映画『白昼夢』等。

注10　劇団新劇場
一九六一年に創立された、北海道札幌市を拠点とする劇団。

なければならなかったからである。

演劇の世界で生きることの難しさを、ひしひしと感じた。一家揃って故郷に帰ることも考えたが、彼の心の支えとなっていたクラーク博士の「ボーイズ・ビー・アンビシャス」の言葉と、大雪山の雄姿が思い起こされ、負け犬となってすごすご引き揚げることなどできなかった。

演劇界から遠のいていたある日、風月堂に劇団芸協[注11]の主催者・梓欣造[注12]が彼を訪ねてきた。青野の昔の舞台を見ていて、埋もれさせておくには惜しい人材と、入団を勧めにきてくれたのであった。

昭和四十年、芸協に入団、それ以来、彼はここで演劇活動を続けている。今日自分があるのは、このときの梓の励ましがあったからだと感謝している。

入団後、またアテレコの仕事が入るようになり、『じゃじゃ馬億万長者』『ワイアットアープ』『対決ランサー牧場』などの海外作品で活躍、そしてアニメでは『宇宙戦艦ヤマト』シリーズの真田志郎役でファンをつかみ、現在、『太陽の子エステバン』でサンチョを好演している。

いつの日か、故郷・北海道に帰り、白銀に輝く大雪山の山頂を見上げ、「俺はやったぜ、初志を貫いて役者になってみせたぜ！」と、力一杯、叫んでみたい、と彼は白髪の増えた鬢《びん》をなでつけつつ微笑んで言う。

注11　劇団芸協
一九六二年に創立された劇団。二〇一三年に解散。青野武が代表を務めていた。

注12　梓欣造（現・あずさ欣平）
あずさきんぞう（一九三一年～一九九七年）。声優、演出家。『ボールのミラクル大作戦』（トッカメール刑事）、『ドラゴンボールZ』（ムーリ長老）等。

大平 透

file No.20

おおひら・とおる

1929年9月24日～2016年4月12日。東京都大田区生まれ。最終所属事務所・81プロデュース。ラジオ『ルーテル・アワー』でアナウンサーデビュー。声優としては海外アニメ『まんがスーパーマン』を皮切りに、アニメ『ハクション大魔王』（ハクション大魔王）、『笑ゥせぇるすまん』（喪黒福造）、『科学忍者隊ガッチャマン』（南部博士）、海外アニメ『ザ・シンプソンズ』（ホーマー・シンプソン）、『スター・ウォーズ』シリーズ（ダース・ベイダー）などがある。

代表作

ハクション大魔王

ハクション大魔王

声優はみな、それぞれが特徴のある声を持っている。低音の人もいれば、高音の人もいる。数いる声優の中で低音中の低音、そして太く響きのある声を持っているのが、大平透である。

彼の声は、実にどっしりしており、逞しく、地を這うように低い。まことにもって男性的である。彼の巨体を見ると、なるほど、あの声はこの身体から出るのかと、うなずける。

しかし、そんな巨人のような彼にも、かわいらしい声を出して遊び回っていた少年時代はあったのだ。


大平透は昭和四年九月二十四日、東京は蒲田、多摩川のほとりで生まれた。家の近くでは、春ともなれば、河原の上を雲雀《ひばり》がさえずりながら空高く舞い上がる姿も見られた。また、〝矢口の渡し〟と呼ばれる渡船場があり、そこでは日がなのんびり、船頭さんが船を漕いでいた。

生まれて八カ月目、一家は南国の島、ジャワのバンドン市に移住した。同地で父が、タイヤ修理工場と雑貨商を営むことになったからである。

当時、ジャワでの日本人の生活はかなり豊かで、父の事業も順調に伸び、生活ぶりも上流家庭のそれであった。現地人のメイドさんが何人もいて、何不自由なく〝坊っちゃん〟として育てられた。

この南国での、のびやかで豊かな幼年時代の生活が、後年、何事にも動じない大らかな彼の性格を作り上げたのかもしれない。

彼が五歳のとき、姉が日本の小学校に入学することになり、それを機に一家は再び日本に帰国することになった。昭和九年のことだ。

再び〝矢口〟の生活に戻ったが、このときすでに、彼は日本語よりもジャワでの慣用語・マレー語のほうが得意となっており、日本語が外国語のように聞こえたという。

彼は、友達を作るために真剣に日本語を学びはじめた。そして、やがて父や母よりも正確な標準語をしゃべれるようになった。日本を離れていたから、かえって日本語を他国語のようにように正しく習得することができたのかもしれない。

小学校を卒業するころ、彼は父のような技術者になりたいと考え、工業高校への進学を希望した。だが、周囲の勧めもあって、府立二十二中（現在の都立城南高校）へと進んだ。

高校時代は、野球と絵を描くことに熱中した。昭和二十三年、東京美術学校（現在の東京芸大）と、六大学の野球選手を夢見て明治大学予科を受験したが、結局明治へ進学した。

入学と同時に野球部に入り、すぐに、キャッチャーのポジションをつかむ。同期生に、後に巨人軍ヘッドコーチとなった牧野茂[注1]がいた。六大学野球復興の目覚ましかったころである。

このまま順調にいけば〝神宮〟の花形となったかもしれなかったが、予科二年を修了し、学部へ進もうというとき、胸部疾患にかかり、三年もの長期療養を余儀なくされてしまった。

注1　牧野茂
まきのしげる（一九二八年～一九八四年）。プロ野球選手、プロ野球指導者、野球解説者。一九五一年に中日ドラゴンズに入団。一九五九年に引退。一九九一年、野球殿堂入り。

その後、大学にも行けず野球ができないなら、せめて野球評論のような仕事につけないものだろうか、などと考えていたとき、父が、ラジオ東京の宗教番組『ルーテル・アワー』[注2]でナレーターを募集している、と教えてくれた。彼の父は敬虔なクリスチャンでもあったので、「信仰と職業が一致した人生を送れることほど、幸せなことはない」と、強くこの話を彼に勧めた。

これといった目的もなくなっていた折でもあり、父の言葉に従って応募してみたところ、なんと千人を超える応募者の中から金的を射止めたのである。これには、誰よりも彼自身が驚いた。父の願いを聞き届けてくれた神のおぼしめしであったのかもしれない。

彼は『ルーテル・アワー』の中のドラマ『聖書物語』のナレーターを毎週務めることになった。こうして、彼の新しい人生は開けた。

出演する俳優たちはみなプロ。その中にあって、彼はただ一人の素人であった。マイクの前で全身がブルブルと震えて手にした台本がガタガタと音を立て、喉が渇き唇がひっついて、リップノイズがペチャペチャと音を立てていた。「なんの基礎訓練も受けず、よくぞやったものだ」と彼は苦笑する。

毎週毎週、こんなにドキドキしていたのでは、とても身体がもたないと思っていたとき、地方民放局の新規採用アナウンサーを一堂に集めて、東京で講習会を行う、という話を聞き、さっそく、ツテを頼り受講した。

彼はこのとき、受講生の中で一番うまいと褒められたが、一方でクセがありすぎると叱られた。パーソナリティ無視の時代であったから無理もない。しかし彼は、ラジ

注2　ルーテル・アワー（ルーテル・アワー「聖書物語」）一九五一年、民間ラジオ放送開始に伴いラジオ東京で放送された、キリスト教の一派・ルーテル教団による伝導放送。現在は『ルーテル・アワー「心に光を」』がラジオ関西、山陽放送、山陰放送等で放送されている。

オ東京（現・TBSラジオ）のベテランアナの手ほどきを受けて、あっという間にアナウンサーとしての実力を身につけてしまった。昭和二十七年のときだ。

翌々二十九年、『ルーテル・アワー』を辞め、放送芸能プロダクションに入った。そこでの仕事は、新しく開局したニッポン放送の『健康の道しるべ』という教養番組のアナデューサー（アナウンサーとプロデューサーを兼ねた職種）であった。またこのころ大学の夜間部に復学し、後に立派に卒業した。さらに、この番組で知り合った聡明な女性タレントを射止め、結婚もしている。賢夫人として仲間うちで評判の現夫人である。公私ともに大飛躍の時代であったといえよう。

だが、そのプロダクションが一年たらずで傾き、彼はフリーのタレントになってしまった。

そのとき、東宝映画入りの話もあったが、どうしても放送の仕事が捨てきれず、東京放送劇団員の公募に応募、合格して第四期生となった。ニッポン放送の仕事では月収が五万円だったが、ここではたったの五千円。これには大いに驚かされたが、たとえ経済的に苦労しても、この世界で生きたかった。

同期生には泉大助[注3]、石原良[注4]、向井真理子らがいた。余談だが、菅原文太[注5]がこのとき応募し落ちている。こうして彼は、ラジオ東京の『赤胴鈴之助』の横車押之助役など、数々のラジオドラマで活躍することになった。

昭和三十年十月、アメリカからアニメの『スーパーマン』が輸入されてきた。同年にテレビ放映を開始したラジオ東京テレビ（現・TBSテレビ）が放映のため買いつけたのだ。五分ものではあったが十二本あった。

注3　泉大助
いずみだいすけ（一九二七年〜二〇一二年）。タレント、司会者。クイズ番組『ズバリ!当てましょう』（司会）、『ナショナル日曜観劇会』（同）等。

注4　石原良
いしはらりょう（一九三一年〜）。声優、ナレーター。『サイボーグ009』（002／ジェット・リンク・初代）、『クローズアップ現代』（ナレーション）等。

注5　菅原文太
すがわらぶんた（一九三三年〜二〇一四年）。俳優、声優。映画『まむしの兄弟』『仁義なき戦い』『トラック野郎』シリーズ等。

この『スーパーマン』に、外国人の声に近い低音を買われて、彼の出演が決まった。そして、ナレーション、クラーク・ケント、スーパーマン、その他もろもろの登場人物の声を、一人で全部演じた。

翌年十一月、今度は劇映画の『スーパーマン』が放映されることになった。またも彼が起用され、ここでもケントとスーパーマン役を演じた。『スーパーマン』はたちまち巷の話題となり、一時は六十パーセント以上の驚異的な視聴率を稼いだ。また、スーパーマン＝大平透として、その声は老人から子供に至るまで広く浸透した。

『スーパーマン』が終わったあと、しばらく、苦難の時代を経験する。番組は終わっても、スーパーマンのイメージが彼につきまとって離れなかったからだ。どこへ行っても、スーパーマンの大平と紹介される。もう新しい仕事が入らないのではないか、という焦燥感さえあった。

だが、彼の魅力ある低音を世の中が放っておくわけがなかった。彼に目をつけた製薬会社が、CMタレントに起用したのだ。[注6]このときスタートした生CMは、二十年以上も続いた。

また、その間、アテレコの仕事も入るようになり『サンセット77』、そしてアニメではディズニー映画『わんわん物語』（一九五六年版）などに出演した。『強妻天国』では、大男ながら、なんとも気の弱い旦那のフレッド役を好演し、大評判となった。後にそのイメージを買われ『おらぁグズラだど』の主役にキャスティングされ、『ハクション大魔王』出演のきっかけにもなった。そしてそれが、『ガッチャマン』などの一連の竜の子アニメ[注7]のキャスティングにつながっていく。

注6　このときスタートした生CM
田辺製薬（現・田辺三菱製薬）の生CMのこと。『八木治郎ショー』（テレビ朝日）や『すてきな出逢いいい朝8時』（毎日放送）等で生CMを行っていた。

注7　竜の子アニメ
一九六二年に設立され、一九七〇年代を中心に多くの人気作品を生み出したアニメ制作会社「株式会社竜の子プロダクション」（現・株式会社タツノコプロ）で制作されたアニメ作品のこと。

『ガッチャマン』の南部博士役には熱心なファンがつき、ファンクラブを作ってくれた。

彼はファンとはありがたいもの、と感謝している。しかし心のうちでは、声優は己の役を超えてはならない、あくまでもその人物像を創り上げるのが仕事であって、前面にしゃしゃり出てはならない——と考えている。「声優は忍者のようであるべきだ。グズラでも大魔王でも、あとになってから彼がやっていたのか、と人に言われてこそ声優なのだ」と力説する。

今、彼は後輩の指導にあたっているが、若者たちにこの〝声優忍者論〟を説いている。

声優はあくまで陰の人であり、表にしゃしゃり出てはならない……彼の考えに、私は大いに共感する。

向井真理子

file No.21

むかい・まりこ
1937年10月13日〜、東京都出身。本名・朝戸真理子（あさど・まりこ／旧姓・向井）。所属事務所・81プロデュース。ラジオドラマ『花ふたたび』でデビュー。海外映画『荒馬と女』や『お熱いのがお好き』、『七年目の浮気』などのマリリン・モンローの吹き替えをほぼ専属で担当。アニメでは、『魔法使いサリー』（サリーちゃんのママ・初代、すみれちゃん・初代）、『Dr.スランプ アラレちゃん』（山吹みどり、おはるばあさん）、『原始家族フリントストーン／強妻天国（日本版タイトル）』（ベティ）などがある。

代表作

七年目の浮気

マリリン・モンロー

『七年目の浮気 <テレビ吹替音声収録> HDリマスター版』
DVD発売中
発売／販売：20世紀フォックス ホーム エンターテイメント ジャパン

人間、ひょんなことから、自分でも想像していなかったような・人生行路をたどってしまうことがある。それによって幸となる人もいれば、不幸となる人もいる。人生はさまざま、それが運命というものであろうか。

向井真理子が、宝塚少女歌劇団[注1]に入ることになったのも、まったくひょんなことからであった。彼女自身、少女時代に芸能界に入ることになろうとは、その日まで夢にも思っていなかったからである。

向井真理子は昭和十二年十月十三日、東京・東中野の旭日ヶ丘で生まれた。そして太平洋戦争が始まった四歳のとき、父の故郷、大阪の北河内郡星田村に疎開し、ここで小学四年生までを過ごした。

彼女はまさに純情可憐、心やさしい少女であった。ハンセン病患者を描いた名作『小島の春』[注2]を読んで感激、友人たちの読み終えた本を集めては病院に寄贈したり、お弁当を持ってこないクラスメイトのために毎日お弁当を持っていってあげたり、といったエピソードに事欠かない。将来、世のため人のために奉仕する仕事がしたい、と夢を描いていた。

終戦後しばらくして一家は東京に戻ったが、そのころには河内弁まる出しの、標準語などまったくしゃべれない少女になっていた。

その後、父の仕事の都合で、北海道の鉱山のある土地を転々とし、小学校卒業までに、なんと六回も転校した。そして再び東京へ戻り、下北沢から鷗友学園中学に通学することになった。

注1　宝塚少女歌劇団
現・宝塚歌劇団のこと。一九一三年に結成された宝塚唱歌隊を前身に、同年十二月、宝塚少女歌劇養成会に名称を変更。一九一九年に私立学校として宝塚音楽歌劇学校が設立され、新たに宝塚少女歌劇団が発足。宝塚音楽学校を卒業して初めて歌劇団の団員となることができる。

注2　小島の春
医師である小川正子（おがわまさこ、一九〇二年～一九四三年）による、ハンセン病在宅患者の診察経験をまとめた手記。

中学三年のときのことである。彼女は、突然、宝塚少女歌劇団附属音楽学校を受験することになってしまった。実は、クラスメイトに熱烈な〝ヅカ〟ファンがいて、憧れのスターたちに会いたいばかりに、彼女に無断で宝塚に入学させることを計画したのである。

彼女自身は、それまで少女歌劇なるものを見たこともなかったし、男装して演じるなんて……とさえ思っていた。もちろん受験する気はなかったが、理数系がまったくダメな彼女、友人に理科も数学もないと、うまくそそのかされ、ごく単純な動機で受験することになったのである。

その決意を両親に話すと、いつもはやさしい母が大反対、しかし、堅物でとうてい聞き入れてもらえないと思っていた父が、あっさりと許してくれた。

昭和二十七年、難関を突破し、彼女は宝塚で寄宿舎生活を送ることになった。

入学してはみたものの、何をやってもドジばかり。しかし、先輩や同級生のみんなからは、ドジなマリちゃんと、大いにかわいがられた。

日本舞踊の稽古のとき、手ぬぐいと扇子を持ってくるようにと言われたので、日本手ぬぐいよりタオルのほうが汗をよく吸いとると思い、ぶ厚いバスタオルを持っていったら、なんと、手ぬぐいは扇子の下に敷くためのものだった。師匠の前に一同正座し、扇子を前におじぎをするのだが、ぶ厚いタオルの上に扇子がチョコンとのっている様には、師匠も、開いた口がふさがらなかったとか。

寄宿舎生活もつらかった。朝は早く起こされ、廊下や稽古場の床磨き、その上先輩の洗濯もやらされ、夜は先輩たちが全員入ったあとのお風呂に入る。食べ盛りだというのに食事はチョッピリ、いつもお腹をすかせていた。外泊簿を見ては、その人の分の食事をもらいに行って、仲間同士で分け合って食べたこともしばしばだった。

数々の失敗談を作りつつも、予科の一年が修了、晴れて研究生となり、星組に配属され、芸名を美鳩万里子と名乗った。舞台にも立てるようになった。といっても、風船を持って走り回る子供の役とかラインダンスだけだったが。

彼女が宝塚に入団して一番喜んだのは、彼女を無理矢理宝塚に送り込んだ友人であった。彼女が公演に出る度に訪ねてきてくれた。もちろん、お目当ては彼女ではなく、〝ヅカ〟のスターだったわけだが……。

宝塚に来て二年八カ月目、ふとしたことから彼女は退団するはめになってしまった。友人から来た手紙の返信に、「稽古は厳しいし、寄宿舎生活も苦労が多い……」と、何気なく書いたところ、その友人がその手紙を向井家に持っていき、母親に見せてしまったのだ。母親は、その手紙に驚いて早々に宝塚に飛んでいき、彼女を連れて帰ってしまったのである。

東京に帰ったものの、高校を卒業しているわけではないし、就職の口もなくて、しばらくの間家でブラブラしていた。そんなある日、新聞に、「ラジオ東京テレビ（現・TBS）開局、テレビタレント募集」と、広告が載っていた。

「これだ！」と応募したところ、これがすんなりと合格。東京放送劇団第四期生として採用された。昭和三十年の春のことだ。同期生に大平透、泉大助、石原良、白石奈緒美[注3]、朝戸正明[注4]（今の旦那サマ）らがいた。

テレビタレントとして専属俳優になったのだが、初めての仕事は朝のラジオドラマ

注3　白石奈緒美
しらいしなおみ（一九三五年〜）。女優、料理研究家。映画『雪華葬刺し』、テレビドラマ『御宿かわせみ』等。

注4　朝戸正明（現・朝戸鉄也）
あさどまさあき（一九三五年〜）。俳優、声優。海外アニメ『ザ・シンプソンズ』（レニー・レオナルドほか）、『おはよう！こどもショー』内の特撮ドラマ『レッドマン』（怪獣おじさん）等。

『花ふたたび』の主役・真弓の役であった。その後は、『サザエさん』『てんてん娘』などのテレビドラマや時代劇に娘役として出演、可憐な娘役のできる女優として引っ張りだことなり、一日に三本も掛け持ちした。

昭和三十二年、放送劇団を退団、フリーとなった。そのとき出演したのが、ニッポン放送のラジオドラマ『君美しく』であった。ちょうどそのころ、アメリカのテレビ映画の吹き替え番組が放映されるようになった。いわゆるアテレコ番組である。少女のような澄んだ声を買われ、彼女にもその仕事が舞い込んできた。

最初に出演したのが『百万長者と結婚する法』のバーバラ・イーデン[注5]扮するド近眼のロッコ役。他人よりワンテンポずれているおっとりしたお人好しの娘の役だ。これが彼女が演じるとまことにピッタリ。たちまち評判となった。

この番組の成功によって、彼女は後にマリリン・モンロー[注6]の声に抜擢されることになるのだが、実はロッコの声にキャスティングされるとき、向井は色気がないから無理では……と、不安がられていたらしい。

そのことを知った彼女は、大いに発奮。どうしたら色気なるものが表現できるようになるのかと、研究した。そして、声を鼻にかけると、甘ったるい色気が出せることに気づき、彼女独自のお色気タップリの表現法を開発した。

こうして、『帰らざる河』『お熱いのがお好き』『七年目の浮気』『バス停留所』『ナイアガラ』『ショウほど素敵な商売はない』『王子と踊子』『紳士は金髪がお好き』……と、十三本の作品でモンローの声を演じたのだ。

またアニメでも、草創期からの作品に出演し、『魔法使いサリー』『オバケのQ太

注5　バーバラ・イーデン
一九三一年～。アメリカの女優。テレビドラマ『かわいい魔女ジニー』等。

注6　マリリン・モンロー
一九二六年～一九六二年。アメリカの女優。映画『ナイアガラ』『百万長者と結婚する方法』『荒馬と女』等。

郎』などで活躍した。

昭和四十年、二十七歳のときに結婚、しばらくは子育てに専念していた。だが、その間も、モンローの声だけはぜひに、とのスタッフの要請に応えて出演した。モンロー＝向井真理子、というイメージが視聴者にすっかり定着していたからである。

昭和五十一年十月、『花の係長』でアニメに復帰、最近では『Dr.スランプ』の山吹先生とおはるばあさん（二役）、『あさりちゃん』のママ……と、幅広い役で大活躍している。

小さいころより、詩や童話が大好きだったという彼女だが、今はアニメも大好きと言い、特にメルヘンチックなものが好きと言う。

自分の意思とは関わりなく女優になってしまった彼女だが、今ではアニメの魅力にすっかりとりつかれ、声優の仕事に情熱を燃やしている。

熊倉一雄

file No.22

くまくら・かずお

1927年1月30日〜2015年10月12日。東京都港区生まれ。最終所属事務所・テアトル・エコー。海外ドラマ『ヒッチコック劇場』（アルフレッド・ヒッチコック）や『名探偵ポワロ』（エルキュール・ポワロ役／デヴィッド・スーシェ・テレビドラマ版）、『宇宙家族ロビンソン』（Dr. ザックレー・スミス役）などの吹き替えをはじめ、、アニメでは『スーパージェッター』（西郷長官）、『パンダコパンダ』（パパンダ）などがある。また、『ゲゲゲの鬼太郎』（第1・2作）では主題歌を担当した。

代表作

名探偵ポアロ

デヴィッド・スーシェ

『名探偵ポワロ 【完全版】全巻DVD-SET』
39,800円+税
発売／販売：ハピネット

声優を志す若者から、よく受ける質問のひとつに「声優になるには美声でなければいけませんか?」というのがある。声優志望者の集まりなどでも、必ずこの質問が出る。

声優になれる・なれないは〝声次第〟と思い込んでいる人がいかに多いことか。

そんな質問の度に、引き合いに出される人、それが超ベテランの熊倉一雄だ。熊倉の声は、決して美声とはいえないが、ユニークであり、えもいわれぬ味があり、人間味にあふれていて、その上ユーモアに富んでいる。声優にとって大切なのは、声質ではない。その持てる芸である。芸は、その人間性の発露でもある。

熊倉が声優として起用され、多くのファンから愛されるようになったのは、美声なるがゆえではなく、彼の持つヒューマニズム、そこから醸し出される温かい雰囲気と、味のある語り口、それが独特の芸を生み、魅力となって、聞く人の心を捉えるのである。

熊倉一雄は、昭和二年一月三十日、東京・麻布で生まれた。生まれたときは、三八〇〇グラムと、大きな赤ちゃんだったそうだが、はしかと百日咳を患い、そのためか、小柄な少年に育った。

また、小学二年生のとき肋膜炎を病み、そのため腺病質の子として扱われ、体操の時間などは見学していることのほうが多かった。

そんなことから遊び友達もできず、休み時間も一人ぽつんと、元気に走り回る仲間の姿をうらやましげに眺めているだけであった。幼いながら、疎外感、孤独感をひしひしと感じたという。

しかし、それが彼を読書好き、空想好きの少年に駆り立てていった。彼は小学生時代から、実にたくさんの本を読んだ。『少年少女世界文学全集』『世界偉人伝』……と、手当たり次第に読みあさった。

また、住んでいたところが工場が立ち並ぶ工業地区で、父が機械関係の仕事をしていたこともあってか、エジソンなどの発明家物語が大好きで、将来は発明家になりたいと考えていた。

やがて太平洋戦争に突入。彼は府立八中（現・都立小山台高校）へ進学、身体が弱かったせいもあり、ただただ勉学に励み、敗戦の前年、慶応大学経済学部予科へ入学した。だが、入ったものの、どうも自分の生き方とは合わないように思い、その年の秋には中途退学し、外交官を志して旧制都立高校（現・首都大学東京）を翌年受験、入学した。

入学後、友人に誘われるままに演劇研究会に入った。演劇などというものについて、何も知らなかったし、小学校の学芸会にさえ出たことはなかったが、ここでの活動が彼のその後の人生を大きく変えてしまうことになる。

演劇の稽古を始めてみたら、もうメタメタに楽しく、みんなと一緒になってワイワイ、ガヤガヤと論じ合って演じることにすっかり魅了されてしまった。チェーホフ作の『記念祭』、ゴーゴリ作の『検察官』……と、次々と打たれる公演に出演、彼は小柄な身体で精一杯舞台を駆け回る。そして観客から盛大な拍手と喝采を受け、ライトを浴び、「俺の人生はこれだ！　己の一生をかける仕事はこれしかない……」と、決意した。

　こうして三年間、演劇に明け暮れた学生生活を過ごし、初志の学業はほとんどそっちのけ、その上、卒業試験と公演の日が重なり、後者を取ったため、とうとう卒業できなかった。

　しかし、これが彼をさらに演劇の世界へと奥深く入らせることになる。

　彼は学校を辞め、創立したばかりの東京演技アカデミーという演技研修の学校の楽劇科に、プロになる夢を膨らませて飛び込んだ。楽劇とは、今でいうミュージカルのことである。当時、日本にはまだミュージカルという言葉はなかったし、それがどんなものか知っている人も、ほとんどいなかった。

　高校時代、音楽部にもいて、コーラスをしたりフルートを演奏していたので、音楽には多少なりとも自信はあったが、いきなりバレエのレッスンを受けるハメになり、これが泣くほどつらかった。タイツ姿で〝アン、ドウ、トロア〟〝アン、ドウ、トロア〟と、バーにつかまって、というよりはしがみついて片足を肩の高さまで上げるレッスンは、小柄な彼にとっては、まるで拷問にかけられているようであった。

　また、大学も卒業せず、勝手に楽劇などにうつつをぬかすあきれた所業と、父親に勘当されてしまった。

　それでも彼は、将来のミュージカルスターを夢見て、歯をくいしばってこの試練に耐えた。

　しかし、頼りにしていた学校が、開校二年目にして倒産、廃校になってしまった。

　人生の目標とも言えるミュージカルへの道を失い、その上、帰る家も失った彼は、途方に暮れた。

しかたなくアルバイトを続け、その日その日の生計を立てることになった。といっても、まだ戦後も間もないころのこと、そうそう働けるところはなかった。それでも、生来の手先の器用さを利用して、筆耕や看板書きの仕事を見つけては働いた。ただ、それもそうあるわけではなく、何も仕事のないときには病院に行って、自分の血を売ってその日の糧を得た。

こんなどん底生活をしていたとき、いい若いモンが己の血を売って生きていくなんていいことじゃない、うちへ飯を食いにこいと、やさしい言葉をかけてくれた医師がいた。結局、彼はその先生の家に二年間も居候させてもらう。その医師、すでに亡くなられた東先生のことを思い出すと、今でも涙が止まらないという。

そうこうしているうち、耳よりな情報が仲間からもたらされた。進駐軍（アメリカ駐留軍）回りのダンシングチームで、コミックショーをやる男優を何人か探しているというのである。

さっそく、彼は仲間とトリオを組んでそのショーでパントマイムをやらせてもらうことにした。日本語をしゃべってもシャレが通じないと考えたこのコミックマイムは、大いに受けた。

また、アメリカのヒットナンバーを歌って、この世界で活躍していた柳沢真一[注1]とも舞台を共にした。

あるとき、柳沢のマネージャーから、楽譜が読めるなら写譜を手伝ってくれないかと頼まれた。彼は即座にそれを書き上げ、マネージャーをびっくりさせた。

注1　柳沢真一（柳澤愼一）やなぎさわしんいち（一九三二年〜）。ジャズ歌手、俳優、声優、福祉活動家、作詞家。海外テレビドラマ『奥さまは魔女』『アイ・ラブ・ルーシー』の吹き替え等。

その話はすぐに広がり、帝劇や日劇から彼のもとに写譜の仕事が転がり込んでくるようになった。写譜は特殊技能で、誰にでもできるというものではなく、その上、作曲家それぞれにクセがあるから、それを正確に読みこなすことは容易な仕事ではなかった。

しかも、舞台が開くぎりぎり二、三日前に、どんと山のように譜面が渡されるのだから、猛スピードで仕上げていかなければならない。おかげで、彼はいつも徹夜で写譜することになったが、同時に収入はぐんとはね上がり、貯金もできて、念願のミュージカルタレントになるための軍資金を得ることができた。

ときあたかも、アメリカやヨーロッパから『イースター・パレード』『掠奪された七人の花嫁』などのミュージカル映画が輸入、公開されていたときである。

彼は特に、フランスのルネ・クレール監督の『自由を我等に』を見て感動し、歌える役者を目指して、歩み続ける決意を新たにしたのであった。

昭和二十七年、NHKがテレビ放映開始を目前にして実験放送を繰り返し、読売新聞系列の日本テレビジョン放送網（NTV）も、民放初のテレビ局として、開局の名乗りをあげていた。

やがてやってくるであろうテレビ時代の夜明けを期待しつつ、熊倉一雄は胸はずませて劇団東芸の研究生となった。

東芸の先輩には大塚周夫がいて、ステージ・ダンサーを経験していたこともあって、身も軽やかにカッコいい役を演じていた。

だが、熊倉一雄は新米の研究生の身。公演が始まっても、大道具や照明の係で、裏方として働かされることが多かった。しかし、いつかは必ずプロの俳優として、檜舞台に立ってみせるぞと、どんなつらい仕事でも嫌な顔ひとつせず笑顔でやり遂げた。そしていつしか先輩たちからも愛される存在となっていた。

そのころ、突然、ラッキーな話が持ち込まれた。先輩の東宝映画出演の話が決まり、彼にも思わぬ大役が転がり込んできたのである。

戦争もので、彼の役は戦況を伝える伝令の役。配役表に熊倉一雄の名前が印刷された台本を渡され、天にも昇る心地であった。

ロケ地は伊豆大島、ロケ隊一行は汽船に乗り、大島に到着するとただちに撮影開始。三原山のふもとの荒れ地が戦場となった。

熊倉一雄は、ベテラン俳優たちに囲まれて、緊張しながらリハーサルを繰り返した。いよいよ本番。監督の「スタート！」の声。そして35ミリカメラの低くうなるような回転音、助監督の打つカチンコの音……。彼は途端に極度に興奮し、身体がワナワナと震えていくのを感じた。

と、どうしたことか、頭の中が空っぽになって台詞がまったく出てこないのだ。カメラだけがジーッと、音を立てて回りつづけている。

「カット！」

監督の厳しい声が響いた。

それから何回も撮り直しが続いたが、いずれも絶句したり、台詞を間違えたりして使いものにならず、監督もとうとうサジを投げてしまった。急きょ、代役が立てられることになった。

ただただ敗北感のみ。

「俺はバカだ！　こんなバカがどうして役者になんかなろうとしたんだ!!」

彼は、三原山麓の草むらを転げ回り絶叫し、自己嫌悪に陥り、深い絶望の淵に叩き落とされた。

翌、昭和二十八年、ＮＨＫテレビに続き、日本テレビ開局。

熊倉一雄は、役者志望をサラリと捨てて、大道具係として日本テレビに入社。小さな身体で、大きな背景をかついでスタジオ内をチョコマカと動き回り、よく働いた。

当時のテレビ放送は、一日に昼二時間、夜四時間程度しかなかったので、比較的時間に余裕のある楽な勤務であった。

彼は、その暇を利用してはテレビドラマのリハーサル室に行って見学をした。目をみはるほど上手な役者もいれば、驚くほど下手な役者もいた。

当時はすべて生放送であったわけだが、トチッたり絶句したりする役者もかなりいることを知った。

「……あのくらいのことなら、俺にもできるのでは……」

彼の体内に潜んでいた役者になりたいという願望が、ムクムクと頭をもたげはじめた。

そうした折、スタッフの間に、大道具のクマちゃんは元役者だったのだ、ということが知れ渡り、やたらと出演させられるハメになった。

やれ警官の役者が足りないからとか、バーで一杯やっている客が欲しいとかで、サラリーマンや肉体労働者、時代劇では長屋のおかみさんとさまざまな役を演《や》らされた。

こうして、毎日のように出演を続けていくうちに、なんとなく役者としてやっていけそうな自信らしきものが芽ばえてきた。

「ああ、俺にも役者はできるのだ。毎日、心がけて役者修業をしていけば、いつかは俺だって、人前に出ても恥ずかしくない一丁前の役者になれるのだ……」

彼は決意すると、日本テレビを辞め、劇団東芸に戻った。

劇団では、ちょうど昭和二十八年芸術祭参加作品、阿木翁助[注2]作『わが大学にある日々は』の公演の稽古に入っていた。この作品は筆者にとっても思い出深い。当時まだ筆者はＮＨＫに在籍していたが、作者の阿木先生から大役をいただいて、上司に願い出てやっと出演の許可をもらい、客演できたといういきさつがあるからである。

このとき、僕はクマちゃんの愛称で劇団から愛されていた熊倉一雄と初めて会い、そして共演することができた。

とはいっても、このときの彼の出演場面は、舞台転換のため降りている幕の前を、学生同士で何やら議論し合って通りすぎるというだけの役。

舞台転換には三分間かかる。その間、客をひきつけておくために、舞台稽古の日に、急きょそのシーンが書き足されたのであった。つまり、三分間だけの出演だが、重要な役であった。

彼は、この三分間、カントやヘーゲルの哲学論らしきものを口からツバを飛ばしながら論じ、悩んだり、怒ったりしてみせて、観客を大いに笑わせた。毎日、その場面

注2　阿木翁助
第一部Ｐ５３脚注５７へ

になると観客がドッとわいた。

この三分間の光った演技により、彼はたちまちユニークな役者として、作者からも劇団幹部からも認められて、これを機会にラジオの仕事が次々と入ってくるようになった。

その翌年、ニッポン放送が開局。彼は『ポッポちゃん』（まだ小学生だった上田みゆきが主演）、『アッちゃん』（これまた、まだ小学生だった田中秀幸[注3]が主演）の子供向け番組から、『俺は藤吉郎』などの大人向け番組まで、数本のレギュラー番組をかかえることになった。あの鼻にかかったなんともいえない独特の声で、人のいいおじいさんを演じつづけた。

「ギャラの安い東野[注4]（英治郎）サン」などと仲間うちから冷やかされながらも、彼はラジオの世界でユニークな存在となり、この役は、どうしてもクマちゃんでなければ……という仕事が殺到するようになった。

昭和三十一年、テレビ界に、海外から放映済みのテレビ映画が、どっと日本に上陸してきた。日本は格好のマーケットと目されたのである。

熊倉一雄は、昭和三十二年正月放送の『海賊船サルタナ』にアテレコ初出演する（筆者も、このときにサルタナ役で初アテレコを経験した）。クマちゃんは、例のあのユニークな声でみごとに脇役を演じた。

その年、日本テレビも、シリーズ作品『ヒッチコック劇場』を放映開始した。放映初期のころは、冒頭のヒッチコックおじさんの声は英語のままだったが、何回目からか、その声も日本語にしようということになり、熊倉一雄が当てられた。これが、あ

注3　田中秀幸
たなかひでゆき（一九五〇年〜）。声優、俳優、ナレーター。『ドカベン』（山田太郎）、『ワールドトリガー』（レプリカ）等。

注4　東野英治郎
とうのえいじろう（一九〇七年〜一九九四年）。俳優、随筆家。映画『東京物語』『用心棒』、テレビドラマ『水戸黄門』等。

のヒッチコックおじさんのイメージとピッタリということで大評判となった。

『ヒッチコック劇場』は、一話完結のスリラーシリーズで、見応えのある作品ばかりであったが、冒頭に現れては、あの巨大なお腹を突き出してしゃべるヒッチコックおじさんの言葉が、また実におもしろかった。

話の内容やシャレもおもしろかったが、ヒッチコックの語り口をユーモラスに演じた熊倉一雄の芸が、なんともみごとで楽しかった。

『ヒッチコック劇場』はその後、なんと二〇〇回も放映を続けた。

アニメは、アメリカ製マンガ『ポパイ』が初出演。彼が演じたのは大男のブルート。それを小柄な彼が、大声を出して演じていたのだから実に愉快である。これが声優稼業の楽しいところともいえるだろう。

国産アニメでも、『スーパージェッター』に西郷長官の役で、その後、『海底少年マリン』など数々の作品に出演している。

昭和三十九年から五年間も続いた『ひょっこりひょうたん島』での活躍についてはご記憶の人も多いことだろう。


彼は、昭和三十一年に劇団テアトル・エコーに参加、数々の公演に出演した。現在は文芸演出部に所属する幹部でもあり、五十本近い公演に出演している。

演出作品も井上ひさしの『日本人のへそ』『表裏源内蛙合戦』『十一ぴきのネコ』『道元の冒険』……と、ざっと数えても十五、六本はある。

一公演を上演するためには、企画から上演まで最低六カ月は必要で、その間に費やすエネルギーたるや莫大なものである。彼はあの小さな体軀で毎回、全エネルギーを投じて、それにぶつかっていく。すさまじい演劇への執念である。

テアトル・エコーの目指すところは喜劇の上演である。洋の東西を問わず、おもしろい喜劇を探しては上演にこぎつけていく。

ミュージカルを目指してこの世界に飛び込んだ熊倉一雄の初志は、今も変わってはいない。コミカルなミュージカルドラマを演出し、お客さんに喜んでもらえるような芝居作りに、今なお情熱を燃やしつづけている。

幼少のころ、腺病質でひ弱であったが、中学生のころから、なぜかマラソンだけは抜群に強く、ふだん彼をいびっていた悪ガキどもを、このときばかりはグングン追い抜いて見返してやったという。

人生もマラソンである。彼も齢五十をとっくに超した。だが、これからも若い劇団員を叱咤激励しつつ、若き日の情熱のままに、喜劇街道をひた走りつづけていくことだろう。

たてかべ和也

file No.23

たてかべ・かずや

1934年7月25日〜2015年6月18日。北海道虻田郡生まれ。本名・立壁和也（読み・同じ）。最終所属事務所・ケンユウオフィス。代表作にアニメ『ドラえもん』（剛田武／ジャイアン・テレビ朝日版）、『タイムボカンシリーズ』（ワルサー、トンズラーほか）、『黄金バット』（ダレオ）、『あしたのジョー』（バンチョ・レオ・第1作）、『ど根性ガエル』（五利良イモ太郎／ゴリライモ・第1作）、『はじめ人間ギャートルズ』（ドテチン）などがある。

代表作

ドラえもん

剛田武／ジャイアン

アニメにしても外国映画にしても、録音スタジオが我々（声優）の職場、いや、戦場と言っていいかもしれない。

一見、みな楽しそうに演じているが、声優同士、互いに食うか食われるか、しのぎを削って戦っている戦場でもあるのだ。

休憩時間などにはダジャレを言ってふざけ合っていても、ひとたび本番となると、スタジオ内には緊張感がみなぎる。ベテランは余裕を持って戦えるが、新人は芸が未熟な上に場慣れもしていないので、足がすくみ、台本を持つ手がガタガタと震え出す。休憩時間には、先輩へのお茶汲みもしなければならないし、ゆっくり休んでいる暇もない。緊張しっぱなしのうちに本番を迎えることになってしまう。

そんな新人たちの緊張感を、少しでもやわらげてリラックスさせようと、労をいとわず気を配り、面倒を見てくれる先輩もいる。

たてかべ和也が、その一人だ。

彼が〝新人係のお兄さん〟と先輩たちから、からかわれながらもそれをしつづけているのは、彼の性格がやさしいということだけではない。

若き日の体験から得た生きざまなのだ。

たてかべ和也は、昭和九年七月二十五日、北海道は羊蹄山のふもと、倶知安《くっちゃん》で生まれた。

彼は雪深い土地に生まれ育ちながら、スキーをやったことがない。

彼の父親が、当時、胆振鉄道[注1]の偉い人で、雪の季節になって他の子供たちがスキー

注1　胆振鉄道
いぶりてつどう。北海道に存在した鉄道会社。一九二八年十月に京極～喜茂別間で営業を開始したが、一九四一年、胆振縦貫鉄道と合併。その後、一九四四年、戦時買収により国有化された。

で転げ回っているときでも、父の部下たちがソリに乗せて遊ばせてくれたからである。いわば坊っちゃん育ち。

小学校二年生のとき、父親の健康上の理由もあって、一家は北海道をあとにして東京・下北沢に住むことになった。

北海道の雄大な景色のもとで育った彼にとって、東京での生活はあまりにも違いすぎた。家々が軒を連ねていて、空地もない。人々はいつも、せかせかと忙しげに歩き回っている。

やがて太平洋戦争勃発。昭和十九年、彼が小学校四年生になったころには、日本の敗色は日に日に濃くなって、東京は連日、アメリカ空軍B29爆撃機の空襲を受けるようになっていた。

空襲の被害から逃れるために、学童たちの集団疎開が始められた。親のもとから引き離されて、小学生たちは深夜の列車で地方の山村へと送られていった。

たてかべ和也も、同級生らとともに長野県松本市の浅間温泉に疎開させられた。家を離れて一週間もたたぬうちに、クラスメイトたちは次々とホームシックにかかり、深夜の寝床の中でシクシク泣きはじめた。

だが、彼だけはホームシックどころか、毎日が楽しくてたまらなかった。一人っ子で、今までは遊び相手も少なかったのに、周りは友達だらけ。

毎日が、それこそルンルン気分、一人だけはしゃぎ回っていた。

ところが、疎開先がさらに山深い洗馬《せば》に移ってから、事情がガラリと変わってしまった。まず食事が急にまずくなり、量も減ってしまったのだ。

学童たちは、目に見えて痩せ細っていき、気力を失っていった。そして彼は、どうしたことか夜ごと寝小便をするようになり、それは終戦の前後六カ月間続いた。

疎開先から我が家に帰ったとたん寝小便はピタリと止まり、気力充実、毎日、学校から帰ると野球に熱中した。


その年、東京教育大附属駒場中学（現在の筑波大附属駒場中学）へ進学。彼はここでも野球に熱中する。途中、学制改革になり、高校に進んでからは、これといった理由もなかったがクラブ活動は演劇部を選んだ。

その演劇部で『アルト・ハイデルベルク』公演に参加。彼の役はユトナー博士だったが、観客から大喝采を受け、大いに気をよくする。

「俺、ひょっとしたら俳優の素質があるのかも……」

と、思うようになった。

それからは、毎週のように東京中の芝居を見て歩いた。

劇団民藝の『五稜郭血書』『炎の人』、文学座[注2]の『華々しき一族』等々……。どれを見てもただただ感動。己の生きる道はこれしかないと、演劇人への思い、俳優になる夢は日々募るばかり。

高校を卒業したら、すぐにでもプロの劇団に飛び込んで研究生にしてもらおうと考えたが、両親の顔を見るとそれも言い出せず、日大芸術学部演劇科に進みたいと願い出た。

これには両親も学校の先生もひどく驚いた。教育大に進める条件が揃っているの

注2　文学座
一九三七年、岸田國士、久保田万太郎、岩田豊雄の文学者の発起により結成された劇団。二〇一六年、俳優の江守徹が代表に就任。

に、何も好きこのんでそんな……と、大反対された。

だが、彼の意思は固く、日大芸術学部演劇科へと進む。入学してみて、今度は彼が大いに驚いた。校門を出入りするのは、ベレー帽にルパシカ[注3]姿のどう見ても芸術家といったスタイルの大人ばかりなのだ。

この先輩の中に小林清志や宍戸錠[注4]がいた。

ここでも『どん底』など数々の演劇公演に参加した。

このころ、彼はプロデュースの仕事に興味を持ちはじめ、しばらく制作スタッフとしての勉強に力を入れる。

日大演劇科出身の俳優は多いが、そのほとんどは中退者。しかし彼は五年間がんばって、昭和二十八年に卒業した。


卒業後、彼はテレビプロデューサーを目指し、北は北海道から南は九州まで、数々の放送会社を受験するが、すべて落ちた。

やむを得ず、先輩のツテを頼りに日本テレビで大道具係のアルバイトに就く。が、そんなことで満足している彼ではない。勤務のかたわら、日大の同級生であった田中康郎[注5]と組んで、劇団演劇座を結成、『毒薬と老嬢』をひっさげ札幌まで公演に出かけたりもした。

その後、先輩の小林清志、加藤修[注6]らの推薦で、劇団泉座に準劇団員として入ることができ、プロとしてのスタートを切ったのである。

そのころ、泉座は幹部の三島雅夫[注7]、望月優子[注8]をはじめ全員がマネージメント業務を

注3　ルパシカ姿
ロシアの民族衣装。昭和初期に芸術家の間で流行した。

注4　宍戸錠
ししどじょう（一九三三年〜）。俳優。映画『渡り鳥』シリーズ、『拳銃無頼帖』シリーズ、『殺しの烙印』等。

注5　田中康郎
たなかやすお（一九三二年〜二〇〇三年）。声優。OVA『銀河英雄伝説』（ウォルター・アイランズ）、テレビアニメ『北斗の拳』（マッド軍曹ほか）等。

注6　加藤修（現・加藤治）
かとうおさむ（一九三八年〜）。俳優、声優。『機動戦士ガンダム』（コンスコン少将・劇場版Ⅲ）、『美味しんぼ』（富井精一）等。

注7　三島雅夫
みしままさお（一九〇六年〜一九七三年）。俳優。映画『晩春』『おかあさん』等。

注8　望月優子
もちづきゆうこ（一九一七年〜一九七七年）。女優、元日本社会党参議院議員。映画『日本の悲劇』『米』等。

俳協に委ねていたので、たてかべ和也にも『ダイヤル一一〇番』やその他数々のテレビドラマに出演する機会が増えてきた。

舞台でも泉座公演の他、プロデュース公演の『項羽と劉邦』などにも出演し、尾上松緑[注9]、原保美[注10]、穂積隆信らベテランの人たちとも共演することができた。

昭和三十一年ごろ、突然、外国映画の日本語版を作るアテレコの仕事が、それも大役が彼のもとに飛び込んできた。

アテレコはまったく未経験というのに、ゲストスター演じるギャングのボス役であった。彼の舞台を見た制作スタッフが、その精悍な風貌に惚れ込んでキャスティングしてくれたようだった。

胸をときめかせながら、録音スタジオに出かけた彼は、リハーサルの段階ですっかり度肝を抜かれ、ブルってしまった。

周りの人たちは、台本を手渡されて、読み終わらないうちにフィルムが映写されはじめても、平気な顔をして画面と台本とを見比べながら台詞を当てていく。

ところが、彼は台本の字を追うのが精一杯。とても画面を見る余裕などない。どうして他の人たちは、そんな器用な芸当ができるのだろうと驚いている間に、二回目のリハーサルが開始された。

今度はみな出番になると、マイクの前に立って周囲の人物の口を見ながら、台詞をピタリピタリと当てていく。「まるで神業だ！」。彼はいくらがんばってみても、台本の台詞を読んでいくのがやっと。とても役作りなどできなかった。台本から目が離せないから、下を向きっぱなし、身体全体がガタガタと震え、知らず知らずのうちにマ

注9　尾上松緑（二代目尾上松緑）
おのえしょうろく（一九一三年～一九八九年）。歌舞伎役者。屋号は音羽屋。歌舞伎以外にも、映画、テレビドラマ等で活躍した。大河ドラマ『花の生涯』『赤穂浪士』等。

注10　原保美
はらやすみ（一九一五年～一九九七年）。俳優。テレビ版・映画版『事件記者』、テレビ特撮『怪奇大作戦』等。

イクから後ずさりしていく。

そんな彼を見かねてやさしくリードしてくれたのが、子分役をやっていた先輩の杉浦宏策[注11]。震えるボスの肩にそっと手を置いて、台詞の度に、ポンと叩いてスタートの合図を出してくれた。

震えているボスが、余裕たっぷりの子分に助けられての本番。なんとも様にならない図だが、この先輩のおかげでなんとか無事に終えることができた。

彼が、今アニメの世界でベテラン声優と言われるようになっても、いつも新人にやさしく親切に、細かな点にも気を配っているのは、この経験によるものなのだ。

「もし、あのとき、誰も自分に力を貸してくれなかったら、今日の自分はなかったろう。いや、メタメタ無残な結果となって、絶望のあまり、俳優をやめていたかもしれない」

彼は今でも先輩のやさしさに感謝している。

あのとき、彼はハッキリと、「よし、俺はこれからアテレコについて一生懸命勉強して、立派な声優になってやるぞ」と、一大決心をしたのだ。

それから間もなくテレビの世界に、空前の洋画ブーム時代が到来、『ララミー牧場』『ローハイド』などが爆発的な人気を呼んだ。そのころには彼も、月間三十本から四十本ものアテレコ出演をこなすほどの活躍をするようになっていた。

アニメ時代になっても演技力を買われ、数多くの作品に出演、年間四一二本もの作品に出演したことがあるという。現在は『タイムボカンシリーズ』や『ドラえもん』

注11　杉浦宏策
すぎうらこうさく（一九二六年〜）。俳優、声優。『ピュンピュン丸』（オンザロックホームズ、賠償）、『ゲゲゲの鬼太郎』（上島博士）等。

のジャイアンなど、なくてはならない脇役街道を驀進中。しかしどんなに多忙になっても、彼は新人の面倒を見ることを怠らない。それが、今日の自分を育ててくれた先輩たちに対する恩返しだと思っているからだ。

納谷 悟朗

file No.24

なや・ごろう

1929年11月17日～2013年3月5日。北海道函館市生まれ。最終所属事務所・テアトル・エコー。海外ドラマの『ヒッチコック劇場』に出演。以降、多くの海外ドラマや映画の吹き替えで活躍。中でもクラーク・ゲーブル、チャールトン・ヘストン、ジョン・ウェインなどを担当。代表作に『ルパン三世』シリーズ（銭形警部）、『宇宙戦艦ヤマト』（沖田十三）、『野球狂の詩』（岩田鉄五郎・3代目）、『新・エースをねらえ！』（竜崎会長）などがある。

代表作

パニック・イン・スタジアム

チャールトン・ヘストン

『パニック・イン・スタジアム』
DVD
1,429円＋税
発売／販売：NBCユニバーサル・エンターテイメント

声優には、それぞれ固有の語り口がある。つまり、それが芸風である。

納谷悟朗の語り口には、世をすねたようなニヒルなムードが漂う。それがこの矛盾だらけの現代社会に生きる若者たちの心を捉えるのだ。

納谷悟朗は、昭和四年十一月十七日、北海道の函館市で生まれた。

彼の父は、酒造業者の生産した酒の等級などを査定する〝利き酒師〟という仕事をしていた。大の野球好きでもあり、後にノンプロの「函館太洋倶楽部はこだてオーシャン」に入り、名キャッチャーとして鳴らした。納谷悟朗の酒豪ぶりも、野球狂ぶりも、すべて父親ゆずりということになろうか。

彼が四歳のころ、一家をあげて上京。東京・杉並の永福町に移り住んだ。

当時は見渡すかぎり一面の田園地帯で、明大野球部の練習風景も一望できた。

少年時代の彼は、田んぼのあぜ道を裸足で駆けめぐり、澄んだ小川で小魚を釣ったり、雑木林に忍んで小鳥を捕らえたりして遊んだ。夏の夕暮れには、コウモリを追いかけ、網で捕らえたこともあった。

このころの彼は内気で引っ込み思案で、ボケーッとした性格であったそうだ。それに比べて弟のロクちゃん（納谷六朗）[注1]は、頭の回転が早く利発で、級長さんまで務めたことがあるという。

兄貴としてはまことにカッコ悪かったが、ことスポーツに関しては、彼のほうが抜群にすぐれていた。野球はもとより、バスケットボール、跳び箱など、なんでも得意で、それでなんとか体面を保てた。

注1　納谷六朗
なやろくろう（一九三二年〜二〇一四年）。声優、俳優、ナレーター、演出家。『クレヨンしんちゃん』（高倉文太）、『聖闘士星矢』（水瓶座のカミュ・初代）等。

勉強嫌いであった彼は、中学校には進まず、当時、義務教育とされていた小学校高等科（二カ年）に進学。

高等科を一年終了したところで、太平洋戦争が勃発。陸軍技術研究所に〝傭い〟として就職。十三歳のかわいい給仕さんとして、マメマメしく働いた。

その後、周囲の人たちの勧めもあって、日大附属工業学校機械科夜間部に入学。しばらく通学したものの勉強にはサッパリ身が入らず、あっさりと月島商業学校に転校。

このころは、太平洋戦争も終局を迎えつつあり、東京は連日のようにアメリカ空軍機の爆撃にさらされ、人々は空を見上げては恐れおののいていた。

十六歳になった彼も、じっとしておられず、陸軍少年飛行兵を志願。所沢の飛行学校に入隊した。

だが飛行場には、すでに練習機の影さえ見ることができなかった。昭和二十年の初夏のことであった。

地上での戦闘訓練ばかりを受けているうちに、やがて終戦。彼は東京の街に、軍服姿のまま放り出された。

何もする気になれず、上野、浅草をふらついていた。そんなとき、一人の少年と知り合う。なんと、浅草の街のボスの倅であった。

彼はいつしか、ヤクザの世界に足を踏み入れてしまった。が、そうした仲間たちとの付き合いにも嫌気がさし、別れを告げると、今度は給仕として毎日新聞社に入社した。運動部に配属されて、記者や編集部員から「オーイ！　こども!!」と、大声で呼ばれると、飛んでいって原稿を受け取り、それを整理部へ運ぶのが仕事であった。

午前中は各紙のスポーツ記事の切り抜きをして、スクラップ・ブックに貼る。それをやりながら記事を隅から隅まで読んでいるうちに、彼は野球界の情報通になってしまった。ちょうど毎日新聞社が中心となって、パ・リーグを新設しようとしていた時代であったから、新聞も売れに売れていた。

そうした折も折、社員の待遇改善の声が高まり、労働組合活動が活発になって、子供（給仕）たちの間にも、青年共産同盟の輪が急速に拡がっていった。彼もまた仲間とともに同盟に加入。歴史に残る各新聞社労働組合一斉のストライキに参加。有楽町の毎日新聞社ビルに立てこもった。

やがてストライキは駐留軍の干渉もあって中止、労働組合幹部は次々とレッドパージ[注2]により追放されてしまう。そんなある日、デスク勤務の先輩が、彼の将来を心配して京都の八木スポーツ店に就職の世話をしてくれた。

彼は毎日新聞社をあとにすると、東京駅から鈍行に乗り京都へ向かったが、このとき、数年後にまた、この毎日新聞社ビルの東京放送で仕事をすることになろうとは、夢にも思わなかった。

京都に移ってから、立命館中学夜間部（旧制）を経て、立命館大学専門部国文科に入学。

その翌年、新制大学発足。彼はそれを機に受験しなおして、立命館大学法学部に入学した。小学校以来、ずっと夜学通いだったが、大学は昼間部が選べた。彼の兄が経営する出版社の経営状態がよかったからでもある。

彼は勉学のかたわら、空手部や野球部で身体を鍛えた。特に野球は三度の飯よりも

注2　レッドパージ
第二次世界大戦後の日本で、進駐軍が行った共産主義者追放の動きを指す。報道関係、一般企業、官庁から、共産主義者やその同調者、総計一万数千名が解雇された。

好きだったから、毎日ボールを握れることが、たまらなく嬉しかった。

そんなころ、演劇部から声をかけられ、無理矢理舞台に立たされるハメになった。正確な標準語をしゃべれることが、キャンパス内でも評判になっていたからだ。

言われるままに出演し、『燈台』（三島由紀夫・作）『月冴ゆ』（二宮千尋・作）『喋る』（黒澤明・作）と連続出演しているうちに、彼はすっかり演劇の魅力にとりつかれてしまっていた。

おもしろいことに、このころ、東京でも兄が出版社の仕事の合間に、若い人たちを集めて演劇活動を始めていた。

片山明彦[注3]、杉裕之[注4]、そして彼の弟の六朗もいて、「かもしか座」と名乗っていた。兄の出版社から劇団東童の主宰者・宮津博[注5]の『東童名作選』が出版されることになったのがきっかけとなり、彼は大学を中退して劇団東童入りを決めた。

納谷悟朗、十九歳のときのことである。

劇団東童では『宝島』『狐の裁判』『ファウスト博士と悪魔』『白雪姫』『ピーターパン』『シンデレラ』……と、次々と舞台に立ち、全国を巡演した。

だが出演料はわずかで、その日その日の小遣い銭にも困った。旅公演のないときには、劇団の稽古場に寝泊まりし、食事は先輩にくっついていっては奢ってもらう毎日。

昭和二十七年、彼が二十三歳のとき、初めてNHKのラジオに出演。

そのときの放送出演料は百円であったが、彼は、その出演料をもらったときの嬉しさを、今でも忘れることができない。

一本のラジオドラマに、リハーサルが二日、本番が一日と、三日もかけていたころ

注3　片山明彦
かたやまあきひこ（一九二六年〜二〇一四年）。俳優。映画『路傍の石』『風の又三郎』『素浪人罷通る』等。

注4　杉裕之
すぎひろゆき（一九二九年〜）。元俳優、声優。映画『次郎物語』『暗夜行路』、テレビドラマ『三四郎』等。

注5　宮津博
みやつひろし（一九一一年〜一九九八年）。劇作家、演出家。劇団東童を結成。同劇団は日本の児童劇団の草分け的存在。

のことである。ＮＨＫに通う電車賃を引くと、残るのは一食分の食事代くらいだ。

同じ番組に出演している先輩のベテラン声優たちが食事に出かけたあと、彼は灰皿をかき回して吸いがらを集めては屋上に駆け上がり、それをくゆらせては、我が身の空腹をごまかしていた。懐かしくも悲しい青春の一ページである。

だが、民放のラジオ局が創設され、放送出演回数は急激に増えはじめた。

あの思い出の毎日新聞社ビル内にラジオ東京（今の東京放送）がオープン。彼は今度は放送出演者として、毎日新聞社のエレベーターに乗れるようになっていた。

やがて、民放のテレビ局が開局。宮津博が日本テレビの顧問に就任したこともあって、劇団東童のメンバーは、劇団ぐるみで出演する機会が多くなった。

このころ、日本テレビの大道具係でトンカチを腰にぶら下げて、忙しげに走り回っていたクマちゃんこと熊倉一雄と知り合い、意気投合、友人付き合いが始まった。これが、後に彼がテアトル・エコーに入るそもそものきっかけとなった。


彼は仲間と劇団東童を脱退し、劇団稲の会を結成。小林多喜二原作の『蟹工船』を上演する。左翼演劇ともいえるものである。都内の労働組合員が、チケットを大量に買ってくれて大成功を収めた。

しかしその後、夏目漱石の『坊つちゃん』などを上演するが、経営に失敗。二年にして、あえなく倒産し、劇団は解散した。

昭和三十二年、アメリカのテレビ映画のアテレコの仕事で『ヒッチコック劇場』（日本テレビ）に出演。あの大道具係であったクマちゃんこと熊倉一雄が、ヒッチコックの声優として人気者になっており、彼に出演のチャンスを作ってくれたのである。

友情とは嬉しいものだ。

アニメでは『鉄腕アトム』以来、悪役を演じつづける。『リボンの騎士』ではナイロン卿を、『ルパン三世』シリーズでは銭形警部をひょうきんに演じ、『ヤマト』では沖田十三、『クラッシャージョウ』のコワルスキー大佐など、彼の持つニヒルなムードが、役柄によってさまざまに形を変え、見る者の心に残るキャラクター像を創り上げている。

久松保夫

file No.25

ひさまつ・やすお
1919年6月6日〜1982年6月15日。東京都中央区生まれ。本名・高橋寛（たかはし・ひろし）。最終所属事務所・青二プロダクション。海外ドラマの『ララミー牧場』（ジェス役／ロバート・フラー）で声優としての地位を確立。海外映画やドラマの吹き替えのほか、代表作にアニメ『アローエンブレムグランプリの鷹』（香取豪一郎）、『銀河鉄道９９９』（キラの父、アンタレス・劇場版）、『地球へ…』（コンピューター・テラ・劇場版）、『スタートレック』シリーズ（ミスター・スポック役／レナード・ニモイ）などがある。

代表作

『ララミー牧場』

ロバート・フラー

『ララミー牧場』
DVD発売中
33,600円＋税
発売／販売：東北新社

昭和五十七年六月十五日、筆者は、久松保夫氏急逝すの報に接し驚愕、しばし呆然とその場に立ちつくした。

その日、全芸能人を傘下におさめる芸団協[注1]（公益社団法人・日本芸能実演家団体協議会）を代表して、氏は病をおして日本民間放送連盟[注2]との定例会議に出席。会議中に倒れ、病院に運ばれる救急車の中、肺気腫で急逝されたのであった。

声優を含めた全芸能人の権利擁護のために、我々の代表として闘っていた最中に逝去されたのである。

壮絶な戦死であったともいえるだろう。

今、一周忌を迎えるにあたって、偉大な氏の面影を偲びつつ、氏の足跡を紹介し、その業績をたたえ、ご冥福を祈ろう。

久松保夫は、大正八年六月六日、東京・日本橋久松町に、四代目の江戸っ子として生まれた。

彼は、中学生のころ、両親に先立たれた。残されたわずかな遺産はたちまち底をついて、住まいも税務署の執達吏[注3]により差し押さえられ、わずかに台所と机ひとつ置かれた勉強部屋だけが残されたという。

傍若無人に振舞う（中学生であった彼には、そう見えたのであろう）執達吏が、干してあった彼のフンドシを泥の上に落としたのを、彼は一喝して洗濯しなおさせたとか。権力に対する反骨精神は、このころから芽生えていたと言っていいだろう。

六中在学中は、弁論部に籍を置き、大いに弁をふるった。

注1　芸団協（公益社団法人・日本芸能実演家団体協議会）
俳優や歌手、演奏家、舞踊家、演芸家等、さまざまなジャンルの実演家の権利を守る事業を中心に、実演芸術の振興、研究を行う団体。

注2　日本民間放送連盟
日本の民間ラジオ、テレビジョン放送事業者による、放送倫理水準の向上ならびに業界共通問題の処理を目的に設立した業界の団体。略称は、民放連、ＪＢＡ。

注3　執達吏
執行官の旧称。強制執行の実施に当たる公務員。

また、日曜日には教会に出かけ、日曜学校に集まった幼い子供たちに童話などを読み聞かせていたということだ。自分と同じ境遇の幼い子らを世の荒波から守ろうと、牧師になることを決意し、中学卒業後は青山学院神学部へと進んだ。

だが、そのころ、日本は暗黒の時代へと、足早に入っていった。

日本陸軍の大陸侵攻策は、日を経るにしたがって顕著になり、満州事変から日中戦争へと、急速に戦争拡大への道を歩みはじめていたのである。

平和を破壊する軍部の圧力に対し、声を大にして〝否！〟と叫べぬ宗教界の力のなさに失望した彼は神学校を中退すると、当時、一般大衆からも〝アカ〟[注4]と呼ばれ、危険視されていた新劇運動[注5]に身を投じた。

まさに、一八〇度ともいえるほどの転身であった。

築地小劇場[注6]の宣伝部員として、月給三十円の貧乏生活を強いられることになったが後悔はなかった。昼食には〝三つ五銭〟の今川焼しか食えぬ日が続いた。そのためか栄養失調になり、体重わずか四十一キロ。徴兵検査は丙種合格（丙種は兵役には不可）。おかげで軍隊に行かずにすんだという。

人間の運というものは、不思議なところにひそんでいる。声がバカでかくて、人前で話すことを恐れない強心臓、その上兵隊にとられる心配がない。役者にするには格好の男ではないかと、劇団幹部に目をつけられ、劇団研究生となったのだ。

ところが月給は、事務員の三十円からいきなり研究生の五円へとダウン。食えない生活に拍車がかかった。

日を置かずして、舞台に放送にと役がつきはじめ、新人として彗星のごとくデ

注4　アカ
戦中から戦後にかけての共産主義者に対する隠語。彼らが掲げる旗の色からアカと呼ばれた。当時、危険思想とみなされ、徹底的に弾圧された。

注5　新劇運動
明治末期以降、日本に近代的な演劇を確立しようとした運動。

注6　第一部P42脚注42へ

ビューすることができた。だが、幸運到来と喜んでいたのもつかの間、昭和十五年八月、警視庁は新劇団関係者を共産党と関係ありとして一斉に検挙、劇団は解散させられてしまったのである。

劇団幹部を失った研究生たちは、移動公演の小劇団に参加するなどして、生活の糧を求めた。

彼も日本全国を巡演し、しぶとく生き残りつづけた。

昭和十六年十二月、日本軍の真珠湾攻撃の報は、移動公演先の台湾の台東で知らされ、絶望感に打ちのめされた。

そこでの出しものは『溶樹の家』（菊田一夫・作）。彼は、このとき初めて菊田一夫（後の東宝演劇部の育ての親）と知り合い、以後、生涯の師となる人を得たのである。

このときを境にして、菊田一夫の強力なバックアップにより、彼は俳優として上り坂の人生を歩むことになる。

菊田一夫の推薦により、翌十七年夏、東宝に入社。帝国劇場を根城に演劇活動を展開するが、時流に合わず、この活動はもろくも瓦解。

一年後、再び第二次東宝劇団が結成され、菊田一夫作の商業演劇に次々と出演する。

彼はたびたび大役を振られ、久松保夫の名は商業演劇界では知らぬ者がいないほどに高まっていった。演技賞を立て続けに受賞すると、たちまち東宝演劇部の幹部俳優に昇進したのだった。

彼の役者人生の中で、俳優として、もっとも充実していた時代であった。

そのころ、戦局の悪化につれて国民の生活が日に日に逼迫《ひっぱく》、突然〝大劇場閉鎖令[注7]〟

注7　大劇場閉鎖令
戦時下に行われた大規模劇場等での公演禁止令。一九四四年には宝塚劇場と東京宝塚劇場にも閉鎖命令が出された。

が下り、根城としていた有楽座[注8]は風船爆弾[注9]の製造工場とされてしまった。俳優にとって、もっとも悲しい時代である。

昭和二十年八月、太平洋戦争は日本の敗戦により終結。俳優・久松保夫が、再び甦るときがきた。

日劇でのオペレッタ[注10]『春の入城』をかわきりに、有楽座での『一本刀土俵入』、帝劇[注11]での『真夏の夜の夢』と、それこそ〝春から夏へ〟と、息つく暇もないほど忙しくなっていった。

NHKの放送出演も決まって、役者としてまさに正念場にさしかかったのである。

昭和二十三年一月の、日劇小劇場[注12]『鐘の鳴る丘』公演は、観客が列をなし日劇をいく重にも取り巻き、連日満員となった。彼の迫力ある演技に引き込まれた観客は声をあげて泣いていた。このとき、筆者は初めて商業演劇に出演、彼と共演することができた。

『鐘の鳴る丘』は、その後、名古屋、京都、大阪、神戸と二カ月にもわたって地方公演が続けられた。

神戸公演の中日に、突如、東宝の労働組合が一斉にストライキに突入した。神戸にいた演劇部の一行もストに同調、公演を中断して帰京することになった。

彼は労組の執行役員であったために、このあと手痛い仕打ちを受けることになるのである。

何人かの俳優のクビと引き換えに、彼自身が被解雇者の一人となることで争議は妥結。将来を約束されていた東宝を去ることになった。

注8　有楽座
一九〇八年に開場し、一九二三年九月一日の関東大震災で焼亡した、日本初の全席椅子席の洋風劇場。数寄屋橋の近く、現・千代田区有楽町二丁目にあった。新劇上演の拠点で知られる。

注9　風船爆弾
太平洋戦争時の旧日本陸軍が開発した、気球に爆弾を搭載した兵器のこと。当時の呼称は気球爆弾。

注10　オペレッタ
イタリア語で「小さなオペラ」の意味で、普通の台詞と歌の混じった軽い内容のオペラ。喜劇的な内容が多く、十九世紀後半以降のパリやウィーンを中心に流行した。

注11　帝劇（帝国劇場）
東京都千代田区丸の内にある、東宝株式会社の直営劇場。

注12　日劇小劇場
日劇の五階にあった日劇ミュージックホールの前身名。

さらに、追い打ちをかけるように、アメリカでのマッカーシー旋風[注13]のあおりを日本も受け、NHKも〝ざる筋からのお達し〟と称して、レッドパージを断行、彼は好ましからざる人物として出演拒否を通告された。昭和二十五年のことである。

東宝の有名スター・久松保夫は、たちまち無収入となり路頭に迷った。

この危難を救ってくれたのは、結婚して間もなかった奥さんの多美さんであった。日劇の元ダンサーであった奥さんは、子供を母に預けて、ショーダンサーとして駐留軍キャンプの移動公演に出演し、家計を支えたのである。夫の職を奪った米軍のもとへ稼ぎにいかなければならなかった奥さんの心中は、いかばかりのものであったろうか。

それから九カ月後、レッドパージが解け、再び仕事に復帰できることになったが、なんとしたことか、NHKから専属契約者として迎えたいと、打診があった。

刻々と迫った民間放送開始に備えてのNHKの布石であることは、すぐにわかった。仕事に飢えて、喉から手が出るほどの話ではあったが、氏は敢然とこれを拒否した。

昭和二十六年、民間放送開始とともに彼の猛反攻が始まった。民放各局のラジオドラマに連日出演、クイズ番組の司会者としても起用され、超売れっ子の放送タレントとなった。

昭和三十年四月、東京放送（現・TBS）のテレビ開局。その第一週から始まった探偵もの『日真名氏飛び出す』では、主役の日真名進介を演じ、人気番組として定着させ、なんと七年三カ月もの長期間、三八二回の生放送ドラマの記録を残したのであった。

注13　マッカーシー旋風
第二次世界大戦後の冷戦を背景に、一九五〇年代にアメリカ合衆国で発生した反共産主義社会運動、政治的運動のこと。アメリカ共産党員およびその同調者や支持者、政府職員、マスメディア関係者等を公職から追放した。

並行して、NET（現・テレビ朝日）からは、『ララミー牧場』に主役のジェスの声で出演。これも三年の長期にわたって放送され、外国映画の声のスターとしての地位も確立させた。

アニメでも『アローエンブレム グランプリの鷹』の香取、『アニメーション紀行マルコ・ポーロの冒険』のニコロ、『銀河鉄道999』（劇場版第一作）のアンタレス役などで出演、その野太い声で逞しい男を演じ、ファンを魅了した。

彼は、放送の世界で演技者として活動しているうちに、俳優・声優がいかに不利な条件の下に働かされているかを痛感した。彼の体内に宿る反骨精神は、日に日に沸々とたぎり、ついに己が半生を、全芸能人の権利擁護の運動に捧げることを決意する。全声優にその運動の展開を提唱して、昭和三十九年九月、徳川夢声[注14]を理事長に迎え、日本放送芸能家協会[注15]を設立。数年後には事業協同組合の認可を獲得、NHKをはじめとする各放送局との出演業務に関する交渉権を得て、今まで不安定でありすぎた放送出演者の権利擁護のための新たな闘争を開始した。

さらに、日本の全俳優を統合した組織・日本俳優連合、全芸能家団体を集めた芸団協を設立。芸団協専務理事として、各放送局、製作会社との折衝、芸能人年金制度の確立など、休む間もなく多忙な日々を送った。

そして……、あの六月十五日を迎えてしまったのである。

彼の業績はあまりにも偉大であり、まさに異色の声優であったといえるだろう。

※ご遺族の了解を得て記述させていただきました。

注14　徳川夢声
第一部P86脚注110へ

注15　日本放送芸能家協会（現・協同組合日本俳優連合）
一九六三年、協同組合放送芸能家協会として設立され、一九八〇年に協同組合日本俳優連合に改称。制作会社やテレビ局に対して、俳優たちが対等に契約を結ぶための法改善や権利拡大を目指す。

千葉耕市

file No.26

ちば・こういち

1931年8月13日～2001年11月9日。岩手県出身。本名・千葉治（ちば・おさむ）。最終所属事務所・同人舎プロダクション。『吸血鬼ドラキュラ』などのクリストファー・リー、『ロッキー』シリーズのバージェス・メレディスなど、多くの海外俳優の吹き替えを担当するほか、アニメでは『ゲゲゲの鬼太郎』（ぬらりひょん・初代・第3作）、『タイムボカン』（アルカモネ）などを好演。また、音響監督としても知られ、『エースをねらえ！』『侍ジャイアンツ』などを手掛けた。

代表作

ダイヤモンドの犬たち

クリストファー・リー

『ダイヤモンドの犬たち』
DVD
2,500円+税
発売／販売：アイ・ヴィー・シー

生死の境から無事生還した人間ほど強いものはない。まして医師から死亡を宣告され、霊安室（遺体安置室）に運ばれて、黄泉の国を一時間三十六分も彷徨《さまよ》った挙げ句、息を吹き返した男ともあれば。

千葉耕市は二十三歳の折、紫斑病という恐ろしい病にかかり、六カ月にもおよぶ闘病生活の後、身体の穴という穴、すべてから血を吹き出して死亡した……のに、再びこの世に舞い戻ったという、奇跡にも等しい体験を持っているのである。

彼は、常識では考えられない超能力を持った男である。

千葉耕市は、昭和六年八月十三日、東京・江東区錦糸町に生まれた。父は製薬会社に勤めるサラリーマンで、ごく普通の家庭の長男として育った。

小学校を卒業すると、一家は岩手県の前沢に移り住んだ。太平洋戦争が熾烈を極め、戦局が日に日に不利になっていたからだ。両親が岩手の出身であったので、一家をあげて郷里へ疎開したのだ。

前沢は平泉中尊寺の近く、雄大な北上川の流れを目の前にし、緑豊かな田園風景に囲まれた静かな町であった。

毎日、蒸気機関車の引く列車に乗って、一関の中学校まで通った。

前沢での二年間の中学生活のうちに、言葉は完全な岩手弁となり、地元の人と変わらないほどになっていた。

後にラジオ東京（現・ＴＢＳラジオ）に専属劇団員として入社した直後、東宝映画『しろがね心中』の花巻弁の方言指導者に起用されることになる。岩手での生活が、思わぬところで役立ったわけだ。

昭和二十一年、終戦の翌年、一家は焦土と化した東京に戻ってきた。父も、もとの製薬会社に復職。彼は都立七中（現在の墨田川高校）の三年生に編入、都会での学校生活が始まった。

だが、学校生活は毎日が灰色であった。岩手と東京では進度が違って、彼の学力ではとてもついていけなかったからである。その上に、言葉の問題が加わった。彼が何かひと言話すと、周囲がどっと笑うのだ。完全な岩手弁だったからである。特に国語の時間が一番嫌だった。朗読のときは、なぜかよく指名されて読まされたが、その度に生徒たちがどっと笑い転げるのだ。

恥ずかしさのあまり、全身がほてって死にたいほどであったという。だが、そんな彼を励ますように、標準語を教え面倒を見てくれた友人がいた。

彼は、外国語を学ぶようなもどかしさを感じながらも、その友人の情けに心から感謝した。

ある日、その友人から「今度演劇部が新設されるから、一緒にやろうじゃないか」と誘われた。千葉耕市が演劇の道に足を踏み出した第一歩であった。

第一回目の公演は『アルト・ハイデルベルクの恋』。主役のカール・ハインリッヒを演じた。男子校であったので、相手役は女子校の生徒に頼んだ。ラブシーンも演じ、学生の間で大いに話題となった。

昭和二十二年、学制改革。彼が中学五年生のとき、新高校制度が発足し、彼も高校生となった。演劇部では主役から大道具作りまでやり、コーラス部にも参加。音楽部でドラムも叩いた。そしてサッカー部ではキャプテンまで務めた。一着のユニフォームがボロボロに破けると、つぎはぎして着ていたので、雑巾キャプテンというあだ名までつけられた。

クラブ活動に熱中していたために、当然のことながら肝心の学業のほうはサッパリふるわなかった。

ある日、校長室に呼び出され、温厚な校長先生からやさしく尋ねられた。

「君は、実に精力的に多方面で活躍しているようだが、学業の成績のほうは伸び悩んでいるようだね。少しは勉強に努力してみたらどうか——君はいったい、将来何になるつもりなのかね」

「ハイ、勉強は嫌いなわけじゃないんですが、ただ大学に進んでサラリーマンになるっていうのが嫌なんです。といって何をやったらいいのかもわからないんです」

彼は、なんのてらいもなく、素直に自分の心の内を吐露した。

校長先生はうなずくと、彼にこう言った。

「君は演劇好きなようだし、音楽性も豊かだ。身体も実によく動く。いっそのこと演劇の道を歩んでみたらどうかね。もしそういう気持ちがあるのなら、いい人を紹介してあげよう。七中の先輩だ、きっといい相談相手になってくれると思うよ」

彼は、親身になって心配してくれている校長先生に心から感謝した。紹介状を手にすると、すぐにNHKにいるその先輩を訪ねた。当時、声優として、連続ラジオドラマ『鐘のなる丘』の主役を演じていた小山源喜である。だが、小山は彼がまだ高校生だという理由で、当初相手にしてくれなかった。そこを粘りに粘って、カバン持ちとして弟子入りさせてもらえることに成功。師匠のあとにくっついてＮＨＫのスタジオ通いができるようになった。

プロの世界を見れば見るほど、彼の声優熱はますます高まっていった。

昭和二十四年、日本大学芸術学部に入学。午前中は大学で講義を受け、午後になると師匠の自宅や仕事場にすっとんでいく……という生活を続けた。

師匠は、これまた当時人気の連続ドラマ『向う三軒両隣』にも出演していた。ある日、彼はこの番組に出演するチャンスをつかんだ。ドラマの中で〝ミス向う三軒両隣〟の来宮良子[注1]が演じる女子学生が、なんとなく気にしている学生役であった。台詞は「今日は、いいお天気ですね！」、このひと言。

彼はこのひと言を夢うつつのうちに演じ、放送謝礼金五百円をもらったときには思わず震えたという。

小山源喜師匠を取り囲む若者が増え、やがて劇団きりん座を結成。浅草松屋百貨店ホールなどでルイ・ジューヴェ[注2]の出世作ともなった名作『クノック』などを公演する。きりん座には、滝口順平や、後に音響監督となった長浜忠夫らがいた。

昭和二十七年、ラジオ東京が誕生。そのラジオ東京の専属劇団に滝口順平は第一期生として入社。続いて千葉耕市も第二期生として入ることができた。まだ、日大芸術学部の四年生として在学中だったので、朝は大学へ、午後から深夜にかけてはスタジオへ、という忙しい日が続いた。

二十八年の夏、入社一年半たったときに彼は、初の大役をつかんだ。青春もののメインの役どころだ。

注1　来宮良子
きのみやりょうこ（一九三一年〜二〇一三）。女優、声優、ナレーター。アニメ『銀河鉄道９９９』シリーズ（プロメシューム）、テレビドラマ『ヤヌスの鏡』ほか、大映制作作品（ナレーション）、『演歌の花道』（同）等。

注2　ルイ・ジューヴェ
一八八七年〜一九五一年。フランスの俳優、演出家。日本でも映画『女だけの都』『どん底』『舞踏会の手帖』『北ホテル』等の名演によって知られている。『クノック』は一九五〇年製作。

いよいよこれで飛躍できる、と喜んだのもつかの間、過労から高熱を発し倒れてしまった。紫斑病という難病におかされてしまったのである。

彼は病床で、自分が演じるはずであった役を他の仲間が演じているのを聴きながら、くやし涙で枕を濡らした。

半年の闘病生活を続けるが病状はいっこうに快方に向かわず、翌年の一月三日、病状が急変した。身体のあちこちの血管が破れ、穴という穴から血を噴き出しつつ大量出血したのだ。輸血を続けるも、ついには息が止まって、医師が死亡宣告をくだした。

彼は、まっ白な蓮の花咲く美しい池の中央を走る道を、トボトボと歩いていたという。やがて川に出る。そこには白木の橋が架かっていた。清らかな流れを見ながら、橋の中央まで来たとき、彼は突然、つんざくような母親の声を聞いた。急に苦しみはじめたかと思うと、彼は現世に舞い戻ったのである。

この二日前、お正月だというのに、彼のために七人が血を提供してくれた。雪の激しく降る日であった。

全快後、両親は時間的に規則正しい生活のできる職業に就くことを強く希望したが、自分のために血液を提供し、生命《いのち》を再び与えてくれたこの七人のためにも、自分のできる仕事で精一杯働き、多くの人たちに生きることの尊さ、楽しさを伝えることで恩返しをすることを決意した。

職場に復帰後は『ミステリー・ゾーン』『世にも不思議な物語』などのミステリー作品のナレーターとして活躍。仲間うちから〝バケナレ〟と呼ばれるようになった。

声優として活躍するかたわら、音響監督として『鳥と少年』『ジャングル黒べえ』

『エースをねらえ！』『侍ジャイアンツ』『柔道讃歌』『はじめ人間ギャートルズ』を担当。劇場用アニメとしてヒットした『クラッシャージョウ』では、彼の持てる力をすべて投入し、名を成した。

音響監督は、声優がアテレコを終えたあと、長時間かけて仕事をする。もちろん徹夜することもしょっちゅうある。体力を必要とする職業であるが、声優の仕事を続けながら、彼はそのハードな仕事をしていたのだ。あの細い身体のどこに、そんな体力があるのかと驚嘆するほどだ。

彼は、やはり超能力の持ち主かもしれない。

井上瑤

file No.27

いのうえ・よう
1946年12月4日～2003年2月28日。東京都出身。本名・漆川由美（しつかわ・ゆみ）。最終所属事務所・東京俳優生活協同組合。アニメ『タイムボカンシリーズ』のお姫さま役から声優の世界へ。代表作に『闘将ダイモス』（カイロ）、『機動戦士ガンダム』（セイラ・マス）、『プラレス3四郎』（シーラ・ミスティ）、『うる星やつら』（ラン・初代）、『さすがの猿飛』（出門葉子）、『マクロス7』（イワーノ・ゲペルニッチ）、『機動警察パトレイバー』（香貫花・クランシー）などがある。

代表作

機動戦士ガンダム

セイラ・マス

『機動戦士ガンダムⅡ 哀・戦士編』
DVD発売中
発売／販売：バンダイビジュアル

人間、不幸を乗り越えると、強くなるものである。

井上瑤は、二度も不幸な目にあった。ひとつは愛した男性との別れであり、もうひとつはもっとも彼女を理解してくれた母との死別である。

今から五年ほど前、『闘将ダイモス』でかわいいロボットのカイロくんの声を演じていたころ、彼女は最初の不幸に接して、苦悩の日々を送っていたのであった。

互いに愛し愛され結婚はしたものの、夫となった彼は〝夢見る人〟でまったくの経済音痴。働くでもなく日がな家にいてギターを奏でては、彼女が外で働いて帰ってくるのを待っていた。

夢のように楽しいはずの新婚生活が、彼女にとっては生活の糧を得るための苛酷な労働の日々となってしまった。

彼女は夫を愛し、よく働き、よく夫につかえた。妻としての義務をとことん尽くさなくては気のすまない持ち前の律義な性格が、彼女自身を疲弊させ、夫を甘やかしていることは傍目にもわかった。

そんな生活が七年も続いたが、日に日に、彼に対する愛情が薄れていくのを感じ、「夫婦っていったいなんなのだろう」と考えるようになった。

ほどなくして、彼女は彼と別れた。己が愛し、選んで結婚した相手であっただけに別れは辛かった。

しかし、もはや悔いるものは何もなかった。

そうして、新たな人生のスタートを切った矢先、第二の不幸に見舞われた。十年来、病の床にあった母親を亡くしたのだ。癌であった。

彼女の将来を案じ、何くれとなく気を遣ってくれていた母が、彼女の新たな旅立ちを見届けて安心したのか、もう何も気になることはないと告げると、その翌日に息をひきとったのだ。

涙のかれるほど泣いたあと、彼女の本当の新しい人生が始まった。

〝女一人、大地を行く〟——そんな力強く逞しいエネルギーが、身体の奥深くから沸々とたぎりはじめたのである。

『プラレス3四郎』のシーラ・ミスティ、『スプーンおばさん』のバケットと隣のおばさん、『さすがの猿飛』の出門菓子、『うる星やつら』のランちゃん……と、子供から変人・奇人の類のキャラまで、幅広く演じることができ、若手声優の中でも貴重な存在となった。

井上瑤は、東京・大崎の生まれ。目黒川の川っぺりを、泥んこになりながら少女期を過ごした。

並はずれて活発な少女、相当〝おてんば〟な女の子であった。

幼稚園入園のころは、学校の先生になることを夢見ていたが、ちょうどそのころ始めたモダン・ダンスの魅力にとりつかれ、小学生になったころには、ステージいっぱい飛びはねて観客から万雷の拍手を浴びるステージ・ダンサーになることを決意したという。以来、二十数年、今もモダン・ダンスを続けている。

小学校、中学校ともに、家に帰ってから机にかじりついてガリ勉をしていたわけでもないのに、成績はいつも優秀。その上、水泳の名手で歌唱力も十分。頭がいい上に行動力に富み、人付き合いもよかった。

生来の〝目立ちたがり屋〟であったから、学芸会などではいつもスター。学校中で知らぬ者のないほどの人気者となっていた。

ところが、高校に入ってからというもの、自分でも「ありゃりゃ……」と、驚くほど成績が悪くなってしまった。体操、音楽、国語だけは5なのだが、あとの課目は全部2ばかり。

じっくり考え込み解答を探し出す数学や化学は、サッパリだめ……。

直感的にものごとを把握し、即行動に移る。元来、頭脳明晰だから、大抵のことは成功する。つまり、じっくり考えるよりまず動いてしまう行動派人間なのだ。

俳優・声優などの世界では成功するタイプでもある。

自分の長所と短所を知った彼女は、演劇人になることを決意。早大文学部の演劇科を受験する。だがこれは、みごとに失敗。

念のために受験しておいた、教育学部心理学科の試験に合格する。

これが、後に声優として仕事をしていく上で、よい結果をもたらすことになろうとは、このとき、彼女は気づいてもいなかった。

早大教育学部心理学科の学生は、わずか四十名。毎日が教授の直接指導による、ゼミのような授業が受けられた。もし、演劇科に入っていたら、演劇・映画・テレビなどが隆盛の当時のこと、毎日、大教室でのマスプロ教育しか受けられなかったろう。

心理学は、俳優・声優には必要な教養である。それを毎日学べたのだから、幸せなことである。学生数が少なかったから、講義はサボりようがなかった。

放課後は、好きな演劇をと思い、演劇研究会に加入。ここでの訓練は、毎日腹筋運動五十回、発音・発声から滑舌法、歩き方等々、プロの俳優訓練も顔負けの猛特訓で、入会早々度肝を抜かれた。当時は、大学の劇研がセミプロ化しつつあった時代でもあった。

しかし、この特訓によって、彼女は演劇人としての基礎を身につけることができた。早大教育学部の卒論は「対人認知」。他人と接した場合、その人をどう認識するか、という心の問題に取り組んだもの。教職課程は敢えてとらなかった。芝居がやりたかったからだ。

卒業を機に、当時話題となりつつあった早稲田小劇場に参加。しかし一年で退団してしまう。劇団自体がいかにもネクラで、自分の体質とはまったく合わなかったからだ。

暗いほうがカッコいいと思い込んでいる人たちが多く、どうにも鼻もちならなかった。

劇団を辞めてブラブラしていたら、友人が銀座に気軽なバーがあるから勤めてみないか、と誘いをかけてくれた。好奇心旺盛な彼女のこと、酒も飲めないのにノコノコと出かけてみた。

店の雰囲気は気軽で、服装もジーパン姿で結構という。客層もマスコミ関係の若いアーティストが多く、明るい。

彼女は、自分の陽気な性格にピッタリと思い、ここで働くことにした。

これが彼女に幸運をもたらしてくれることになった。新しい感覚のマスコミ関係者たちと接して、彼女自身も大いに学ぶことができた。

そうこうするうちに、ＴＢＳテレビ『ヤング７２０』[注1]に、司会者グループの一人として出演できるようになった。

そのころは、まだタレントという意識がなかったので、メイン司会者の土居まさる[注2]をさしおいて、言いたいことを勝手にしゃべりまくり、彼の機嫌をそこねてしまったこともあった。

彼女の奇声がおもしろいということでクイズ番組『ＱアンドＱ』[注3]のコンピューターの声に、と出演交渉を受けたとき、彼女は初めて自分がプロとしての扱いを受けていることを知った。

早朝番組『モーニングジャンボ』[注4]の若者向けコーナーの進行係の仕事も入ってきた。

テレビに出演して気がついたことは、視聴者に顔を知られてしまうと、街を歩くのが不自由になること。そこで彼女は、声の仕事オンリーで進むことに決めた。

デモテープ（自分のトークを録音した自己紹介テープ）を制作し、紹介された十社ほどの番組製作会社に持ち込んだ。まったくのフリーだからマネージャーはいない。自分で行動するしかなかった。

反応は意外に早く現れた。ＣＭやＤＪの仕事が舞い込んできたのだ。

さらに、アニメ『タイムボカンシリーズ』にお姫さまの役で初出演、『シートン動物記 くまの子ジャッキー』に、かわいらしい女の子・アリスの役でレギュラー出演も決まり、声優としてのスタートを切ることができた。

当初、アニメの仕事はどうも苦手で、アテレコのある日は朝からお腹が痛くなって

注1　ヤング720
ヤングセブンツーオー。一九六六年～一九七一年まで毎週月～土曜日夜にＴＢＳ系列で放映された情報番組。ファッション、映画、占い等、若者層に向けて流行を発信した。

注2　土居まさる
第一部Ｐ８４脚注１０３へ

注3　ＱアンドＱ（＝ベルトクイズＱ&Ｑ）
一九六九年～一九八〇年までの毎週月～金曜日昼にＴＢＳ系列で放送されたクイズ番組。番組コーナー「ミリオンステージ」が始まる前に行われた「コンピューター性格診断」の音声を、井上瑤が担当。

注4　モーニングジャンボ
一九七一年～一九七二年まで、ＴＢＳ系列で放送された朝の報道、情報番組。

いた。アニメの売れっ子になった今日でも、「絵は演技をしてくれないから、こちらが懸命に演じていかなければならないので大変、とてもエネルギーの消耗する仕事」なのだと言う。それだけに、自分が絵のキャラクターに近づく努力をしていくと、絵のほうが逆にこちらにぐんぐん接近してくるように感じることがあり、そんなときには、たまらなく嬉しくなる。

現在の彼女がもっとも心がけていることは、〝心貧しき者にはなりたくない〟ということ。だからというのではないが、暇を見つけては海外に旅に出ることが多い。気が向けばどこへでも飛んでいく。ニューヨークに飛んで、わずか数日の滞在中に十六本もの芝居を観たり、バリ島、ニューカレドニア島やモルディブ共和国の島々にまで飛んで、青い海を人魚のように泳いできたりして、生活をエンジョイしている。

モルディブ共和国では、十五歳の少年からプロポーズされたとケラケラ笑って言う。人生、苦もありゃ楽もある。今、彼女は遅まきながら青春の真っただ中……ルンルンの毎日を送っているようである。

はせさん治

file No.28

はせ・さんじ
1936年1月2日～2002年3月8日。東京都出身。本名・長谷弘夫（はせ・ひろお）。晩年は事務所に所属せずフリー。代表作に『サイボーグ００９』（００６／張々湖・79年版）、『ゲゲゲの鬼太郎』（小豆洗いほか・第1作）、『魔女っ子メグちゃん』（チョーサン）、『花の子ルンルン』（ヤボーキ）、『キン肉マン』（中野さんほか）、『一休さん』（秀念）、『三丁目の夕日』（鈴木則文、ナレーション）、『ストップ!!ひばりくん！』（青田刑事）などがある。

代表作

サイボーグ009

006／張々湖

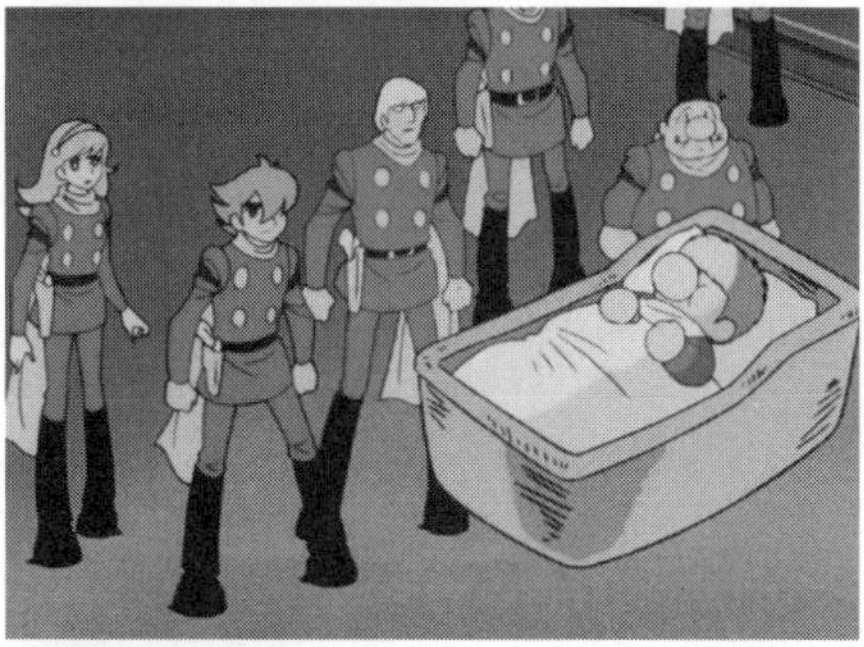

©石森プロ・東映

『サイボーグ009 1979 Blu-ray COLLECTION VOL.1』
（※初回生産限定）
32,000円＋税
発売：東映ビデオ／販売：東映

どんなドラマも、ヒーローやヒロインだけでは成り立たない。アニメだって同じだ。アニメファンがキャアキャア騒ぐカッコいいキャラクターだけでは、ドラマは成立しない。

芸達者な脇役陣がその個性を発揮して主役を盛り立てながら活躍してこそ、おもしろい作品ができるのである。

現在、脇役として活躍している声優の中には、始めから声優一筋という人よりも、舞台やテレビで俳優としてさまざまな経験を積んできた人が多い。ほとんど、と言ってもいい。

はせさん治も、そんな経歴を持つ一人である。

はせさん治は、昭和十一年一月二日、東京で生まれた。父親は郵便局員であったが、ピアノ、アコーディオン、ギター、その他もろもろの楽器からタップダンスまで、熱心にレッスンに通っては、人の集まるところに出かけていってその芸を披露する、なかなかの芸人でもあった。

当時の下級官吏は経済的には恵まれていなかったが、彼の父は道楽とも思える芸事を決してやめようとはしなかった。

そんな父に、母は恨み言ひとつ言わずによく尽くした。彼もそんな父の道楽を責めるどころか、その芸達者ぶりに尊敬の念を抱いていた。

彼が、後年、俳優への道を歩みはじめることになったのは、そんな父の血を受け継いでいたからでもあろう。

はせさん治が、小学校に入学したころは、太平洋戦争の真っただ中。三年生のときには、静岡県伊東へ集団疎開させられた。食事は毎日〝すいとん〟ばかり。うどん粉をこねた団子が三つ、汁の中に浮いていた。それが一食分。米の飯など何カ月も拝むことができなかった。

その伊東もアメリカ空軍の上陸地点になる恐れがあるということから、青森県へ再疎開ということになった。

いったん東京に戻った昭和二十年五月二十四日、東京はB29爆撃機による大空襲に見舞われた。

彼は、燃え上がる我が家をあとにして、母に手を引かれながら、東へ西へと火の手に追われつつ逃げ回った。青森への再疎開も決まらず、やがて日本の敗戦で戦争は終わった。敵機が上空を飛ばない平和な日が訪れた。

彼は、いち早く復活した児童劇団に入った。というのも劇団の稽古場に行けば〝お芋〟がもらえたからだった。

中学に進んでからも、迷うことなく演劇部を選んだが、そのころ、彼の家は貧乏のどん底。彼は卒業式を待たずに、丁稚奉公《でっちぼうこう》に出されることになった。

東京・神田の紙問屋だった。紙の束はズシリと重く、少年にはこたえる仕事であった。小僧だからといって加減してもらえるはずもなく、大人と同じように働かされた。

そんな苛酷な日々にあっても、向学心に燃えていた彼は、夜は都立工芸高校印刷科に通い、印刷技術の習得に努力した。そこでもクラブ活動は演劇部を選び、仲間を集めては演劇に励んだ。

ちょうどそのころ、大阪の吉本興業が、東京で新人タレントの募集を始めていた。彼はチャンス到来とばかりに応募。三千人の応募者の中からトップの成績で合格。夜学に通いながら、昼は吉本興業東京支社のレッスン場に通った。そのうち、文化放送『連続歌謡物語』などに出演できるようになり、プロの世界へと足を踏み入れた。昭和二十九年、彼が十八歳のときであった。

吉本興業のレッスン場に通うかたわら、彼はクラシックバレエも習いはじめた。これからの役者は、歌って踊れなくてはダメだ、と考えたからである。

工芸高校を卒業すると、さらに幅広い芸を身につけたいと思い、東宝芸能学校の二期生として入学した。先輩には藤村俊二[注1]がいた。

ここでは毎日八時間、演劇、歌唱、クラシックバレエからモダンバレエ、日舞にタップダンスまで、あらゆる芸事を学んだ。

在学中から、コマ劇場[注2]での「エノケン劇団[注3]」や、「宮城まり子ショー[注4]」に出演した。貝谷八合子、近藤玲子などの一流のバレリーナのステージにも出演することができた。

また、夜はキャバレー「青い城」で踊って、若手ながらかなりの収入も得られるようになった。

東宝芸能学校の二年間の過程を終え、卒業も間近なとき、東宝現代劇[注5]に進むチャンスもあったが、彼は敢えてそれを断り、江戸家猫八[注6]師匠に弟子入りをした。

当時、NHKテレビの人気番組『お笑い三人組[注7]』で大活躍していた猫八師匠の軽妙な演技に惚れ込んでいた、ということもあるが、彼の目がテレビの世界へと向けられ

注1　藤村俊二
ふじむらしゅんじ（一九三四年～二〇一七年）。俳優、声優、タレント。映画『東京上空いらっしゃいませ』、テレビ『ぶらり途中下車の旅』（ナレーション）等。

注2　コマ劇場（＝新宿コマ劇場）
一九五六年～二〇〇八年まで、東京都新宿区歌舞伎町にあった劇場。演歌の公演を中心に、ミュージカル作品も数多く上演された。

注3　エノケン劇団
日本の喜劇王とも呼ばれ、第二次世界大戦前後の日本で活躍した、俳優で歌手、コメディアンの榎本健一（えのもとけんいち、一九〇四年～一九七〇年）が浅草で旗揚げした劇団。歌とダンスと笑いを織り交ぜた、軽演劇（レビュー）を行った。

注4　宮城まり子ショー
歌手、女優、映画監督、福祉事業家のみやぎまりこ（一九二七年三月二十一日～）が、行っていた音楽ショー。

注5　東宝現代劇
一九五七年、次世代の現代劇俳優を育てるため、劇作家であり東宝、演劇担当重役の菊田一夫により設立された劇団。

ていたからであろう。

早朝、中野の自宅から浜町の師匠宅まで通うことは、交通が不便な時代だけに、大変なことであった。よく遅刻もした。息をハァハァ切らせて馳せ参ずることが多かったことから、師匠から〝はせさん治〟の芸名を頂戴することとなった。

内弟子一年を含めて、二年と四カ月務めたが、師匠のお供以外の彼の日課は、靴みがきと犬の散歩だけ、芸事は何も教えてくれなかった。

〝芸は盗め!!〟というのが、師匠の教育方針であった。

師匠のもとを去った彼は、NHKのチョイ役専門引き受けプロといわれていた「みどりプロ」に所属。

チョイ役や、代役を引き受けているうちに、番組プロデューサーの目にとまり、『ものしり大学 明日のカレンダー』にコント役者としてレギュラー出演できるようになった。

この出演は、昭和三十四年十月から、なんと八年間にも及んだ。

その後も、『チロリン村とくるみの木』(ハラペコ熊のペコポン)が六年、『いいものつくろう』(お兄さん)が三年、『ひょっこりひょうたん島』(医者)が一年と、NHKの子供番組に長期にわたって出演し、彼の声は子供たちにはおなじみとなった。

ワンテンポずれたような、間延びした台詞回しが大いに受け、ボケの役、やせたヒョロヒョロ男の役が多かった。

民放の子供番組『テレビのおばちゃま』[注8]では、水森亜土[注9]と組み、『おはよう!こどもショー』では、キンキンこと愛川欽也のロバ君と共演し、人気を博した。

注6　江戸家猫八(三代目江戸家猫八)
えどやねこはち(一九二一年〜二〇〇一年)。ものまね芸人(動物の声帯模写)、俳優。テレビドラマ『鬼平犯科帳』、映画『塀の中の懲りない面々』、バラエティ『お笑い三人組』等。

注7　お笑い三人組
一九五五年〜一九六〇年までNHKでラジオ放送され、一九五六年〜一九六六年までテレビ放送された公開バラエティ番組。落語家の三遊亭小金馬(現・四代目三遊亭金馬)、講談師の一龍齋貞鳳、ものまね芸人の三代目江戸家猫八の三人を中心に、お笑い芸人やコメディアンが出演。

注8　テレビのおばちゃま
一九五七年〜一九六五年まで、日本テレビ系列で放映されていた子供向け番組。

注9　水森亜土
みずもりあど(一九三九年〜)。イラストレーター、女優、歌手、作家。歌『すきすきソング』(ひみつのアッコちゃんのテーマソング)、同『南の島のハメハメハ大王』等。

昭和三十八年、『鉄人28号』がスタート。彼はアニメ出演のチャンスをつかんだ。主役の正ちゃんは高橋和枝、署長が富田耕生。彼の役は子分B、子分Aは坂本新兵[注10]、子分Cは富山敬であった。

彼は、ステージで歌って踊って演技する役者になりたくて、芸能界に身を投じた。そして、気がつけばテレビの仕事が増え、レギュラーは週七本にもなっていた。

来る日も来る日も、次の台本の台詞を覚えなくてはならない。台詞をやっと覚えたと思ったらすぐに本番。そんな毎日の生活に、彼はいささかノイローゼ気味となっていった。

創造性を発揮させないうちに本番が終わり、不本意な作品が次から次へと放映されていくテレビの仕事に、欲求不満をつのらせていった。

「このままでは、役者としての俺は殺される!!」

そう思うと、矢も楯もたまらず、すべてのテレビ番組から降り、大阪へ向かった。大阪のOSミュージックホール[注11]で、今までテレビではできなかったコントや漫才を心ゆくまでやり、観客の喝采を浴びた。たまっていたうっぷんを一気に晴らした。

昭和四十五年、世界的に人気のあったショー・グループ「フレール・ジャック」[注12]の日本版を作ろうと、仲間を誘いカンカン帽に黒タイツ姿の四人組のグループを結成。ステージに、フロアに、そして大阪の万国博覧会にも出演した。

その後、万国博が終わると、大阪は祭りのあとの静けさのようになったため、彼は再び東京に戻り、俳協に所属した。

『花の子ルンルン』『サイボーグ009』などのアニメに出演。さらに青二プロに移

注10　坂本新兵
さかもとしんぺい（一九三五年〜一九九六年）。俳優、声優。テレビドラマ『ケンちゃん』シリーズ、アニメ『鉄腕アトム』（中村警部）等。

注11　OSミュージックホール
一九五三年〜一九六九年まで、大阪市北区梅田の東宝OSMビルにあった東宝直営のヌード劇場。

注12　フレール・ジャック（レ・フレール・ジャック）
一九四六年〜一九八二年にフランス、パリで活躍した男性カルテット。歌にマイムを取り入れる等、洒脱なエンターテインメントは当時の音楽や舞台を賑わした。

り、『ひらけ!ポンキッキ』[注13]『ほわほわとん』『プリンプリン物語』『ニルスのふしぎな旅』『The・かぼちゃワイン』『キン肉マン』『ダンボ』等々、次から次へと出演が決まり、またまたレギュラー週七本の多忙な身となった。

現在はテレビの仕事を第一に置きつつも、忙しい合間をぬって、舞台にも客演し、創造性が枯れないよう努力している。

彼のモットーは〝急がば回れ〟。コツコツと芸の精進を心がけて、日々努力していけば、必ず成果は得られるということだ。〝金は金なりに、銀は銀なりに、銅は銅なりに〟その光を輝かせていけばよいのだ。

注13　ひらけ!ポンキッキ
一九七三年〜一九九三年まで放送された、フジテレビの幼児、子供向けテレビ番組。

内海賢二

file No.29

うつみ・けんじ
1937年8月26日～2013年6月13日。福岡県北九州市生まれ。本名・内海健司（読み・同）。最終所属事務所・賢プロダクション（会長）。スティーブ・マックイーン、ヴィクター・マチュアをはじめ、多くの海外映画俳優の吹き替えを担当したほか、アニメでも活躍。アニメデビュー作は『狼少年ケン』（片目のジャック）、代表作に『新造人間キャシャーン』（ブライキング・ボス）、『ガンバの冒険』（ヨイショ）、『Dr.スランプ アラレちゃん』（則巻千兵衛）、『北斗の拳』（ラオウ）などがある。

代表作

パピヨン

スティーブ・マックイーン

『パピヨン』
Blu-ray
4,800円+税
発売／販売：キングレコード

内海賢二は、昭和十二年八月二十六日、福岡県北九州市の小倉で生まれた。五人兄弟の末っ子である。彼が六歳のとき、母が病に倒れ、三十歳の若さでこの世を去った。そしてその直後、父もまた母のあとを追うように、胸の病で亡くなった。

残された兄弟五人バラバラの生活が、そのときから始まった。

中学生になって彼は、寿司・仕出し弁当屋に住み込み奉公をした。学校から帰ると、すぐに大きな手桶に弁当を入れ、自転車にまたがり配達に出かけた。

自転車といえば、彼がまだ小学生のころのこと。両親のいない彼は、自転車を買ってもらうことができず、クラスメイトがスイスイと乗り回している姿を、いつもうらやましげに眺めていた。ある日、お菓子屋の子が自転車を買ってもらって、ヨタヨタと乗りはじめた。あと押しすれば、あとでお駄賃にちょっとだけ乗せてくれるという。

彼はその言葉に、飛び上がらんばかりに喜んで、あと押しをしては、ほんの五分ほど乗せてもらったという。

毎日、そんなことをやっているうちに、そのお菓子屋の子よりも早く上達し、上手に乗れるようになってしまった。自転車に乗りたいばかりに、必死に自転車のあと押しをする彼の姿を思うと、筆者は切ない思いにかられる。

高校は夜学に通った。朝の六時に起こされると、まず米をとぎ、竈《かまど》で薪をくべての飯炊きが、一日の始まりであった。そして、昼食時までの配達、ひと休みして夕食時の配達をしてから、高校へ通った。このころから、彼は演劇に熱中し、夜遅くまで活動を続けていた。深夜、店に帰るころ、同僚はぐっすり眠りこけていた。床についたと思ったらあっという間に、朝の六時。また起こされて飯炊きから、一日の生活が始まった。

　高校三年生のとき、ＮＨＫ小倉放送局の専属劇団に応募した。兄が小倉局のミキサー（調整技術員）をしていて、応募を勧めてくれたからだ。審査員がびっくりするほどのでっかい声、威勢もいい。文句なしの合格であった。

　ＮＨＫ小倉放送局で、ラジオドラマや朗読の訓練を受け、出演しはじめたころ、各地に民放放送局が次々と誕生した。九州にもラジオ九州に次いで、九州朝日放送（ＫＢＣ）が、博多に誕生した。

　彼はＮＨＫの専属劇団を辞め、ＫＢＣの専属声優に応募、採用された。先輩に、ＲＫＢ毎日放送から移ってきた八奈見乗児がいた。

　彼は、放送の仕事がある日は、小倉の弁当屋から、列車に乗って博多まで出かけていった。弁当屋のおやじさんも困った道楽だと言いながらも、なんとか許してくれた。いいおやじさんだっだ。

　地方で放送の仕事をしていると、感じることは誰も同じ。いい仕事は東京制作が多い。

「九州にいてもダメだ。いつかは東京に出なければ……」

　まず仲間の北村という男が、上京していった。広告代理店・電通に勤め先が見つかり、映画制作のスタッフとしての仕事に就いたという。

　八奈見乗児も上京。声優としてなんとか仕事に就け、食っていけるようになったという。

「俺も早く東京へ……」と考えていたとき、東京の北村から手紙が届いた。テレビ映画出演の仕事があるから、すぐ上京してこいというものだった。

彼はボストンバッグひとつ抱えると、列車に飛び乗り、一路東京へと向かった。彼の東京行きを聞きつけて、KBCの友人たちや行きつけのバーのママさんが、心づくしの餞別をくれた。涙がこぼれる思いであった。

まだSLの時代、汽笛一声、列車は蒸気を吐きながら、ゆっくりとホームを滑り出した。もうこれで、故郷の小倉に戻る日もあるまいと思ったら、なぜか涙があふれて止まらなかった。

列車は、二十数時間を走りに走って、やがて初めて見る大都会・東京にたどり着いた。

すぐに電通の北村のところへ飛んでいった。柴田秀勝主演のテレビ映画『熱血カクタス』の端役が用意されていた。

さて、仕事にはありつけたものの、まだ住むところさえ見つかっていない。彼は度胸を決めると、先輩の八奈見乗児のアパートに転がり込んだ。八奈見先輩は、当時、新婚ホヤホヤ、新妻と二人だけの六畳一間のアパートに、彼は図々しくも割り込んでしまったのである。

八奈見夫妻はまれに見る好人物で、彼の世話を実によくしてくれた。彼は「いつまでも甘えていてはいけない。なんとかしなくては……」と思っていたのだが、一週間があっという間に過ぎた。

北村が心配して、そんな彼の事情を柴田秀勝に話してくれた。柴田は、それなら自分の経営している新宿・花園のバーの二階に住んで、アルバイトにバーテンをやったら……と、快く彼を引き受けてくれた。

昭和三十三年のことである。

内海賢二の俳優生活は、それからの数年間、このバーの二階を住み家としてスタートした。

彼は、今も八奈見、柴田両氏から受けた恩義を、かたときも忘れることができない。テレビ映画の出演を続けながら、彼はよく八奈見にくっついて録音スタジオに見学に出かけた。当時、テレビ界は洋画全盛時代を迎えつつあり、アテレコがあちこちのスタジオで行われていた。八奈見は『ララミー牧場』のウイリーじいさん役など、個性的な演技で評判になっていた。彼は、その『ララミー牧場』や『第五騎兵隊』『ディズニーランド』などの録音スタジオを見学するうちに、やがて出演のチャンスをつかむことができた。『海賊バイキング』では、その野太い逞しい声を買われて、ナレーターの役がもらえた。これが彼のデビュー作品といえるかもしれない。

上京して五年もたったころ（昭和三十八年）、アニメ出演のチャンスをつかんだ。『狼少年ケン』である。役は片目のジャックであった。奇しくも、野沢那智もこの『ケン』で、動物役としてアニメ初出演をしていた。以来、二人はアニメ同級生として仲がよい。

昭和四十一年、NET（現・テレビ朝日）が、日曜洋画劇場の放送を開始。それに先だって、スターの声を当てる声優をフィックスし、発表した。

野沢那智がアラン・ドロン、そして内海賢二はヴィクター・マチュア[注1]とスティーブ・マックイーン[注2]に決定。二人とも、声のスター街道を、まっしぐらに走りはじめた。

注1　ヴィクター・マチュア
一九一三年〜一九九九年。アメリカの俳優。映画『荒野の決闘』等。

注2　スティーブ・マックイーン
一九三〇年〜一九八〇年。アメリカの俳優。映画『華麗なる賭け』『荒野の七人』『大脱走』等。

その後、『ジャングル大帝』『宇宙エース』『魔法使いサリー』『マッハＧｏＧｏＧｏ』『サイボーグ００９』等々、アニメ出演も、ますます波に乗った。

電通の仕事からスタートしたこともあって、ＣＭのナレーターとしての出演も日に日に増えた。

「トヨタ・カリーナ」「ヨドバシカメラ」「トクホンチール」等々、一時は、電通の最多出演者になったほどである。

収入も増え、生活のメドもついてきたころ、『宇宙エース』で知り合った同業の野村道子[注3]と結婚した。挙式は中村正夫妻を媒酌人として、ハワイの白い教会で行われた。その後の二人は、仲むつまじい声優おしどり夫婦として、同業者を大いにうらやましがらせている。ひと粒種の賢太郎君も、もう小学校三年生になった。

幼くして父母を失い、兄弟とも別れて孤独な生活を続けてきた彼は、ようやく手に入れた、一家揃っての生活を、宝物のように大切にしている。

今の彼は、生活になんの不自由もない。

しかし、彼は、自転車を買ってもらえなかった少年時代の悲しい思いを、自分の子供にはさせたくないと、毎日必死に働く。

また、貧乏しながらも歯を食いしばって仕事をしてきた若き日々の、ひたむきな心を忘れてはいけないと、〝初心忘るべからず〟をモットーに生きている。

若き日に入団させてもらった劇団未来劇場[注4]の公演には、仕事の都合がつく限り、今も出演しつづけている。

注3　野村道子
のむらみちこ（一九三八年〜）。声優、女優。『サザエさん』（磯野ワカメ・２代目）、『ドラえもん』（源静香・テレビ朝日版第一期）等。

注4　劇団未来劇場
一九五八年創立。水森亜土の夫で、劇作家、演出家、作家、作詞家の里吉しげみが主宰する。喜劇を中心に公演。

『Dr.スランプ』の千兵衛役や『キャッツ・アイ』の刑事課長役も、惰性にならないよう日々研究を怠ってはいない。

小林清志

file No.30

こばやし・きよし
1933年1月11日〜、東京都出身。所属事務所・東京俳優生活協同組合。ジェームズ・コバーン、リー・マーヴィン、トミー・リー・ジョーンズなどの吹き替えを担当。アニメでは『妖怪人間ベム』（ベム）、『科学忍者隊ガッチャマン』（デーモン博士）、『ルパン三世』シリーズ（次元大介）、『DEATH NOTE』（ワタリ、キルシュ・ワイミー・アニメ版）などがある。また、『スーパーJチャンネル』『金曜日のスマたちへ』など、ニュースやバラエティ、テレビCMのナレーションも数多く務める。

代表作

ルパン三世

次元大介

原作：モンキー・パンチ ©TMS

声優のユニオン・日本俳優連合外画・動画部会に所属している声優は、現在その数六〇〇〇余名。その中で、翻訳家から声優の仲間入りをしたのは、小林清志ただ一人である。変わり種ともいえるだろう。

小林清志は、昭和八年一月十一日、東京・本郷で生まれた。父は〝株屋〟に勤めていた。作家・池波正太郎が、当時、その父の下で働いていたそうだ。

彼が根津小学校五年生のころ、東京上空には連日のようにB29爆撃機が飛来して、爆弾や焼夷弾を雨のように降らせた。学童たちの集団疎開が実施され、彼も学友たちと栃木県の塩原温泉郷に疎開させられた。今は、観光地として賑わいを見せている塩原も、当時は静かな山あいの町でしかなかった。食料も乏しく、空きっ腹を抱えての毎日を送った。

東京の校舎は空襲で焼かれ、卒業式もなく、卒業証書をもらえないまま小学校生活を終えた。

今から五、六年前（昭和五十二、三年ころ）に、当時の学友たちが、現在の母校に集まり、卒業三十数年後に卒業式を行い、校長先生から卒業証書をいただいたという。悲しい少年時代の思い出を持つ、戦中派の一人であるといえるだろう。

昭和二十年四月、父の疎開先の埼玉県に移り、不動岡中学校に入学。その年の八月十五日、日本の敗北で太平洋戦争は終わった。

中学時代は卓球部に属し、県代表として全国大会に出場した。

やがて一家は東京に戻り、都立小石川高校に入学。英語が得意であった。高校時代から、すでに大学受験通信教育講座の英語の添削指導をしていたというくらいだからすごい。ペーパー一枚五十円というから、当時の高校生アルバイトとしては最高ランクだったといえるだろう。ラーメン一杯が三十円の時代だった。

彼は、親友とともに東大を受験する。しかし結果は不合格。何しろ受験前だというのに先輩が激励会と称して、深夜まで彼をひっぱり出して飲み歩いたというのだから、不合格は当然であった。

硬派でバンカラを通してきた彼のこと、「そんなバカげたこともやってみたかったのでしょう」と当時を振り返って苦笑する。

やむを得ず一浪する。浪人中は学費を稼ぐために、いろいろなアルバイトをやった。製薬会社の工場では薬品瓶を洗う洗ビン工、地下鉄の工事現場でのトロッコ押し、仕事はキツかったが日給五百円と高給だったので半年以上も続けた。「地下鉄丸ノ内線の新大塚―池袋間は、僕が掘ったのです」と、彼は胸を張る。

浪人中に、人生についていろいろと考えた。「東大へ行くことだけが人生ではない。死ぬときに後悔しない人生を送るべきだ」と。このころ、中学時代からなんとなく夢に描いていた映画の監督かシナリオライターになることを真剣に考えはじめた。

翌年意を決し、演劇経験ゼロ、芝居のシの字も知らなかったのに、日大芸術学部演劇科を受験した。好成績で合格した。

同じクラスに宍戸錠や、後のケーシー高峰[注1]（門脇貞男）、飯塚昭三[注2]、砂塚秀夫[注3]、関西歌舞伎にいった嵐徳三郎[注4]らがいた。

在学中に、独立プロの映画に出てみないかと誘いを受け、家城巳代治監督の『雲な

注1　ケーシー高峰
ケーシーたかみね（一九三四年二月〜）。タレント、俳優、漫談家。バラエティ『大正テレビ寄席』、テレビドラマ『木更津キャッツアイ』等。

注2　飯塚昭三
いいづかしょうぞう（一九三三年〜）。声優、俳優、ナレーター。『科学忍者隊ガッチャマン』（ブラックバードの隊長・初代）、『忍たま乱太郎』（稗田八方斎）等。

注3　砂塚秀夫
すなづかひでお（一九三二年〜）。俳優。映画『網走番外地』シリーズ、テレビドラマ『大江戸捜査網』『西部警察』等。

注4　嵐徳三郎（七代目嵐徳三郎）
あらしとくさぶろう（一九三三年〜二〇〇〇年）。上方の歌舞伎役者。屋号は葉村屋。蜷川幸雄演出『王女メディア』等。

がる果てに』や、山本薩夫[注5]監督の『太陽のない街』などに端役で出た。その撮影後、大学の先輩の紹介で劇団泉座の研究生になった。

泉座では数々の舞台公演を経験する。中国の戯曲が主に取り上げられた。『茶館』『西望長安』『枯木逢春』……等々。

この間に、大学へも時間のある限り通い、五年かかって卒業した。一年遅れたことで、一期下のたてかべ和也や田中康郎らとも知り合えた。

高校時代から、英語は得意中の得意だったので、劇団の稽古の合間をぬって、翻訳のアルバイトを続けた。けっこうな収入になったので、なんとか食っていけた。

そのころ、忙しいさなか、世界的な名作と評される『ケイン号の叛乱』[注6]の翻訳を手がけ、数カ月かかって完成させた。二時間を超える舞台劇であった。もちろん、これは泉座で上演されている。

『ケイン号の叛乱』の上演のあと、たまたま日大演劇科卒業生の集まりがあり、そこで後輩の小林守夫とも出会った。

小林は、東北社[注7]という会社でアテレコのディレクターをやっているという。そこで初めて〝アテレコ〟という言葉を聞いた。

当時、アメリカ製作のテレビ映画が続々と輸入、放映され、日本のテレビ番組よりもおもしろいと視聴率を稼ぎはじめていた。その外国語の台詞を日本語に吹き替える仕事をアテレコと、声優たちは呼んでいた。

そのアテレコ制作会社の東北社から分裂して、植村伴次郎[注8]を社長に東北新社が誕生。小林もそちらに移った。

注5　山本薩夫
やまもとさつお（一九一〇年～一九八三年）。映画監督。一九五四年、徳永直（とくながすなお、一八九九年～一九五八年）の小説『太陽のない街』を映画化。

注6　ケイン号の叛乱
ピューリッツァー賞を受賞した作家ハーマン・ウォーク（一九一五年～）の世界的ベストセラー小説。第二次世界大戦中、駆逐艦ケイン号の過酷な状況に立ち向かう士官の姿を描く。

注7　東北社
一九五九年にオペラのプロデュースを目的として創業したが、後に翻訳業務を行うようになり、海外作品の日本語吹き替えをスタート。外国テレビ映画の日本語吹き替えを進めていた社員が独立し、東北新社を興す。

注8　植村社長（植村伴次郎）
うえむらばんじろう（一九二九年～）。東北新社創業者。

さっそく、その小林から彼のもとに、輸入されたアメリカ映画の翻訳をやってみないかという話がきた。『ケイン号の叛乱』で、彼の翻訳の腕前が知られていたからである。

東北新社に行くと、植村社長に紹介された。

「……そうか、役者もやっているのか、それなら自分で翻訳し、自分で主役をやりたまえ！」と、刑事もの『ジスマン・ドーソン』の翻訳と主役を与えられた。おそらく彼の野太い声を聞いて、植村社長が「この声ならいける！」と直感したからに違いない。

翻訳は比較的楽にできた。だが、初めて経験するアテレコの仕事は、散々だった。何回稽古しても、数行しゃべるとトチる。NGで何回も録りなおし。トチると、フィルムのあたまに戻ってやりなおしという時代だったから、この下手っぴぃの新参者を、周囲の声優たちが白い目でジロリとにらむ。

彼の心は、焦りに焦ったが、植村社長は「君は翻訳家の先生であり、主役である。役者根性も持っているはず、がんばれ!!」と励ましてくれた。

難しいと思ったアテレコの仕事も、やっているうちにだんだんと慣れてきた。舞台経験もある彼のこと、当然だ。

このシリーズをやっている間にも、翻訳の仕事はどんどん増えてきた。英語に強くてドラマがわかる彼の実力が、評価されつつあった。

仕事があとからあとから追いかけてきて、長尺ものと呼ばれる二時間もののフィルムを、一カ月に二本はコンスタントにこなしていった。アニメも『マイティ・ハーキュリー』などを手がけている。

声優として思い出深い作品は『アンタッチャブル』。シカゴの暗黒街を描いたギャングものだが、担当の菊池ディレクターが彼の面倒をよく見てくれ、始めは子分のA、Bといった役しかもらえなかったが、シリーズの最終回には大ボス・カポネの役をキャスティングしてくれた。

「僕にとって『アンタッチャブル』は忘れられない作品。この作品で、菊池のおじい（我々声優は、そう親愛の情を込めて呼んでいた）によって、一人前の声優になれたのです」と、若き日を思い出しつつ、彼は菊池ディレクターに感謝の気持ちを込めて言う。

昭和四十一年、NET（現・テレビ朝日）は、日曜洋画劇場の放映を開始するにあたって、スターの声を当てる声優をフィックスした。彼はジェームズ・コバーン[注9]、リー・マーヴィン[注10]の二大スターを担当することになった。『荒野の七人』では、男くささを十分に発揮したみごとなジェームズ・コバーンの吹き替えを聞くことができる。

昭和三十八年から始まった『鉄腕アトム』にも、後半からワル役でしばしば出演。『妖怪人間ベム』『タイガーマスク』『大魔王シャザーン』とアニメ出演は多いが、敵役専門という印象であった。

しかし、ついに『ルパン三世』で、はまり役・次元大介をつかむ。ルパンの山田康雄や、五右ェ門役の井上真樹夫にも劣らぬほどのたくさんのファンレターが彼のもとに殺到した。

彼の持つ豪放磊落、男性的な魅力が、この役にぴったりだったのだろう。

注9　ジェームズ・コバーン
一九二八年～二〇〇二年。アメリカの俳優。映画『荒野の七人』『大脱走』『白い刻印』等。

注10　リー・マーヴィン
一九二四年～一九八七年。アメリカの俳優。映画『ケイン号の叛乱』『キャット・バルー』等。

現在は『亜空大作戦スラングル』でドク・マンディ連邦長官を、『特装機兵ドルバック』では、隊長の高城大佐を演じているが、最近〝『ルパン三世』を再び！〟という視聴者の声が多く、近く第三作目のシリーズの製作が再開されるとか……。またまた彼の次元大介の活躍ぶりが楽しめることだろう。

彼は、大変な酒豪である。若き日には、同時代の内海賢二、小林修、原田一夫[注11]らと夜を徹し、飲みかつ放談し合った。

家に帰れば、ピアノを奏でるという繊細な一面も持っている。

男っぽくて、やさしくて、スポーツマン。小林清志は、男も惚れたくなるような魅力あふれる男である。

注11　原田一夫
はらだかずお（一九三二年～一九九八年）。声優、ナレーター。『ど根性ガエル』（佐川梅三郎）、『プロゴルファー猿』（黄金仮面）等。

柴田 秀勝

file No.31

しばた・ひでかつ
1937年3月25日～、東京都台東区生まれ。所属事務所・青二プロダクション。代表作に『タイガーマスク』（ミスターX）、『マジンガーZ』（あしゅら男爵）、『ゲゲゲの鬼太郎』（閻魔大王・第２作）、『デビルマン』（魔王ゼノン）、『宇宙海賊キャプテンハーロック』（切田満、ナレーター）、『銀河鉄道９９９』（機械伯爵）、『ドラゴンボール』シリーズ（チャパ王、ヤミ）、『鋼の錬金術師』（キング・ブラッドレイ／プライド）、『NARUTO』（三代目火影、猿飛ヒルゼン）、『ONE PIECE』（モンキー・D・ドラゴン）などがある。

代表作

マジンガーZ

あしゅら男爵

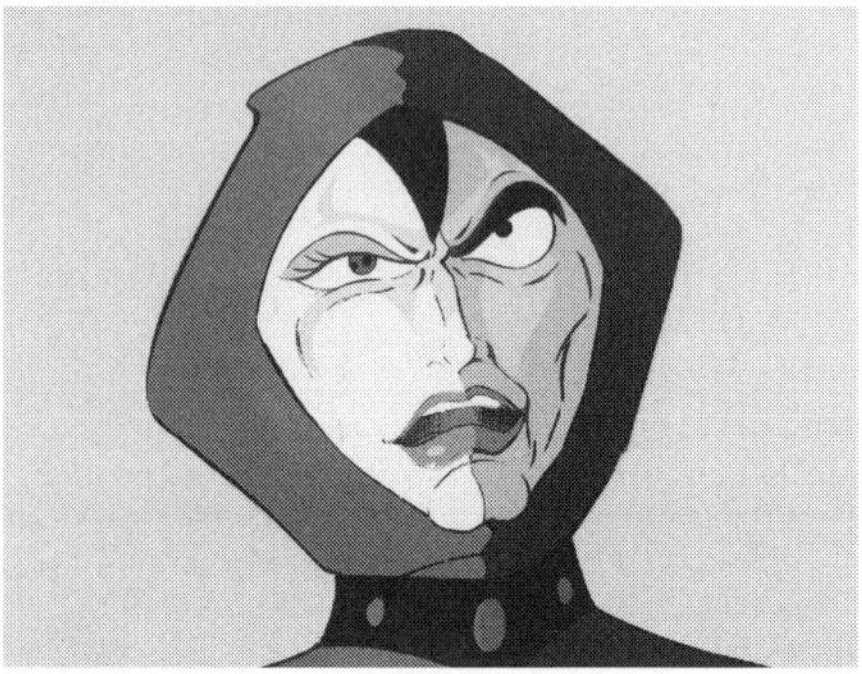

柴田秀勝は江戸っ子である。それもＳＫＤ[注1]（松竹少女歌劇団）の踊り子たちが、華やかなファッションで出入りしていた、浅草国際劇場[注2]近くの商店街で生まれ育った生粋の江戸っ子なのである。

柴田秀勝は、昭和十二年三月二十五日、東京・浅草に生まれた。

彼の父は、表具師であった。当時は襖《ふすま》や屏風《びょうぶ》、掛け軸の表装の仕事がたくさんあって、生活も豊かで、〝下町の貴族〟のような生活を送っていた。

国際劇場の他に、活動写真館（映画館のことを、当時はこう呼んでいた）やレビュー館などが立ち並び、休日ともなると人々で賑わっていた。国際劇場近くのサーカス小屋からは、もの哀しげなジンタ[注3]の響きが鳴り渡っていた。

物心がついたころには、六区公園[注4]そばの〝すし屋横丁〟に行くには少しばかり小遣いが足りなかったが、〝ひょうたん池のぐるり[注5]〟にあった焼きそば屋やどんどん焼き屋（お好み焼きのことを、東京の下町ではこう呼んでいた）には、ちょくちょく行っていた。五銭あれば、焼きそばもどんどん焼きも食べられた。

小学校三年生のときに、東京・芝の愛宕山に引っ越すまで、この平和な生活は続いた。

だが、引っ越して間もないころ、予期せぬ出来事のため、一家の平和は一日にして消え失せたのである。

あの日、学校の前で分かれた兄が、神隠しにでもあったようにプツリと姿を消してしまったのだ。

注1　ＳＫＤ（松竹少女歌劇団）
松竹が経営していた少女歌劇団の通称。一九二二年に大阪で創立された楽劇部が母体。一九二八年に東京松竹楽劇部が創設され、一九五〇年代には黄金時代を築いた。一九九六年に解散。

注2　浅草国際劇場
一九三七年、浅草に開業した松竹直営の劇場。松竹少女歌劇団の公演舞台だった。一九八二年に閉館。現在、跡地には浅草ビューホテルが建つ。

注3　ジンタ
明治時代中期に生まれた少人数の吹奏楽隊の俗称。ドラムやクラリネット、ラッパ等で流行曲を演奏し、広告宣伝や売り出し、サーカスの景気付けを行っていた。

注4　六区公園（＝浅草公園六区）
浅草寺と火除け地の田圃を埋め立てた造成地で、映画館や演芸場等が集まる歓楽街となった、東京都台東区浅草二丁目周辺のこと。

注5　ひょうたん池のぐるり
明治時代〜一九五〇年ごろまで浅草六区にあった池の名前。〝ぐるり〟はその周辺のこと。一九五二年以降、池は埋め立てられ、現在は場外馬券場「浅草ウイング」になっている。

それ以来、何ひとつ消息がつかめていない。

兄の突然の行方不明が、強烈なショックを与えたからであろうか、彼は中度の言語障害を起こし、発声が困難になった。そしてその症状は長く続いた。

小学校を終えると、進学校として有名な麻布中学校に入った。同級生の多くは、東大を目指して必死に勉強していたが、彼は演劇部に籍を置き芝居に熱中した。

麻布中学・高校は、小沢昭一、加藤武[注6]、仲谷昇[注7]らが在学していたころから、演劇活動の盛んな学校であった。

だが、男子校だったので女役にはいつも困っていた。彼は女子校の演劇部を駆けずり回っては、女生徒を借りてきたという。そんな不便さもあってか、彼はそれまでのクラブの伝統を破って、歌舞伎を上演することを思いつき、初めて女形の経験もしている。

歌舞伎を取り上げたもうひとつの理由は、歌舞伎独特の〝七五調〟の台詞を、ゆっくりと声高らかに発声していけば、言葉の問題も解消するのではないか――と考えたからであった。

この考えは、まさに的中した。完全とまではいかなかったが、ある程度、正確に話ができるようになったのである。

だが、緊張するとどうしても〝タ行〟の言葉がうまく発声できないという日々が、その後も続く。

バスに乗っても、車掌から「どこまでですか?」と聞かれると、〝タ行〟の停留所の名称がどうしても出てこず、とうとう終点まで行ってしまったこともあった。

注6　加藤武
かとうたけし（一九二九年～二〇一五年）。俳優、声優。文学座前代表。映画『金田一耕助』シリーズ、『釣りバカ日誌』シリーズ等。

注7　仲谷昇
なかやのぼる（一九二九年～二〇〇六年）。俳優。テレビドラマ『ザ・ガードマン』、『鬼平犯科帳』、映画『傷だらけの勲章』等。

麻布高校を卒業すると、迷うことなく日大芸術学部演劇科に進学。四年間、歌舞伎について専攻、しばしば学生歌舞伎にも出演した。

卒業公演は、歌舞伎の十八番『勧進帳』。彼は、歌舞伎荒事[注8]の中でも難役中の難役といわれている〝弁慶〟をみごとに演じ、学生歌舞伎の最大の後援者、松竹の大谷竹次郎[注9]会長を感心させた。

同級生の中には、関西歌舞伎に学生俳優第一号として加入した者もあった。彼自身も、関西歌舞伎にほぼ参加が決まりかけていたが、大谷竹次郎の急逝とともに、その話は立ち消えになってしまった。

ちょうどそのころ、『ララミー牧場』などのアメリカ製テレビ映画を輸入して、大いに気を吐いていた太平洋テレビ[注10]という会社があった。久松保夫が、そこの芸能部長を務めており、俳優・声優のマネージメント業務を扱っていた。その久松の眼鏡にかない太平洋テレビに所属することとなった。ＮＨＫの『事件記者』などのテレビドラマに出演、テレビ俳優としてスタートを切った。もちろん当時は端役ばかりであった。

そして、大学卒業後二年たらずで、主役をつかんだ。電通制作のテレビ映画『熱血カクタス』である。彼は西部劇スタイルの二丁拳銃の名手カクタス役をカッコよく演じ、全国の子供たちを熱狂させた。なかなかの長身であり、眼光鋭く、動きもシャープ、スターとしての資質を感じさせた。

『熱血カクタス』は、一年ほど連続放映された。終了まぎわの回には、九州から青雲の志を抱いて上京してきた、内海賢二も出演している。

『カクタス』出演中、たまたま共演していた菅原文太（もちろん、まだスターではな

注8　歌舞伎荒事
初代市川團十郎によって創られた、荒々しく豪快な演技。代々の團十郎が継承する江戸歌舞伎の特色のひとつ。

注9　大谷竹次郎
おおたにたけじろう（一八七七年～一九六九年）。実業家。兄の白井松次郎とともに松竹を創業。

注10　太平洋テレビ（＝太平洋テレビジョン）
一九五〇年代、海外のテレビ番組や映画の日本語版制作、配給事業を軸に、久松保夫ら俳優を多数抱える芸能局を有し、テレビ業界における斡旋業を行っていた。

かった）に誘われて、モデルクラブ〝ＳＯＳ〟に所属した。

業界好景気の折でもあり、男性ファッションモデルとして大いに稼いだ。これで経済的にかなり潤った。

それにしても、菅原文太といい、柴田秀勝といい、どちらかというとごっつい感じの男が、ファッションモデルとは、なんともチグハグな感じがしておもしろい。

昭和三十七年、劇団未来劇場公演の[注11]『そして誰もいなくなった』（アガサ・クリスティ原作）を見て感動、すっかり惚れ込んだ彼はこの劇団に加入し、数々の公演に出演している。ここで、現代的な演技を学ぶことができた。研究生の中に水森亜土がいた。目玉をくるくる回して、かわいい表情で先輩たちの演技を見つめていたのが、印象的だった。

その後、ＮＥＴ（現・テレビ朝日）の人気番組『特別機動捜査隊』に、それまでレギュラーの波島進の他に[注12]中山昭二を長とする別班が編成され、その班の刑事役でレギュラー出演することになった。このシリーズの主役が[注13]青木義朗に代わったあとも、新聞記者役でレギュラー出演した。

そのころ、日大芸術学部時代の同級生であった久保進と再会した。久保は大学卒業後、マネージャーとして、俳協その他のプロダクションで修行、腕を磨いていた。その久保と意気投合、昭和四十四年に新プロダクションを結成した。

それこそが、現在アニメ声優の仕事を一手に引き受けているのではないかと思われるほど、強力なプロダクションに成長した青二プロである。

結成一年後、やはり同級生であった元テアトル・エコーのマネージャー黒田洋が営

注11　そして誰もいなくなった
イギリスの推理作家・アガサ・クリスティ（一八九〇年～一九七六年）が一九三九年に発表した長編推理小説。イギリスのインディアン島に集められた十人の男女が次々に死を迎え、最後には誰もいなくなってしまう推理サスペンス。

注12　中山昭二
なかやましょうじ（一九二八年～一九九八年）。俳優。テレビ特撮『ウルトラセブン』（キリヤマ隊長）、映画『連合艦隊』等。

注13　青木義朗
あおきよしろう（一九二九年～二〇〇〇年）。俳優。映画『零戦燃ゆ』、テレビドラマ『特別機動捜査隊』等。

業部長として加わり、この三人の役員でガッチリとスクラムを組み、青二プロを発展させてきたのである。

喜びも悲しみも、ともにしてきた同級生同士の絆は強い。青二プロは分裂騒ぎなど苦い経験もあったが、この三人の絆が切れることはあるまい。

青二プロ創設以降の彼の活躍ぶりには、めざましいものがある。

彼のアニメ初出演は『タイガーマスク』（昭和四十四年）のミスターX。やせて頬のこけた、眼の鋭い男である。これが彼の声優としての初めての仕事で、ひどく緊張したという。台詞をつっかえてはいけない……という気持ちから、ゆっくりとした口調で演じた。それがかえって、なんとも不気味で恐ろしいムードを創り上げ、評判となったのである。

『特別機動捜査隊』のときまで、さんざん苦しんだ〝タ行〟タチツテトの発音も、『タイガーマスク』のアテレコを経験していくうちに克服し、やがては余裕を持って、どんな台詞でも演じられるようになっていた。

その後も、『アパッチ野球軍』『マジンガーZ』『グレートマジンガー』などで敵役を、『ダンガードA』では、主人公の父である断鉄役を、と幅広い活躍ぶりだ。

現在も『プラレス3四郎』の3四郎のおじいちゃん・素形健之介と、難役をこなしている。

近年は舞台公演の演出の仕事も増えている。最近では、青二プロ制作のシンフォニックドラマ『火の鳥』、古川登志夫主催の劇団青杜の『テレスコープ』、そして辻真先[注14]主催の創作集団プロデュース公演『天使の殺人』と、立てつづけに三本もの演出を

注14　辻真先
つじまさき（一九三二年〜）。脚本家、作家、漫画原作者、エッセイスト。『鉄腕アトム』（第一作・脚本）、『うる星やつら』（脚本）等。

こなし、すべて好評である。

もっとも本人は「演出より役者として出演したいし、それで評価されたい。舞台を踏んでいないと、何か忘れ物をしているような気分になる」と言う。雀百まで踊り忘れず……といったところか。

現在、青二プロは正規メンバーだけでも約七十名、それに準登録、ジュニアのメンバーまで含めれば総勢百名を超す大所帯である。

彼は、その総師でもあり、付属養成所・青二塾の講師も務めており、なかなか多忙の身である。

彼は、声優を志す若い人たちに、「言葉の問題があっても、努力をすれば声優になれる。本人の意思と努力に、すべてがかかっているのだ。それで悩んだ僕が言うのだから、間違いない」と、常々語っている。

藤田 淑子

file No.32

ふじた・としこ
1950年4月5日〜、中国遼寧省大連市生まれ。所属事務所・青二プロダクション。海外女優のゴールディ・ホーンやスーザン・サランドンの吹き替えを担当。アニメでは『一休さん』（一休）、『キテレツ大百科』（キテレツ／木手英一）をはじめとする少年役のほか、『キャッツ・アイ』（来生泪）、『北斗の拳』（マミヤ）などのヒロイン役としても活躍。主なアニメ出演作に『デジモンアドベンチャー』（八神太一）、『がんばれ元気』（堀口元気）、『パタリロ！』（マライヒ）、『ガラスの仮面』（月影千草）などがある。

代表作

デジモンアドベンチャー

八神太一

©本郷あきよし・東映アニメーション

**『デジモンアドベンチャー 15th Anniversary Blu-ray BOX』
54,800円+税
発売／販売：ハピネット**

昭和五十八年十一月二十一日、皇居の内堀近くの東京会館で、「日本アニメフェスティバル'83『アトム賞グランプリ』『日本アニメ大賞』」の授賞式が行われた。

一九八三年に、アニメの各分野で活躍した人々に贈られる賞である。

声優部門ではただ一人、『キャッツ・アイ』その他の演技に対しての技能と努力を認められて、数多くの候補者の中から、藤田淑子が個人賞を受賞した。

藤田淑子にとっては、初めてのアニメ関係での受賞であった。内定通知を電話で受けたとき、まったく信じられなかったという。アニメの世界ではそれほど活躍しているとは思っていなかったからだ。

藤田淑子は、昭和二十五年四月五日、満州（現・中国東北地方）の大連で生まれた。昭和二十年、終戦を迎えて、軍人も民間人もほとんどの人々は日本本土への引き揚げが終わっていたが、ごく少数の技術者は中国側の要請で帰国を引き延ばされていた。

彼女の父親は電話技師であった。そのため戦後九年間、中国で電話技術の指導者として働いた。昭和二十九年に帰国すると、父は電電公社に就職した。ようやく一家は日本での平和な生活が送れるようになった。彼女が四歳のときのことである。

昭和三十二年、彼女が七歳のとき、一番上の姉が父の反対を押しきり、彼女を児童劇団ちどりに入れる。淑子が今日あるのは、この姉がいたなればこそ、ということになろうか。だが、劇団ちどりは、やがて主宰者が急逝し、解散となった。劇団の若き指導者・大竹宏は、池田昌子、菅谷政子、三田佳子、藤田淑子ら、十歳そこそこの劇団員たちを連れて、児童劇団こけし座に合流した。この大竹宏の思いきった決意と行動力によって、彼女たちはその後、女優への道をつつがなく歩むことができたといえる。人と人との出会いというのはまことに不思議なものであり、それによって運命も大きく変わっていくものなのである。

こけし座在籍中は、よくNHKの学校放送などに出演し、熊倉一雄と共演で『はてな劇場』[注1]などにもレギュラー出演していた。可憐な少女で、そのちゃめっけぶりと明るさは、今でも筆者の脳裏に強く焼きついている。

彼女の初めての声の仕事は、外国映画『ビル船長』(昭和三十五年)。小学校四年生のときだ。船長役は堀雄二[注2]。船上生活をする父と娘の物語で、彼女はその娘役であった。

堀雄二は、このころすでに四十歳目前で、アテレコの仕事はきつかったらしい。十歳そこそこの彼女が、カンの良さでトチりなしで、スラスラと楽に演じていくのに、パパ役はよくトチってNGを続出させた。本番になると堀おじさんの手が震え、台本がカサカサと音を立てているのを、彼女はいつもハラハラして見ていたという。「百万円もらっても、もうこんな仕事はごめんだ」と、おじさんが嘆いて言った言葉が、今でも記憶に残っている。

NGを出せば、最初からやりなおしということで、三十分もののフィルムのアテレコに十二時間もかかってしまった時代のことである。アテレコの初期は、効果音も同時録音であった。スクリーンの裏側で画面を見ながら、足音などの擬音を入れていたのだ。

注1　はてな劇場
一九五七年～一九六一年まで、NHKで放映された子供向けテレビ番組。さまざまな科学現象を、「はてなのおねえさん」役の黒柳徹子とスタジオの子供たちとの掛け合いのもと、映像を交えて検証する。

注2　堀雄二
ほりゆうじ（一九二二年～一九七九年）。俳優。映画『姿三四郎』、テレビドラマ『大岡越前』（第一部・第二部）等。

小学校卒業を機にこけし座を去り、中学生として勉強に励んだ。それでも外国映画やアニメ『トムとジェリー』『キングコング』の声の仕事が入った。

高校に入学したとき、彼女は初めて自分の将来について真剣に考えた。これまでは女優になろうと思って、放送の仕事をやってきたわけではない。姉に連れられて児童劇団に入り、なんとなく楽しいことばかりで、遊び半分に仕事を続けてきたにすぎない……と、そんな自分のいい加減さに気がついた。

そこで改めて、女優を自分の一生の仕事にしようと決意し、新劇俳優養成の名門、俳優座養成所の門を叩こうとしたが、その年、俳優座の方針で養成所が閉鎖されてしまった。だが、養成所出身の早野寿郎[注3]が、面壁塾《めんぺきじゅく》という俳優養成の私塾を開設するという話を聞き、さっそく入塾を願い出た。塾長は、彼女がまだ高校在学中という理由で渋ったが、彼女の熱意と才能を認めて入塾を許した。

彼女は学校が終わると、カバンを小脇に抱え、雨の日も風の日も面壁塾に通った。

そのころ、アニメにも初出演している。『惑星少年パピイ』、そして『遊星仮面』である。また人形劇『伊賀の影丸』にも出演している。かなり多忙の日々であったに違いない。

その後、十九歳のとき、彼女は歌手として日本レコード大賞童謡賞にノミネートされる。彼女の歌った『ムーミン』のテーマソングが大好評になったのだ。ところが、受賞は『ムーミン』を歌った児童合唱団に。会場で歌う準備をしていた彼女は、その結果にポカンとしたが、作曲者の宇野誠一郎[注4]はあまりにも彼女をバカにした審査員たちに腹を立て、指揮棒を振らずに帰ってしまったというエピソードがある。

注3　早野寿郎
はやのとしろう（一九二七年〜一九八三年）。演出家、俳優、声優。小劇場活動の先駆者とされる。映画『日本脱出』、海外テレビドラマ『奥さまは魔女』等。

注4　宇野誠一郎
うのせいいちろう（一九二七年〜二〇一一年）。作曲家、作詞家。人形劇『チロリン村とくるみの木』（音楽）、『ひょっこりひょうたん島』（同）、アニメ『一休さん』（同）等。

だが、その翌年「合歓の郷ヤマハポプコン」[注5]で入賞、ユーゴスラビアのスプリット国際音楽祭では第二位、日本人として初受賞をしている。

ポピュラー、そしてジャズと歌の世界で五年ほど仕事をしていたころ、長門裕之[注6]に出会った。

「役者の仕事に戻るのなら、今だよ」と声をかけてくれたのだ。そこで再び女優に専念することを決意し、「人間プロ」に所属する。彼女が二十四歳のときのことである。

声優の仕事から遠ざかって六年目、昭和五十年の秋に、アニメ『一休さん』の主役の話がきた。ワンクール（三カ月）くらいのつもりで引き受けたら、これがなんと七年間も続く長寿番組となった。アニメ『がんばれ元気』の出演交渉もあった。五歳から十五歳までを演じられるところが、彼女の意欲をそそり、出演を決め、初めて週に二本のアニメ出演を経験した。レギュラー一本主義の彼女としては珍しいケースだ。週一本なら、好きな舞台の仕事もできるが、二本、三本となれば身動きがとれなくなることがわかっているからだ。

舞台では、去年（昭和五十八年）は実に多く出演した。まず青二プロ二十周年記念公演の『火の鳥』、劇団青杜の『テレスコープ』、劇団薔薇座の『ローマで起こった奇妙なできごと』、辻真先主宰の創造集団公演『天使の殺人』の計四本。

七歳のときに初出演して以来、三十三歳の今日に至るまで、ラジオドラマ、テレビドラマ、そしてステージと数々の仕事をこなしてきた。

アニメの声優だけでなく、テレビアニメ『ムーミン』『どろろ』『ベムベムハンター

注5　合歓の郷ヤマハポプコン
ヤマハ音楽振興会が一九六九年～一九八六年まで行っていたオリジナル曲の音楽コンテスト。略称「ポプコン」。一九七三年までは、「ヤマハリゾート合歓の郷」が会場となっていた。

注6　長門裕之
ながとひろゆき（一九三四年～二〇一一年）。俳優。映画『太陽の季節』『日本侠客伝』シリーズ、テレビドラマ『鬼平犯科帳』シリーズ等。

こてんぐテン丸』、劇場版『パタリロ！』ではテーマソングや挿入歌を歌った。どの仕事も楽しかった。

しかし、これから先は何を中心にやっていくべきか、彼女は時折考えてしまう。『一休さん』も『がんばれ元気』も楽しい仕事だった。しかし、なんといってもミュージカルこそ目指すもののように思える。舞台で演じることが大好きだし、歌手としてレコーディングできるだけの歌唱力もある。ダンスのレッスンも欠かさず受けるようにしている。

そうなると、どうしても夢はミュージカルの舞台に立つこと、となってくる。ミュージカル公演は、努めて観るように心がけているそうだが、その日の夜は必ず舞台いっぱいに踊って、歌って演じている自分を夢見る。

三十歳までは、「ひょっとしたら自分には女優以外に道があるのでは？」という迷いもあった。でも今は違う。「私にはこれしかない！」と彼女は言う。

付録　掲載作品年表

※本文中に登場した作品中、重要度の高いものを掲載しております。
※「邦テレビ（アニメ）」に関しては、第2作以降、放映局が変わった場合のみ、「※」にて明記しております。
※各放送局名は現在の名称となっております。
※「邦画」「洋画」の（　）内は日本における配給会社です。
※「洋テレビ（アニメ）」および「洋テレビ（実写）」の（　）内は、（製作国／日本での放映時期／日本での放映局）となっております。

◎ラジオドラマ

1947年　**向う三軒両隣**（NHKラジオ）
鐘の鳴る丘（NHKラジオ）

1951年　**さくらんぼ大将**（NHKラジオ）
犯人は誰だ（NHKラジオ）
チャッカリ夫人とウッカリ夫人（TBSラジオ）

1952年　**新諸国物語**（NHKラジオ）

1954年　**ポッポちゃん**（ニッポン放送）

1955年　**花のゆくえ**（TBSラジオ）
リボンの騎士（TBSラジオ）

1956年　**少年探偵団**（ニッポン放送）

1957年　**赤胴鈴之助**（TBSラジオ）
朝の口笛（NHKラジオ）
アッちゃん（ニッポン放送）
テキサス快男児（ニッポン放送）

1958年　**宇宙人類ノバ**（ニッポン放送）

◎人形劇

1956年　**チロリン村とくるみの木**（4月〜64年4月／NHK）

1960年　**ブーフーウー**（9月〜67年3月／NHK）

1964年　**ひょっこりひょうたん島**（4月〜69年4月／NHK）

1979年　**プリンプリン物語**（4月〜82年3月／NHK）

◎邦テレビ（アニメ）

1963年　**鉄腕アトム**（第1作／1月〜66年12月／フジテレビ系）
※第2作（80年〜）は日本テレビ系
鉄人28号（第1作／10月〜66年5月／フジテレビ系）
※第2作（80年〜）は日本テレビ系
狼少年ケン（11月〜65年8月／テレビ朝日系）

1965年　**スーパージェッター**（1月〜66年1月／TBS系）
宇宙パトロールホッパ（2月〜11月／テレビ朝日系）
宇宙エース（5月〜66年4月／フジテレビ系）
遊星少年パピィ（6月〜66年5月／フジテレビ系）
オバケのQ太郎（第1作／8月〜67年6月／TBS系）
ジャングル大帝（第1作／10月〜66年9月／フジテレビ系）

1966年　**ハリスの旋風**（5月〜67年8月／フジテレビ系）
遊星仮面（6月〜67年2月／フジテレビ系）
魔法使いサリー（12月〜68年12月／テレビ朝日系）

1967年 **悟空の大冒険**（1月〜9月／フジテレビ系）
キングコング（4月〜10月／テレビ朝日系）
※日米合作
マッハGoGoGo（第1作／4月〜68年3月／フジテレビ系）
※第2作（97年〜）はテレビ東京系
パーマン（第1作／4月〜68年4月／TBS系）
※第2作（83年〜）以降はテレビ朝日系
リボンの騎士（4月〜68年4月／フジテレビ系）
おらぁグズラだど（10月〜68年9月／フジテレビ系）

1968年 **ゲゲゲの鬼太郎**（第1作／1月〜69年3月／フジテレビ系）
巨人の星（第1作／3月〜71年9月／日本テレビ系）
サイボーグ009（第1作／4月〜9月／テレビ朝日系）
怪物くん（モノクロ版／4月〜69年3月／TBS系）
※カラー版（80年〜）はテレビ朝日系
妖怪人間ベム（第1作／10月〜69年3月／フジテレビ系）
※第2作（06年〜）はアニマックス
佐武と市捕物控（10月〜69年9月／テレビ朝日系）

1969年 **海底少年マリン**（1月〜70年7月／フジテレビ系）
ひみつのアッコちゃん（第1作／1月〜70年10月／テレビ朝日系）
※第2作（88年〜）他はフジテレビ系
紅三四郎（4月〜9月／フジテレビ系）
どろろ（4月〜9月／フジテレビ系）
もーれつア太郎（4月〜70年12月／テレビ朝日系）
男一匹ガキ大将（9月〜70年3月／日本テレビ系）
ムーミン（第1作／10月〜70年12月／フジテレビ系）
タイガーマスク（10月〜71年9月／日本テレビ系）
サザエさん（10月〜現在／フジテレビ系）

1970年 **あしたのジョー**（4月〜71年9月／フジテレビ系）
※第2作（80年〜）は日本テレビ系
男どアホウ！　甲子園（9月〜71年3月／日本テレビ系）
魔法のマコちゃん（11月〜71年9月／テレビ朝日系）
いなかっぺ大将（10月〜72年9月／フジテレビ系）

1971年 **アンデルセン物語**（1月〜12月／フジテレビ系）
アパッチ野球軍（10月〜72年3月／テレビ朝日系）
ルパン三世（第1作／10月〜72年3月／日本テレビ系）

1972年 **科学忍者隊ガッチャマン**（10月〜74年9月／フジテレビ系）
ど根性ガエル（第1作／10月〜74年9月／TBS系）
※第2作（81年〜）は日本テレビ系
マジンガーZ（12月〜74年9月／フジテレビ系）

1973年 **バビル2世**（1月〜9月／テレビ朝日系）
ジャングル黒べえ（3月〜9月／テレビ朝日系）
ドラえもん（第1作／4月〜9月／日本テレビ系）
※第2作（79年〜）以降はテレビ朝日系
ミクロイドS（4月〜10月／テレビ朝日系）
荒野の少年イサム（4月〜74年3月／フジテレビ系）
エースをねらえ！（10月〜74年3月／テレビ朝日系）
ドロロンえん魔くん（第1作／10月〜74年3月／フジテレビ系）
侍ジャイアンツ（10月〜74年9月／日本テレビ系）
ゼロテスター（10月〜74年12月／フジテレビ系）

1974年 **柔道讃歌**（4月〜9月／日本テレビ系）
ゲッターロボ（4月〜75年5月／フジテレビ系）
グレートマジンガー（9月〜75年9月／フジテレビ系）
宇宙戦艦ヤマト（第1作／10月〜75年3月／日本テレビ系）
はじめ人間ギャートルズ（第1作／10月〜75年3月／TBS系）
※第2作（75〜）はテレビ朝日系

1975年	**勇者ライディーン**（4月～76年3月／テレビ朝日系） **タイムボカン**（10月～76年12月／フジテレビ系） **一休さん**（10月～82年6月／テレビ朝日系）
1976年	**マグネロボ ガ・キーン**（9月～77年6月／テレビ朝日系） **まんが 花の係長**（10月～77年3月／ＴＢＳ系） **ドカベン**（10月～79年12月／フジテレビ系） **ほかほか家族**（10月～82年3月／フジテレビ系）
1977年	**ヤッターマン**（第1作／1月～79年1月／フジテレビ系） ※第2作（08年～）は日本テレビ系 **惑星ロボ ダンガードＡ**（3月～78年3月／フジテレビ系） **バーバパパ**（4月～78年3月／テレビ東京系） ※第3作（99年～）はＮＨＫ **シートン動物記 くまの子ジャッキー**（6月～12月／テレビ朝日系） **超電磁マシーン ボルテスＶ**（6月～78年3月／テレビ朝日系） **おれは鉄平**（9月～78年3月／フジテレビ系） **無敵超人サンボット３**（10月～78年3月／テレビ朝日系）
1978年	**宇宙海賊キャプテンハーロック**（3月～79年2月／テレビ朝日系） **未来少年コナン**（4月～10月／ＮＨＫ） **闘将ダイモス**（4月～79年1月／テレビ朝日系） **ＳＦ西遊記スタージンガー**（4月～79年6月／フジテレビ系） **はいからさんが通る**（6月～79年3月／テレビ朝日系） **無敵鋼人ダイターン３**（6月～79年3月／テレビ朝日系） **銀河鉄道９９９**（9月～81年3月／フジテレビ系） **新・エースをねらえ！**（10月～79年3月／日本テレビ系） **科学忍者隊ガッチャマンⅡ**（10月～79年9月／フジテレビ系）
1979年	**花の子ルンルン**（2月～80年2月／テレビ朝日系） **機動戦士ガンダム**（4月～80年1月／テレビ朝日系） **ベルサイユのばら**（10月～80年9月／日本テレビ系）
1980年	**トム・ソーヤーの冒険**（1月～12月／フジテレビ系） **ニルスのふしぎな旅**（1月～81年3月／ＮＨＫ） **宇宙大帝ゴッドシグマ**（3月～81年2月／テレビ東京系） **釣りキチ三平**（4月～82年6月／フジテレビ系）
1981年	**Dr.スランプ アラレちゃん**（4月～86年2月／フジテレビ系） **まいっちんぐマチコ先生**（10月～83年10月／テレビ東京系） **うる星やつら**（10月～86年3月／フジテレビ系）
1982年	**戦闘メカ ザブングル**（2月～83年1月／テレビ朝日系） **機甲艦隊ダイラガーXV**（3月～83年3月／テレビ東京系） **魔法のプリンセス ミンキーモモ**（第1作／3月～83年5月／テレビ東京系） ※第2作（91年～）は日本テレビ系 **手塚治虫のドン・ドラキュラ**（4月／テレビ東京系） **ぼくパタリロ！**（4月～83年5月／フジテレビ系） **おちゃめ神物語コロコロポロン**（5月～83年3月／フジテレビ系） **とんでモン・ペ**（6月～83年4月／テレビ朝日系） **太陽の子エステバン**（6月～83年6月／ＮＨＫ） **The♥かぼちゃワイン**（7月～84年8月／テレビ朝日系） **超時空要塞マクロス**（10月～83年6月／ＴＢＳ系） **さすがの猿飛**（10月～84年3月／フジテレビ系）
1983年	**亜空大作戦スラングル**（1月～84年1月／テレビ朝日系） **スプーンおばさん**（4月～84年3月／ＮＨＫ） **キン肉マン**（第1作／4月～86年10月／日本テレビ系） **ベムベムハンターこてんぐテン丸**（5月～10月／フジテレビ系） **プラレス３四郎**（6月～84年2月／ＴＢＳ系） **キャッツ♥アイ**（第1作／7月～84年3月／日本テレビ系）

◎邦テレビ（実写）

1955年	**轟先生**（8月～60年1月／日本テレビ系）
1956年	**てんてん娘**（4月～57年6月／ＴＢＳ系） **次郎物語**（5月～8月／日本テレビ系） **この瞳**（11月～57年3月／ＮＨＫ） **お笑い三人組**（11月～66年3月／ＮＨＫ）
1957年	**ダイヤル110番**（9月～64年9月／日本テレビ系）
1958年	**事件記者**（4月～66年3月／ＮＨＫ）
1960年	**快傑ハリマオ**（4月～61年6月／日本テレビ系） **熱血カクタス**（10月～61年3月／ＴＢＳ系）
1961年	**黒百合城の兄弟**（10月～62年9月／ＮＨＫ） **特別機動捜査隊**（10月～77年3月／テレビ朝日系）
1963年	**がしんたれ**（第1作／7月～12月／フジテレビ系）
1964年	**星光る**（4月～65年4月／ＮＨＫ）
1965年	**サザエさん**（11月～67年9月／ＴＢＳ系） ※江利チエミ版
1966年	**氷点**（第1作／1月～4月／テレビ朝日系）
1983年	**徳川家康**（1月～12月／ＮＨＫ）

◎邦画

1938年	**路傍の石**（日活） ※1955年（松竹）、1960年（東宝）、1964年（東映）
1969年	**殺すまで追え 新宿25時**（松竹） **夜の熱帯魚**（松竹）
1983年	**クラッシャージョウ**（松竹）

◎洋テレビ（アニメ）

1959年	**珍犬ハックル**（アメリカ／2月～8月／テレビ朝日系） ※内1本は『クマゴロー』（2月～61年12月） **ポパイ**（アメリカ／6月～65年8月／ＴＢＳ系） ※『不二家の時間』において放映された最初のシリーズ
1960年	**早射ちマック**（アメリカ／第1期／11月～61年8月／テレビ朝日系）
1961年	**強妻天国**（アメリカ／6月～62年6月／フジテレビ系）
1963年	**まんがスーパーマン**（アメリカ／9月／フジテレビ系） **ジャングルおじさん**（アメリカ／10月～66年11月／日本テレビ系） **マイティ・ハーキュリー**（カナダ／第1期／11月～64年8月／フジテレビ系）
1964年	**トムとジェリー**（アメリカ／5月～66年2月／ＴＢＳ系）
1968年	**大魔王シャザーン**（アメリカ／1月～3月／テレビ朝日系）
1978年	**キャプテン・フューチャー**（アメリカ／11月～79年12月／ＮＨＫ）

◎洋テレビ（実写）

1956年	**スーパーマン**（アメリカ／11月〜不明／ＴＢＳ系）
1957年	**アイ・ラブ・ルーシー**（アメリカ／字幕版／〜60年／ＮＨＫ） ※吹替版（61年〜）はフジテレビ系 **ヒッチコック劇場**（アメリカ／第1期／10月〜59年9月／日本テレビ系） **名犬ラッシー**（アメリカ／第1期／11月〜64年3月／ＴＢＳ系）
1959年	**世にも不思議な物語**（アメリカ／1月〜61年7月／日本テレビ系） **ローハイド**（アメリカ／第1シーズン／11月〜64年12月／テレビ朝日系）
1960年	**ララミー牧場**（アメリカ／6月〜63年7月／テレビ朝日系） **サンセット77**（アメリカ／10月〜68年3月／ＴＢＳ系） **ライフルマン**（アメリカ／11月〜63年12月／ＴＢＳ系）
1961年	**ブロンコ**（アメリカ／5月〜62年2月／ＴＢＳ系） **アンタッチャブル**（アメリカ／第1シーズン／5月〜62年6月／テレビ朝日系） **保安官ワイアット・アープ**（アメリカ／9月〜65年4月／日本テレビ系）
1962年	**コンバット！**（アメリカ／11月〜67年9月／ＴＢＳ系）
1963年	**ルーシー・ショー**（アメリカ／第1シリーズ／5月〜64年6月／ＴＢＳ系）
1965年	**0011ナポレオン・ソロ**（アメリカ／第1シーズン／6月〜66年3月／日本テレビ系）
1966年	**奥さまは魔女**（第1期／2月〜68年9月／ＴＢＳ系） ※第2期（69年〜）以降はテレビ朝日系
1976年	**空飛ぶモンティ・パイソン**（イギリス／第1シーズン／4月〜9月／テレビ東京系）
1977年	**ルーツ**（アメリカ／第1シーズン／10月／テレビ朝日系）
1979年	**Dr.刑事クインシー**（アメリカ／第1シーズン／7月〜80年3月／テレビ朝日系）
1981年	**白バイ野郎ジョン＆パンチ**（アメリカ／第4シーズン／8月〜82年1月／日本テレビ系）

◎洋画

1950年	**イースター・パレード**（セントラル）
1953年	**ナイアガラ**（20世紀フォックス） **紳士は金髪がお好き**（20世紀フォックス）
1954年	**ダンボ**（大映） **百万長者と結婚する方法**（20世紀フォックス） **帰らざる河**（20世紀フォックス） **掠奪された七人の花嫁**（MGM）
1955年	**ショウほど素敵な商売はない**（20世紀フォックス） **七年目の浮気**（20世紀フォックス）
1956年	**わんわん物語**（大映） **バス停留所**（20世紀フォックス）
1957年	**王子と踊子**（ワーナー・ブラザース）
1959年	**お熱いのがお好き**（ユナイテッド・アーティスツ）
1961年	**荒野の七人**（ユナイテッド・アーティスツ）

著者

勝田 久（かつた・ひさし）

一九二七年四月二日、東京都生まれ。戦後すぐに演劇を志し、一九四六年に演劇学校・鎌倉アカデミアに入学。前田武彦、いずみたくらと演劇論や舞台表現を学ぶ。一九四八年、東宝の俳優として舞台『鐘の鳴る丘』に出演するも、同社の労使問題がこじれ、舞台は中断。同年、ＮＨＫ東京放送劇団養成所に合格（三期生）し、ＮＨＫ専属のナレーター、ラジオ俳優として活動する。一九五四年に同社を退職し、フリーに。その後、『少年探偵団』（明智小五郎役）などのラジオドラマ俳優から、ナレーター、洋画・テレビのアテレコと活躍の場を広げ、『鉄腕アトム』のお茶の水博士役で、アニメ声優の草分け的存在となる。一方、開局ラッシュのテレビ局でも、姿三四郎や光源氏など生放送ドラマで主役に抜擢される。一九八二年、日本で初めての試みとして、「勝田話法研究所」（後の「勝田声優学院」）を設立、二〇一五年に閉館するまで、一貫して後進の指導に当たった。第三回声優アワードでシナジー賞受賞。著書には『声優への道』（一九七八年・勝田話法研究所）、『見えない主役 声優のすべて』（一九七九年・集英社）がある。

編集協力…………………… J's Publishing

企画・編集………………… 石川順恵、坊野之子、田島マナオ

装丁・本文デザイン…… 荻窪裕司、吉田優希

DTP ……………………… ヨコカワ・コーポレーション

協力………………………… アイ・ヴィー・シー、青二プロダクション、浅沼 誠、石森プロ、内山杏南、81プロデュース、ＮＢＣユニバーサル・エンターテイメント、協同組合日本俳優連合、キングレコード、甲田秀昭、小林明子、サンライズ、小学館集英社プロダクション、シンエイ動画、ソニー・ピクチャーズ エンタテインメント、ダイナミック企画、タツノコプロ、田村聡子、TCエンタテインメント、東映アニメーション、東映ビデオ、東京俳優生活協同組合、東北新社、トムス・エンタテインメント、20世紀フォックス ホーム エンターテイメント ジャパン、ハピネット、バンダイビジュアル、フィールドワークス、ぷろだくしょんバオバブ、ポニーキャニオン、横山智佐、ワーナー・ブラザース ホームエンターテイメント（※50音順／敬称・法人表記略）

昭和声優列伝
テレビ草創期を声でささえた名優たち

2017年2月24日　初版発行

著者　　勝田 久
発行者　井上弘治
発行所　**駒草出版**　株式会社ダンク出版事業部
〒110-0016
東京都台東区台東1-7-1　邦洋秋葉原ビル2階
TEL 03-3834-9087
FAX 03-3834-4508
http://www.komakusa-pub.jp

印刷・製本　シナノ印刷株式会社

落丁・乱丁本はお取り替えいたします。定価はカバーに表記してあります。

ISBN978-4-905447-77-1 C0074